教育部人文社会科学研究青年基金项目
（技术创新与混合所有制双重约束下国企经理人激励契约研究，20YJC630107）

基于公平偏好理论的经理人薪酬契约研究

牛晓琴　著

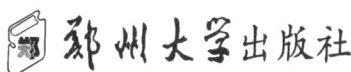
郑州大学出版社

图书在版编目(CIP)数据

基于公平偏好理论的经理人薪酬契约研究／牛晓琴著. — 郑州：郑州大学出版社，2022.11

ISBN 978-7-5645-9219-6

Ⅰ.①基… Ⅱ.①牛… Ⅲ.①企业管理－管理人员－劳动报酬－研究 Ⅳ.①F275.4

中国版本图书馆 CIP 数据核字(2022)第 207722 号

基于公平偏好理论的经理人薪酬契约研究
JIYU GONGPING PIANHAO LILUN DE JINGLIREN XINCHOU QIYUE YANJIU

策划编辑	樊建伟	封面设计	苏永生
责任编辑	樊建伟	版式设计	凌 青
责任校对	王红燕	责任监制	李瑞卿

出版发行	郑州大学出版社	地　　址	郑州市大学路40号(450052)
出 版 人	孙保营	网　　址	http://www.zzup.cn
经　　销	全国新华书店	发行电话	0371-66966070
印　　刷	广东虎彩云印刷有限公司		
开　　本	710 mm×1 010 mm　1/16		
印　　张	14.25	字　　数	200 千字
版　　次	2022 年 11 月第 1 版	印　　次	2022 年 11 月第 1 次印刷
书　　号	ISBN 978-7-5645-9219-6	定　　价	78.00 元

本书如有印装质量问题，请与本社联系调换。

在企业中,股东和经理人之间的委托代理关系历来是公司治理问题的焦点,而经理人薪酬激励机制设计是公司治理问题的核心之一。现代主流的经理人薪酬激励机制,通常建立在自利的、追求个人效用最大化理性人假设的基础上,而实际生活中,经理人除了追求自身物质利益最大化,还关注其薪酬水平的公平与否。这种理论预言与实际经济生活之间相悖的现象,说明在制定经理人薪酬时要考虑经理人的利他偏好,特别是公平偏好。同时,由于股东和经理人信息不对称,股东为激励经理人努力工作,多以工作绩效为依据来制定经理人报酬,而出于不同的价值取向,股东和经理人目标函数往往不同,就会引发双方的冲突和矛盾,如经理人较为关注企业的短期业绩及其转化为个人利得的概率,股东则较为关注企业的未来价值及发展势头。因此,在设计经理人薪酬时,不仅要依赖其短期绩效,还要考虑其长期绩效,即经理人在其岗位上不仅具有短

期业绩目标任务,还有长期业绩目标任务。此外,在经理人的薪酬契约设计中,具有公平偏好的经理人亦会规避风险,且不公平厌恶与风险规避之间也有所不同,也就是说风险喜好程度严重影响经理人的努力水平。因此,考虑经理人风险偏好特征,依据经理人创造的长期业绩和短期业绩来构建经理人公平偏好下的薪酬契约显得尤为重要。

本论著在梳理和借鉴相关文献的基础上,以委托代理理论和公平偏好理论为前提,采用长短期业绩相结合的方式对经理人业绩进行计量,分别设计横向公平偏好和纵向公平偏好下的经理人薪酬激励模型,来探寻经理人在公平偏好下的最优薪酬合同,并通过实验研究和实证检验方法对模型结果进行验证,为企业制定经理人激励契约提供理论指导。具体来讲,研究工作体现在以下几个方面:

第一,融合行为经济学、实验经济学、博弈论、委托代理理论,在对相关主要概念进行界定和解析的基础上,结合心理学分析了经理人公平偏好心理、薪酬契约及努力程度的关系,并通过构建博弈模型,分析经理人公平偏好心理对薪酬契约的作用机理,在此基础上,结合价值创造业绩计量标准,构建了公平偏好和长短期业绩相结合的经理人薪酬契约概念模型。

第二,依据经理人创造的短期业绩和长期业绩,以薪酬激励合约为中介,在考虑经理人风险偏好异质性下,设计横向公平偏好和纵向公平偏好下的经理人薪酬契约模型,通过对模型求解分析了经理人横向公平偏好和纵向公平偏好下的最优薪酬契约,为股东制定经理人激励薪酬提供理论依据。

第三,将经理人管理防御行为作为不努力工作的一种行为表现,通过实验研究方法来探究经理人公平偏好下的薪酬契约。首先,在实验过程中,通过对被试者自身特征进行测试,将被试者分为高能力经理人和低能力经理人;其次,对横向和纵向公平偏好经理人的管理防御程度进行测试获取实验数据;最后,通过对实验数据进行描述统计和曲线估计分析,探究经理人横向公平偏好及纵向公平偏好下对经理管理防御程度的作用机理,在验证公平偏好改变经理人薪酬契约结构形式这一结论的同时,发现经理人能力不同,其对横向公平偏好和纵向公平偏好的敏感度不同。

第四,按照前文实验设计流程,将经理人分为风险偏好和风险厌恶两种类型,分别探讨两种类型经理人在不同长短期薪酬激励强度下的努力程度。在验证前文理论模型结论的同时,提出了公平偏好下的经理人长短期激励薪酬契约,为企业缓解代理问题和提高企业经营效益奠定基础,同时,也为我国完善公司经理人激励与约束机制提供理论指导和政策建议。

本论著的特色具体体现在:①反映了我国企业经理人激励的理论前沿问题。笔者在选题上突出了困扰我国企业经理人激励的热点、难点、重点问题,无论是公平偏好还是经理人激励,都是目前公司治理的理论前沿问题,也是困扰实践者的难题。②研究方法恰当。本论著集合了数理模型构建、实验研究、实证研究和规范分析等方法。研究方法适合所研究的内容,且具有综合性与创新性。③本论著观点鲜明,创新点多;资料翔实,模型构建严谨,增强了论著的说服力,提高了论著的应用价值。

教育部人文社会科学研究青年基金项目(技术创新与混合所有制双重约束下国企经理人激励契约研究,20YJC630107)对本论著给予了大力资助。本书的出版也得到郑州大学出版社各位编辑老师的细心指导和帮助。在此,谨向他们以及本书资料的提供者表示真诚的感谢。

限于著者水平,书中难免会有错误和不当之处,衷心希望得到广大读者、同行专家的批评指正。

著 者
2022年6月

1 问题提出及研究内容

1.1 问题的提出 …………………… 001
1.2 研究内容和构架 ………………… 004
1.3 研究方法和技术路线 …………… 006
1.4 研究创新点 ……………………… 007

2 国内外理论与应用研究综述

2.1 委托代理理论 …………………… 010
  2.1.1 对称信息条件下委托代理模型 … 012
  2.1.2 非对称信息条件下委托代理模型 …………………… 013
  2.1.3 锦标激励机制 …………………… 016
  2.1.4 多项任务委托代理模型 ………… 018
2.2 公平偏好理论 …………………… 020
  2.2.1 公平偏好相关的博弈实验研究 … 020
  2.2.2 公平偏好理论模型研究 ………… 025
2.3 高管激励组合理论 ……………… 032
  2.3.1 高管薪酬激励相关理论基础 …… 032

  2.3.2 高管激励组合 ·· 037
 2.4 公平偏好应用研究综述 ·· 041
  2.4.1 国外应用研究现状 ·· 041
  2.4.2 国内应用研究现状 ·· 051
 2.5 研究述评 ·· 054

3 基于公平偏好理论的经理人薪酬契约机理分析

 3.1 概念界定 ·· 058
  3.1.1 经理人 ·· 058
  3.1.2 公平偏好 ··· 059
  3.1.3 风险偏好 ··· 060
  3.1.4 薪酬 ·· 060
 3.2 公平偏好下的经理人薪酬契约概念模型 ···························· 061
 3.3 公平偏好下的经理人薪酬契约博弈分析 ···························· 063
  3.3.1 公平激励薪酬博弈模型理论基础 ······························ 063
  3.3.2 公平激励薪酬博弈模型构建 ··································· 066
  3.3.3 博弈模型分析 ·· 068
 3.4 公平偏好与长短期业绩相结合的经理人薪酬契约概念
   模型 ·· 072
 3.5 本章小结 ·· 077

4 横向公平偏好下的经理人薪酬契约设计

 4.1 模型假设 ·· 080
 4.2 模型说明 ·· 082
 4.3 模型构建 ·· 084
  4.3.1 不利公平偏好下的最优薪酬契约 ······························ 084

  4.3.2 有利公平偏好下的最优薪酬契约……094
 4.4 公平偏好对经理人薪酬结构的影响……104
  4.4.1 公平偏好对经理人固定工资的影响……105
  4.4.2 公平偏好对经理人总体薪酬结构的影响……110
 4.5 本章小结……114

5 纵向公平偏好下的经理人薪酬契约设计
 5.1 模型假设……116
 5.2 模型说明……118
 5.3 模型构建……120
  5.3.1 信息对称下委托代理模型……120
  5.3.2 信息不对称下委托代理模型……122
 5.4 模型分析……128
  5.4.1 信息对称下的模型算例分析……128
  5.4.2 信息不对称下的模型算例分析……131
 5.5 本章小结……136

6 公平偏好下的经理人薪酬契约实验研究
 6.1 理论基础……139
  6.1.1 实验研究在个人选择行为理论中的应用……139
  6.1.2 实验研究的基本准则……140
 6.2 理论前提与研究假设……142
  6.2.1 理论前提……142
  6.2.2 研究假设……143
 6.3 实验设计……145
  6.3.1 实验的基本流程……145

6.3.2 实验方法与实验问卷的设计……………………………………… 146
6.3.3 被试者……………………………………………………………… 147
6.3.4 实验过程与控制…………………………………………………… 147

6.4 实验数据统计……………………………………………………………… 149
6.4.1 实验问卷的信度和效度检验……………………………………… 149
6.4.2 被试者基本信息数据统计………………………………………… 152
6.4.3 研究变量的信息数据统计………………………………………… 153
6.4.4 描述性统计分析…………………………………………………… 154

6.5 曲线估计分析……………………………………………………………… 156
6.5.1 经理人薪酬与股东收益公平对比分析…………………………… 156
6.5.2 经理人与经理人市场薪酬公平对比分析………………………… 160

6.6 本章小结…………………………………………………………………… 165

7 公平偏好下的经理人长短期薪酬契约实验研究

7.1 研究假设…………………………………………………………………… 167
7.2 实验设计…………………………………………………………………… 168
7.2.1 实验方法与实验问卷的设计……………………………………… 168
7.2.2 被试者……………………………………………………………… 170
7.2.3 实验过程与控制…………………………………………………… 170

7.3 实验数据统计……………………………………………………………… 171
7.3.1 实验问卷的信度和效度检验……………………………………… 171
7.3.2 研究变量的信息数据统计………………………………………… 173
7.3.3 描述性统计分析…………………………………………………… 174

7.4 曲线估计分析……………………………………………………………… 175
7.4.1 风险厌恶经理人长短期薪酬激励强度对其努力程度
影响分析………………………………………………………… 176

  7.4.2 风险偏好经理人长短期薪酬激励强度对其努力程度影响分析 …………………………………………………… 180
 7.5 本章小结 ………………………………………………… 184

8 研究结论与管理启示

 8.1 研究结论 ………………………………………………… 186
 8.2 管理启示 ………………………………………………… 189
  8.2.1 考虑经理人公平偏好心理设计薪酬契约 ………… 190
  8.2.2 结合经理人风险偏好类型来设计薪酬结构 ……… 191
  8.2.3 依据经理人能力来设计长短期薪酬契约 ………… 191
  8.2.4 结合经理人公平偏好和风险偏好特征的经理人选拔机制 ……………………………………………… 192
 8.3 研究不足与未来研究方向 ……………………………… 193

本书参考文献 ………………………………………………… 195

1 问题提出及研究内容

1.1 问题的提出

现代经济活动中,企业经营权与所有权的分离在提高效率的同时,也带来了一系列代理问题,因为股东和经理人间信息不对称以及目标函数不同,经理人会为获取自身利益而损害企业利益,由此引发股东和经理人之间的矛盾。为解决此问题,股东通过为经理人设计优越薪酬契约,来诱导自利的经理人采取有益于股东利益的行为策略。而标准的经济理论提出经理人只关注个人的绝对薪酬水平,不关注他人的收入水平。然而理论预言与实际经济生活之间产生了背离,如 Fong E A[1]认为管理者在发现自身薪酬水平不公平时,就会采取一些损害企业的行为来促使其薪酬达到公平;Martins[2]和 Grund & Westergaard-Nielsen[3]发现薪酬差距越大,员工的努力程度越低等,这一系列业绩报酬敏感性困惑的激励悖论的出现,使研究者不得不重新审视经典的委托代理模型,对传统的"完全自利""完全理性"的经济人假设提出质疑,尝试用心理学规律来弱化理论的理想假设。因而,在委托代理框架中设计激励薪酬契约时应把行为人的心理偏好也考虑进去[4],其中一种偏好就是公平偏好(Fairness Preferences),也叫作不平等厌恶(Equity Averse),它主要表征行为人除了关注自身利益,还会关注与他人利益的差距[5]。Henrich, et al., Clark, et al., Nicholas 和 Agell & Lundburg 通过一系列心理博弈实验研究发现,行为人在自利偏好之外还具有公平偏好,即行为人在追求最大化自身收入时还会注重收入分配是否公平,甚至愿意损失一些自身收入来获得公平的收入[6-9]。

在博弈实验反复证明行为人的公平偏好切实存在时,经济学家也在不断探索公平偏好的理论模型。一般把公平偏好理论模型分成三种:第一种是考虑分配结果的公平性,即人们不仅在乎自己所分配到的物质利益,也考虑他人得到的分配结果,任何的收入差异都会导致一定程度上的负效用。其中以 FS 模型(Fehr, Schmidt, 1999)[10]和 BO 模型(Bolton, Ockenfels, 2000)[11]为代表,二者的不同点在于 FS 模型的公平参照对象是他人的收入水平,而 BO 模型则是群体的平均收入。由于后者没有具体的函数表达形式,因此,在模型的简洁性和可操作性上不及前者。第二种是考虑分配动机的公平性,以 Robin 的心理博弈模型为代表[12],但该模型结构复杂且存在多重均衡,可操作性差,故没有被普遍接受[13,14]。第三种是融合互惠偏好及收入分配的公平偏好,不仅强调收入分配的公平,也强调行为动机的互惠,也就是说该模型在判断公平时要考虑收入分配动机和分配结果,因此,模型较为复杂。由此,FS 模型是现在应用最广泛的公平偏好理论模型。在此基础上,学者们对公平偏好在委托代理关系中的研究已取得了初步成果,如 Fehr & Goette[15]、Englmaier & Wambach[16]、秦华等[17]、柳瑞禹等[18]、傅强等[19]、刘新民等[20]、雷勇等[21]。在各研究视角下,基本通过改变 FS 模型的具体形式,来构建代理人激励模型,探讨代理人的公平偏好心理对其行为产生的影响,从而实现委托代理合作的优化,研究均表明公平偏好理论会优化委托代理合作关系。

在委托代理关系中,由于股东和经理人服从不同的经济利益,双方目标函数多数情况下异同,这就会引发雇佣双方的冲突,具体体现在股东较注重公司的长远发展,而经理人更注重公司当期业绩及该业绩转化为个人利益的可能性。同时,现有的经理人激励合同多根据其创造的短期业绩来制定,缺乏中长期的激励措施,极易造成经理人的"短视行为"。经理人的薪酬只与当期的业绩相关联,例如,绩效年薪按年发放,经理人只要完成本年的业绩任务,就可以得到绩效奖金,这样,经理人会很少考虑当期的经营决策对长期公司业绩的影响,在利益的驱动下,即使会损害公司长远利益,还是会选择对自己有利的经营决策。因此,为了促使企业经理人站在股东的立场上,以股东财富最大化为目标来经营企业,就需要设计一套良好的、完善的薪酬契约,而制定该契约的前提需要对经理人的绩效进行准确衡量,这将给薪酬契约的激励效果带来重要影响。同时,研究表明经理人的努力程度不仅会对当期业绩产生影响,还会对未来业绩带来重要的影响。其中经理人当期业绩(即短期业绩)由其短期努力来产生,经理人未来业绩(即长期业绩)由其长期努力来创造[22]。因而,在制定经理人绩效评价时,应当将长短期业绩结合起来,这样才更能科学、有效地对经理人经营业绩进行评价,继而更好地给予经理人激励和约束。此外,研究还发现,经理人在评估不确定事件的时候会受到风险偏好因素的影响,并非遵循概率法则,也不根据"预测效应最小化"理论来进行决策。同时,具有公平偏好的经理人亦会规避风险[23],且不公平厌恶与风险规避之间也有所不同[24]。

基于此,本书把公平偏好引入经典委托代理分析框架中,将经理人努力程度分为短期努力程度和长期努力程度,采用长短期业绩相结合的方式对经理人业绩进行计量,继而分别设计横向公平偏好和纵向公平偏好下的经理人薪酬激励模型,探究公平偏好下经理人的最优长短期努力程度以及对剩余分享比例的要求,并通过实验研究和实证检验方法对模型结果进行验证,为企业激励机制设计等提供新的指导和建议,最大限度地降低道德风险给企业带来的损失。本研究有助于深层次理解经理人的治理效应,为激励经理人工作积极性和提高企业治理效率提供了有效的经验证据和理论研究范式。

1.2 研究内容和构架

首先,本研究以委托代理理论、公平偏好理论及高管激励组合理论为出发点,以建立科学的经理人薪酬激励契约为目标,结合心理学和行为科学的理论,运用动态博弈模型构建方法分析经理人的公平偏好心理对其努力行为产生的作用机理,为经理人公平偏好下的激励契约提供构建思路。其次,运用数理模型构建方法,采用长短期业绩相结合计量标准,分别设计经理人横向公平偏好和纵向公平偏好下的薪酬激励模型,通过数理推导求得各模型的均衡解,探究经理人在不同公平偏好下的最优薪酬激励强度。最后,通过设计实验分别研究经理人公平偏好下的薪酬契约和长短期薪酬激励契约,在验证前文理论模型的同时,为企业制定经理人激励薪酬契约提供理论指导,为我国上市公司缓解代理问题,提高企业经营绩效奠定基础。

围绕以上内容,本书主要研究内容如下:

(1)问题提出及研究内容。从理论背景和实际需要两方面指出在公平偏好视角下构建经理人薪酬契约的重要性,进一步阐明本书的理论意义和实践意义,并将本书的研究内容与构架及其研究思路进行说明,最后对本书的研究技术路线和研究方法加以说明,并在此基础上归纳本书的创新点。

(2)国内外理论与应用研究综述。先介绍本书涉及的一些理论基础,包括委托代理理论、公平偏好理论及高管激励组合理论,在此基础上进一步对公平偏好相关基础研究现状和应用研究现状进行文献回顾与综述。

(3)基于公平偏好理论的经理人薪酬契约机理分析。在对相关主要概念进行界定和解析的基础上,结合心理学分析经理人公平偏好心理、薪酬契约及努力程度的关系,通过构建动态博弈模型分析经理人公平偏好心理对薪酬契约的作用机理,在此基础上,结合价值创造业绩计量标准,构建了基于公平偏好和长短期业绩相结合的经理人薪酬契约概念模型,为下文公平偏好下的经理人激励契约设计做了铺垫。

(4)横向公平偏好下的经理人薪酬契约设计。运用数理模型方法构建经理人横向公平偏好下的激励模型,通过对模型求解来分析经理人不利公平偏好和有利公平偏好下的最优薪酬契约,并在此基础上探讨经理人公平偏好对固定工资和总体薪酬结构的影响。

(5)纵向公平偏好下的经理人薪酬契约设计。运用数理模型方法构建经理人纵向公平偏好下的激励模型,通过对模型求解分析信息对称和信息不对称两种情况下基于公平偏好的经理人最优薪酬契约,并运用算例分析股东和经理人风险偏好对经理人努力程度的影响。

(6)公平偏好下的经理人薪酬契约实验研究。将经理人管理防御行为作为不努力工作的一种行为表现,通过实验研究方法分析经理人公平偏好下的薪酬契约。首先,在实验过程中,通过对被试者自身特征进行测试,将被试者分为高能力经理人和低能力经理人;其次,对横向和纵向公平偏好经理人的管理防御程度进行测试,来获取实验数据;最后,通过对实验数据进行描述统计和曲线估计分析,分别探究高、低能力经理人横向公平偏好和纵向公平偏好下对经理管理防御程度的作用机理。

(7)公平偏好下的经理人长短期薪酬契约实验研究。按照前面所述的实验设计流程,将经理人分为风险偏好和风险厌恶两种类型,分别探讨两种类型经理人在不同长短期薪酬激励强度下的努力程度。

(8)研究结论与管理启示。此部分是对本书内容的总结,并将研究结论做进一步提炼。同时,针对本书可能存在的不足进行阐述并提出进一步的研究方向。

1.3　研究方法和技术路线

本书采用理论研究、规范研究、数理模型构建、实验研究及实证研究等多种研究方法,探究公平偏好下经理人的最优长短期努力程度以及对剩余分享比例的要求,为企业激励机制设计等提供新的指导和建议,最大限度地降低道德风险给企业带来的损失。

(1)通过规范研究对国内外理论文献进行梳理和重构,提出经理人需求与企业需求相符合的经理人薪酬激励契约设计思想,为研究奠定了理论基础和前提。

(2)在前期理论分析的基础上,通过数理模型构建方法来探究经理人最优薪酬契约。本书采用长短期业绩相结合的计量标准,把公平偏好因子植入委托代理模型,构建了经理人最优激励模型,并对模型进行梳理推导求得模型的最优解,通过分析影响最优解的各经济变量,指明达到均衡解的路径,为股东制定经理人激励薪酬提供理论指导。

(3)实验研究主要是将统计数据的经验分析和现场及实验室实验的研究方法有机结合。Smith 在 1962 年指出已有经济理论需要通过设计实验来对此进行验证,不然只是假说,且实验中的参与者所采取的行为能够对经济理论进行验证。因而,本书通过设计实验,并结合现实反馈情况不断改进和优化,继而分析了经理人在公平偏好心理下的薪酬契约及长短期激励薪酬契约。

(4)本书运用实证检验方法验证在经理人不同公平偏好与不同风险偏好程度下模型最优解的有效性。本书对实验数据的处理采用了曲线拟合等统计方法,运用 SPSS 分析软件实现了对实验结果的深度分析,特别是由于本书主要采用实验研究的方法,所以对实验结果的处理还使用了非参数检验的方法。

1.4 研究创新点

本书把公平偏好引入委托代理分析框架中,采用长短期业绩相结合的方式对经理人业绩进行计量,分别设计了横向公平偏好和纵向公平偏好下的经理人激励模型,探究不同公平偏好及风险偏好作用下经理人的最优长短期努力程度以及对剩余分享比例的要求,并通过实验研究方法分析和验证了经理人公平偏好下的薪酬契约及长短期薪酬契约。其创新性体现在以下几点:

(1) 构建公平偏好和长短期业绩相结合的经理人薪酬契约概念模型。本书在社会心理学家 Lewin 提出的行为公式 $B = f(P, E)$ 中植入经理人公平偏好心理因素,构建了公平偏好下的经理人薪酬契约博弈模型,通过对局中人的策略博弈进行分析,发现经理人公平偏好心理会影响其行为空间的选择。然后结合价值创造理论,构建了公平偏好和长短期相结合的经理人薪酬契约概念模型,该模型与实际情况更为贴切,具有一定的创新性,也为后文研究奠定理论基础。

(2) 以薪酬激励合约为中介,通过植入经理人横向公平偏好的异质性,构建了经理人长短期业绩目标下的多任务委托代理模型。已有研究表明经理人有横向公平偏好,而以往基于公平偏好理论的经理人薪酬契约研究多以短期业绩作为经理人薪酬计量标准,没有考虑其长期业绩,极易导致经理人的短视行为。因此,本书通过将 FS 模型和 BO 模型思想融入多任务委托代理模型中,设计了横向公平偏好下经理人长短期业绩目标的多任务委托代理模型,通过对模型求解探求经理人最优薪酬契约,并分析经理人公平偏好及风险偏好对薪酬结构的影响。研究发现:经理人风险厌恶程度越强,股东给予经理人的长短期薪酬激励强度越弱,固定薪酬与总体薪酬越多;经理人能力、公平偏好对长短期最优薪酬激励契约的影响与经理人的风险偏好类型相关;经理人公平偏好程度及最优长短期薪酬激励强度对固定薪酬及总体薪酬影响强度取决于各任务间的相关系数。这有助于打开传统管理会计薪酬契约制定和履行效果的"黑箱",并为解决现实中企业的委托代理问题提供决策依据和参考借鉴。

(3)依据经理人创造的长期业绩与短期业绩,设计经理人纵向公平偏好下的薪酬激励模型。根据马斯洛的需要层次理论,当经理人的货币性薪酬已经能够满足其对物质的需要时,他的需求就会上升到更高层次的需要,如公平、信任、互惠等,如果公司只是单一地实行货币性薪酬契约,会导致物质得到满足的经理人通过其他途径来满足自身需要。而现有薪酬结构多为货币薪酬,同时,经理人薪酬多以当期业绩为计量标准,就会引发经理人的短期博弈行为。因此,本书以经理人创造的当期业绩和未来业绩作为其绩效考核标准,通过将经典委托代理模型与FS模型相结合,在考虑股东和经理人风险偏好基础上构建经理人纵向公平偏好下的薪酬激励模型,揭示了经理人在公平偏好心理和风险偏好特征下的最优剩余分享比例和最优努力水平。这个激励模型是建立在经营者与投资者目标一致的基础上的,因而最终实现了公司价值最大化的目标。研究发现:经理人公平偏好程度以及股东与经理人风险偏好类型都会对经理人的努力程度及剩余分享比例带来重要的影响,且长短期激励薪酬分配比例不同,经理人的努力程度不同。这可以为我国具体人文经济环境提供更科学、更合理和更具实践指导能力的人员激励机制,推动我国企业改革与经济发展,进而为和谐社会建设提供微观激励机制。

(4)运用实验研究方法来验证委托代理模型均衡解的有效性。在企业中,经理人的公平偏好是深层次的心理活动,由此引起的行为动机都是不可直接观察和测量的,同时,经理人也会出于各种因素而不便于表达自己的真实想法,甚至一些行为动机是自为而不自知的,加之这些信息数据都无法从企业的财务报表等资料中获取,因此,本书运用实验研究方法探究了经理人公平偏好对总体薪酬契约和长短期薪酬契约的影响。研究发现:公平偏好对经理人决策行为的影响十分显著,经理人薪酬公平性越差,其努力水平越低;高能力经理人更关注与股东间的收入公平,而低能力经理人更关注与经理人市场的薪酬公平;经理人风险偏好类型不同,则其最优长短期薪酬激励组合不同;当经理人短期薪酬激励小于某个值时,经理人的努力水平为零。这在验证前文研究结论的同时,还为公司董事会提供一个全新的视角来激励和约束经理人,降低公司委托代理成本。

2 国内外理论与应用研究综述

2.1 委托代理理论

委托代理理论自发展起来之后采用的方法是状态空间模型,而最为典型的是 Holmstrom(1987)[25]提出的相对简单的模型,该方法主要通过分布函数来求参数,具体的模型参数估计及求解过程如下所示。

假设代理人努力水平为 t,产出函数为 $\pi = t + \varepsilon$,其中,ε 表示随机变量,且服从正态分布,即其均值为零、方差为 σ^2。那么就会存在:$E(\pi) = t$,$Var(\pi) = Var(t) + Var(\varepsilon) = \sigma^2$,$Var$ 代表方差函数。

在模型构建之前,假设委托人和代理人分别为风险中性型和风险厌恶型,并且代理人的绝对风险厌恶度保持不变。那么代理人的收入函数可以表示为:$s(\pi) = \alpha + \beta\pi$,其中收入函数中,$\alpha$ 和 β 分别表示代理人的固定收入和剩余分享比例。通过以上分析进而得到委托人的期望效用函数:

$$\begin{aligned} Ev[\pi - s(\pi)] &= v\{E[\pi - s(\pi)]\} \\ &= v\{E[-\alpha + (1-\beta)\pi]\} \\ &= v[-\alpha + (1-\beta)t] \end{aligned} \quad (2-1)$$

因为 v' 为常数,我们设 $v(w) = w$,则委托人的期望收入为:

$$Ev[\pi - s(\pi)] = -\alpha + (1-\beta)t \quad (2-2)$$

由于代理人具有不变的绝对风险厌恶度,则绝对风险厌恶度 $\rho = -\dfrac{u''}{u'}$,$\rho > 0$。代理人实际收入用 ω 表示,那么存在 $\dfrac{d\ln u'}{d\omega} = -\rho$、$\ln u' = -\rho\omega + B$,

则 $u' = e^B e^{-\rho\omega}$、$u = -\dfrac{e^B}{\rho}e^{-\rho\omega} + C$,式子中,$B$ 和 C 表示常数;假设 $\dfrac{e^B}{\rho} = 1$,$C = 0$($B = \ln\rho$),那么 $u = -e^{-\rho\omega}$;再假设 $c(t) = \dfrac{1}{2}bt^2$ 为代理人努力成本,其中,$b > 0$ 为成本系数,最后得到代理人的实际收入为:

$$\omega = s(\pi) - c(t) = \alpha + \beta(t+\theta) - \dfrac{b}{2}t^2 \qquad (2-3)$$

如果 $u(x) = Eu(\omega)$,其中式子 $u(x)$ 表示效用函数,ω 表示随机收入,对于随机收入 ω 来说,x 表示其确定性等价收入。所以,代理人存在:$-\exp(-\rho x) = \int [-\exp(-\rho\omega)]f(\omega)d\omega$,其中 $f(\omega)$ 是随机收入 ω 的密度函数,那么有 $-\exp(-\rho x) = -A\exp\left\{-\rho\left[\alpha+\beta t-\dfrac{b}{2}t^2\right]\right\}\int \exp\left\{-\rho\beta\varepsilon-\dfrac{\varepsilon^2}{2\sigma^2}\right\}d\varepsilon$,从式子中可以看出,$\varepsilon$ 的正态分布密度函数:$g(\varepsilon) = A\exp\left(-\dfrac{\varepsilon^2}{2\sigma^2}\right)$,进而推导出:

$$-\exp(-\rho x) = -A\sqrt{2}A\sigma\exp\left\{-\rho\left[\alpha+\beta t-\dfrac{b}{2}t^2-\dfrac{\rho\beta^2\sigma^2}{2}\right]\right\}\int_{-\infty}^{\infty}\exp(-y^2)dy\text{。}$$

由于 $1 = \int_{-\infty}^{\infty}g(\varepsilon)d\varepsilon = \int_{-\infty}^{\infty}A\exp\left[-\left(\dfrac{\varepsilon}{\sqrt{2}\sigma}\right)^2\right]d\varepsilon = \sqrt{2}A\sigma\int_{-\infty}^{\infty}\exp(-y^2)dy$,那么 $\int_{-\infty}^{\infty}e^{-y^2}dy = \dfrac{1}{\sqrt{2}A\sigma}$,继而得到 $-\exp(-\rho x) = -\exp\left\{-\rho\left[\alpha+\beta t-\dfrac{b}{2}t^2-\dfrac{\rho\beta^2\sigma^2}{2}\right]\right\}$,最后求出 $x = \alpha + \beta t - \dfrac{b}{2}t^2 - \dfrac{\rho\beta^2\sigma^2}{2}$。由于 $E(\omega) = \alpha + \beta(t+\theta) - \dfrac{b}{2}t^2$,那么 $x = E(\omega) - \dfrac{\rho\beta^2\sigma^2}{2}$,也就是 $E(\omega) - x = \dfrac{1}{2}\rho\beta^2\sigma^2$,这里 $\dfrac{\rho\beta^2\sigma^2}{2}$ 代表代理人风险成本,也就是说代理人会选择支付 $\dfrac{\rho\beta^2\sigma^2}{2}$ 的收入来获得在确定性收入下的同等效用,同样,这也在另一方面反映了代理人购买保险的价格为 $\dfrac{\rho\beta^2\sigma^2}{2}$。在风险成本表达式中,如果 $\beta = 0$,则风险成本是零,这时代理人的收益是确定的。

通过上面推导分析可以看出，$Eu(\omega) = -Ee^{-\rho\omega}$ 为代理人期望效用函数最大化函数，通过对比发现其等价于确定性等价收入。

假定 ω_0 是代理人的保留收入水平，由于当 $x < \omega_0$，代理人会选择终止合约，因此确定性收入的参与约束条件 IR 是 $x = \alpha + \beta t - \frac{1}{2}\rho\beta^2\sigma^2 - \frac{b}{2}t^2 \geq \omega_0$。

2.1.1 对称信息条件下委托代理模型

首先，探讨委托人对代理人的努力程度 t 完全了解情况下的代理人最优合同，这时激励相容约束条件 IC 对最优合同没有影响，因为无论代理人的努力水平 t 为多少都能够符合参与约束条件 IR。因此，这种情况下，委托人应该关注的是 (α, β) 和 t 的选择来使得 $Ev = -\alpha + (1-\beta)t$ 最优：

$$\max_{\alpha,\beta,t} Ev = -\alpha + (1-\beta)t$$

$$s.t.(IR) \alpha + \beta t - \frac{1}{2}\rho\beta^2\sigma^2 - \frac{b}{2}t^2 \geq \omega_0 \tag{2-4}$$

当 $Ev = -\alpha + (1-\beta)t$ 最优时，参与约束条件 IR 中 $\alpha + \beta t - \frac{1}{2}\rho\beta^2\sigma^2 - \frac{b}{2}t^2 = \omega_0$，通过对该等式进行整理可以推导出固定收入 α 的表达式，再将其代入 $Ev = -\alpha + (1-\beta)t$ 中，那么式(2-4)求最优就是求 $Ev = t - \omega_0 - \frac{1}{2}\rho\beta^2\sigma^2 - \frac{b}{2}t^2$，即 $\max_{\alpha,\beta,t}\left[t - \omega_0 - \frac{1}{2}\rho\beta^2\sigma^2 - \frac{b}{2}t^2\right]$。

同时，前文中随机收入 ω 已经确定，这就说明委托人是希望确定性等价收入最大，那么总的确定性等价收入就是：$x + [-\alpha + (1-\beta)t] = \alpha - \frac{1}{2}\rho\beta^2\sigma^2 - \frac{b}{2}t^2$，通过对式子一阶求导，可以求得 $t^* = \frac{1}{b}$，$\beta^* = 0$。将一阶条件代到参与约束条件 IR 中，可以求出 $\alpha^* = \omega_0 + \frac{b}{2}(t^*)^2 = \omega_0 + \frac{1}{2b}$。最后可以获得信息对称条件下委托人给予代理人的最优薪酬契约，代理人的固定

薪酬 α^*、最优努力程度 t^* 及最优剩余分享比例 β^*。

2.1.2 非对称信息条件下委托代理模型

若企业委托人并不能直接观察到代理人的努力程度 t 时,企业委托人和代理人在设计最优合同时,在 (α,β) 确定的前提下,依照前文的分析和推导可以看出,代理人的确定性等价收入 x 的最大化问题,是基于激励相容约束条件 IC,通过一阶求导可以得到 $\frac{\partial x}{\partial a} = \beta - bt = 0$,继而求得代理人努力程度 $t = \frac{\beta}{b}$。这时,委托人最关注的是最大化代理人确定性等价收入,继而构建最优激励契约为:

$$\underset{\alpha,\beta,t}{\text{Max}} Ev = -\alpha + (1-\beta)t$$

$$s.t.(IR)\ \alpha + \beta t - \frac{1}{2}\rho\beta^2\sigma^2 - \frac{b}{2}t^2 \geqslant \omega_0 \qquad (2-5)$$

$$(IC)\ t = \frac{\beta}{b}$$

通过式(2-5)可以推导出: $\alpha = \omega_0 - \beta t + \frac{1}{2}\rho\beta^2\sigma^2 + \frac{b}{2}t^2$,将 IR 和 IC 代到 $Ev = -\alpha + (1-\beta)t$ 中,可得 $\underset{\beta}{\text{Max}}\alpha\left[\frac{\beta}{b} - \frac{1}{2}\rho\beta^2\sigma^2 - \frac{b}{2}\left(\frac{\beta}{b}\right)^2 - \omega_0\right]$,通过一阶求导可以得到 $\frac{1}{b} - \rho\beta^2\sigma^2 - \frac{\beta}{b} = 0$,对式子进行整理可以求出代理人最优剩余分享比例 $\beta = \frac{1}{1+b\rho\sigma^2} > 0$,这里代理人是要承担风险的。

同时,通过式子 $\beta = \frac{1}{1+b\rho\sigma^2}$ 还可以看出,代理人最优剩余分享比例 β 与 ρ、σ^2 及 b 负相关,ρ 表示风险厌恶程度,通过分析可以发现,随着 ρ 不断地增加,产出方差 σ^2 越大及代理人努力成本 b 越高,则委托人应当给予代理人更多的剩余分享。讨论一种极端情况,当代理人为风险中性型,这时其风险规避度 $\rho=0$,则 $\beta=1$,这时最优契约需要代理人负担所有风险。因此 $\frac{\partial \beta}{\partial \rho}<0$ 及 $\frac{\partial \beta}{\partial \sigma^2}<0$ 要求代理人最优激励契约在风险和激励间来权衡,如果 ρ 越大,说明风险成本越大,这时就使得最优剩余分享比例 β 越小。而 $\frac{\partial \beta}{\partial b}<0$ 的存在,说明代理人努力程度越低,结果其承担风险越小。这是因为:首先,信息对称情况下,由 $t^*=\frac{1}{b}$ 可知,代理人努力成本和努力程度成反比,即存在 b 越大,相应的最优状态下 t 就会越小;其次,信息不对称情况下,根据 $t=\frac{\beta}{b}$ 可知,当代理人努力成本 b 越大,要激励代理人努力工作就需要提高代理人的最优剩余分享 β。

当代理人的努力程度不能被观察时,就会产生两种信息不对称下的代理成本:一种为受帕累托最优风险分担不能实现所产生的风险成本;另一种是激励成本,它的产生是出自代理人努力成本和期望收益净损失之间的差额。因为前文中假定委托人为风险中性型,那么在信息对称情况下委托人要负担所有的风险,这时风险成本为零。

接下来详细分析在考虑全局均衡下的激励成本。

信息存在不对称的时候,如果委托人和代理人的风险偏好存在不同,即委托人和代理人分别为风险中性型和厌恶型,由于委托人会给予代理人激励薪酬,因此代理人就需要承担一些风险,其收入就是变动的随机收入,那么要实现相同的保留效用,就要求委托人给予代理人一个风险贴水,也是委托人由于信息不对称产生的费用,称为风险成本,函数式子为 $\Delta RC = \frac{1}{2}\rho\beta^2\sigma^2 = \frac{\rho\sigma^2}{2(1+b\rho\sigma^2)^2}>0$。那么,当信息不对称存在的时候,企业代理人的努力程度 t 并不能直接被委托人观测到,则委托人需要通过激励措施来实现代理人的最优努力程度为 $t = \dfrac{\beta}{b} = \dfrac{1}{b(1+b\rho\sigma^2)} < \dfrac{1}{b} = t^*$。

由于 $Ex = t$，则信息不对称就会产生净损失，此时的期望产出净损失可以表述为 $\Delta Ex = \Delta t = t^* - t = \dfrac{1}{b} - \dfrac{1}{b(1+b\rho\sigma^2)} = \dfrac{\rho\sigma^2}{1+b\rho\sigma^2} > 0$。而因为代理人在对称情况下的努力程度比非对称情况下较高，那么委托人要参与约束等式成立所承担的收入会减少，$\Delta c = c(t^*) - c(t) = \dfrac{1}{2b} - \dfrac{1}{2b(1+b\rho\sigma^2)^2} = \dfrac{2\rho\sigma^2 + b(\rho\sigma^2)^2}{2(1+b\rho\sigma^2)^2}$，$\Delta c$ 是代理人努力成本的节约，$\Delta Ex - \Delta c$ 为净成本，且 $\Delta Ex - \Delta c = \dfrac{b\rho^2\sigma^4}{2(1+b\rho\sigma^2)^2} > 0$，将两种成本相加则是代理人的代理成本，用 AC 表示，且 $AC = \Delta RC + (Ex - \Delta c) = \dfrac{\rho\sigma^2}{2(1+b\rho\sigma^2)} > 0$。

假定 z 为另一个可以观测的变量，且 z 和努力程度 σ 不相关，而 z 和外生变量 ε 相关，则 z 和 π 相关，且 z 服从 $(0, \sigma_z^2)$ 正态分布，假设这个契约是线性的，则 $s(x,z) = \alpha + \beta(x + \gamma z)$，其中 β 为代理人剩余分享，γ 是代理人收入和变量 z 的相关系数；如果 $\gamma = 0$，说明代理人收入和变量 z 不相关。这里委托人需要思考的是如何来选择 α、β 和 γ 的最优解。在这个契约中，代理人确定性等价收入是 $\alpha + \beta t - \dfrac{1}{2}\rho\beta^2[\sigma^2 + \gamma^2\sigma_z^2 + 2\gamma cor(x,z)] - \dfrac{b}{2}t^2$。其中 $cor(x,z)$ 为 x 与 z 的协方差。由于施瓦兹不等式 $\sigma^2\sigma_z^2 \geq cor^2(x,z)$，最后求得 $\beta = \dfrac{1}{1+b\rho\sigma^2}$，$\gamma = -\dfrac{cor(x,z)}{\sigma_z^2}$。

而当 $cor(x,z) \neq 0$ 时，可以把 z 加入契约里，不仅能够增加代理人最优剩余分享比例（最优激励强度）$\beta = \dfrac{1}{1+b\rho[\sigma^2 - cor^2(x,z)/\sigma_z^2]} > \dfrac{1}{1+b\rho\sigma^2}$，还能够降低代理成本和激励成本。期望收入净损失的表达式为 $\Delta Ex = \Delta t =$

$\frac{1}{b} - \frac{\beta}{b} = \frac{\rho[\sigma^2 - cor^2(x,z)/\sigma_z^2]}{1+b\rho[\sigma^2 - cor^2(x,z)/\sigma_z^2]}$,努力的节约成本的表达式为 $\Delta c =$

$c(t^*) - c(t) = \frac{2\rho[\sigma^2 - cor^2(x,z)/\sigma_z^2] + b\{\rho[\sigma^2 - cor^2(x,z)/\sigma_z^2]\}^2}{2\{1+b\rho[\sigma^2 - cor^2(x,z)/\sigma_z^2]\}^2}$,激励成本的

表达式为 $\Delta E - \Delta c = \frac{\rho[\sigma^2 - cor^2(x,z)/\sigma_z^2]}{2\{1+b\rho[\sigma^2 - cor^2(x,z)/\sigma_z^2]\}}$,通过分析推导出代理

成本表达式为 $\Delta c = \Delta RC + (\Delta Ex - \Delta c) = \frac{\rho[\sigma^2 - cor^2(x,z)/\sigma_z^2]}{2\{1+b\rho[\sigma^2 - cor^2(x,z)/\sigma_z^2]\}}$。把这个结果与契约相比,激励成本和总代理成本均明显减少。

当 $cor(x,z) = 0$ 时,代理成本和契约仅依赖 π 时一样。可见,π 是充足统计量,z 不进入契约。

有一种极端情况为:如果 z 和 θ 完全相关时,即 $\sigma^2 = cor(x,z)/\sigma_z^2$,就有 $\beta = 1$,也就是说代理人一个人享受剩余分享,这时代理人努力程度为帕累托最优水平 $t = \frac{1}{b}$;由 $var[s(x,z)] = 0$,可以看出代理人所承受的风险为零。

因而,委托人能够直接观察 z,从而"间接"观察 ε,即支付完全取决于 t(为常数)。事实上,剩余索取权的拥有者只能是企业委托人,只有通过委托人激励约束机制,才能实现代理人的帕累托最优选择 $t = \frac{1}{b}$,而风险激励并不能使代理人达到最优状态。

2.1.3 锦标激励机制

在相对业绩评估中,锦标制度无疑是一种较为特别的制度,它是由 Lazear 和 Rosen(1979)[26] 首先提出的,在比赛中具体体现为:第一,先将奖金确定,奖金并非依据绝对绩效制定;第二,参赛者更关注个人在比赛中是否比其他参赛者强,也就是个人在比赛中的相对成绩,而不关注个人的绝对成

绩;第三,比赛中奖金设定得越高,则给予参赛者的激励越强。

而在公司中,锦标激励机制体现在,各代理人较为关注其与其他代理人的业绩比较,假如 n 个代理人对应的奖励为 $E_1 \geq E_2 \geq \cdots \geq E_n$,也就是说业绩排名第一的代理人可获得奖励为 E_1,第二名获得奖励为 E_2,第三名到第 n 名则以此类推,并且存在 $E_n - E_{n-1} \geq E_{n-1} - E_{n-2}$。

当委托人对代理人努力程度难以监督时,与边际产出的激励契约相比较,锦标激励的优点有以下三点:①代理人收入取决于其边际产出的排名,而非边际产出,相对于边际产出而言,代理人的边际产出排名更为精准、简明,在此基础上监督成本将会得到很好的控制;②由边际产出排名而制定的代理人薪酬会产生薪酬差距,这样的差距能够鼓励代理人通过竞争得到更高奖励,因此,企业委托人就不必花费更高的成本来监督代理人;③加大相邻名次间的薪酬水平,可以督促排名靠前的代理人更有动力往上一个名次努力,激励效果更为显著。

与薪酬取决于业绩的契约相比,锦标激励机制在代理人薪酬和其绩效无关时不占优势,但是当代理人薪酬与其绩效挂钩时,锦标激励机制的优势就明显凸显出来,因为它能够排除很多不确定因素,不仅能加强激励效力,还能降低风险成本。这里我们假设代理人产出方程表达式为 $x_i = t_i + \varepsilon_i, i = 1, 2, \cdots, n$,式子中,努力程度用 t_i 表示,ε_i 是均值为零的随机扰动项,也就是委托人对代理人产出衡量的误差。这里为了方便分析,我们只考虑两个代理人的情况。这时,委托人产出函数为 $x_i = t_i + \varepsilon_i, i = 1, 2$,$t_i$ 与 ε_i 相互独立,$\varepsilon_i \sim N(0, \sigma^2)$。企业委托人支付给代理人的低工资和高工资分别为 S_l 和 S_h,存在 $\Delta = S_h - S_l, \Delta > 0$。这里我们假定 $c_i(t)$ 为代理人的成本表达式,那么 $u_{ih} = S_h - c(t_i)$ 为 i 获胜时的效用表达式,$u_{il} = S_l - c(t_i)$ 为 i 失败时的效用表达式。

2.1.4 多项任务委托代理模型

当代理人要完成多项任务,委托人对不同任务的监控能力和强度有所差异,其中一些工作任务难以观测,比如员工生产的产品质量相对于产品数量难以监督等。如果委托人将大多精力都用在容易监督任务上就会使得代理人侧重这类任务的工作,而忽视其他工作任务,使得资源不能合理配置。Holmstrom & Milgrom(1991)[27]通过构建模型发现,如果代理人不仅仅担任一项工作任务,而是同时负责多个项目,则固定工资契约在某种程度上比依据可观察变量奖惩代理人的激励契约更具有优势。构建的模型为:设一个代理人的工作任务有两种,努力程度没有前后差异,构建委托代理模型,这个模型是静态的且具有多任务性。假定代理人努力水平为 $a = (a_1, a_2)$,其中 a_1 和 a_2 分别表示代理人在任务1和任务2中的努力程度。这里假设代理人的努力成本和努力产出期望收入分别为 $C(a_1, a_2)$ 和 $B(a_1, a_2)$,其中,此时的成本和期望收入函数分别呈现严格递增的凸函数和严格递增的凹函数。

$a = (a_1, a_2)$ 表示了代理人努力程度,此时则会存在信息向量 X,这个信息向量可以被观测到,并且这个信息向量的表达式是 $X = \mu(a_1, a_2) + \varepsilon$,假设信息向量表达式中 μ 是一个凹函数,它体现了 R_+^2 对 R^k 的映射,R 代表实数域,R^k 为 k 维欧式空间($k \geq 0$),k 为可观测信息的数量,它取决于两个努力变量 a_1、a_2。ε 表示随机向量,并且其服从正态分布(均值和协方差分别为 0 和 $\sum'$)。那么可以发现,信息向量 X 也服从正态分布[均值和协方差分别为 $\mu(a_1, a_2)$ 和 $\sum'$]。

当 $k = 2$ 时,一种特别的情形是:

$$X = \begin{bmatrix} x_1 \\ x_2 \end{bmatrix}$$

$$x_1 = \mu_1(a_1) + \varepsilon_1$$

$$x_2 = \mu_2(a_2) + \varepsilon_2$$

$$\mu = \begin{bmatrix} u_1 \\ u_2 \end{bmatrix}$$

在接下来的分析之前,我们分别对委托人(中性型)和代理人(厌恶型)的风险偏好进行假设,并且代理人绝对风险规避度保持在一定水平不变,$C(a_1,a_2)$ 表示代理人努力成本,这里可以用货币等价物来衡量,进而可以表达出代理人的收入 $S(X) = \alpha + \beta^T X$,式子中 $\beta^T = (\beta_1, \cdots \beta_k)$。

CE 在满足 $u(CE) = Eu(w)$ 的条件下,得出:$W = S(X) - C(a_1, a_2)$,在条件式子中,u 和 E 分别代表代理人的效用函数和数学期望。

因为前文中假设代理人为风险厌恶型,那么代理人效用函数 $u(w) = -e^{-\rho w}$,进而得到 $-\exp[-\rho CE] = \int -\exp(-\rho w)f(w)\mathrm{d}w$,在式子中,$f(w)$ 表示 S 的密度函数,进一步得到 $-\exp[-\rho CE] = -\int \exp\{-\rho[S(X) - C(a_1, a_2)]\}f(w)\mathrm{d}w$,整理推导出 $CE = \alpha + \beta^T \mu(a_1, a_2) - \dfrac{\rho \beta^T \sum \beta}{2} - C(a_1, a_2)$,此式子为确定性等价收入函数,$\rho$ 表示代理人的绝对风险规避度,$\beta^T \sum \beta$ 表示收入的方差,$\alpha + \beta^T \mu(a)$ 和 $\dfrac{1}{2}\rho \beta^T \sum \beta$ 分别表示代理人的期望工资和风险贴水。

从上可得,委托人期望收益的表达函数是:$B(a_1, a_2) - E[S(X)] = \beta(a_1, a_2) - \alpha - \beta^T \mu(a_1, a_2)$,$\beta_i = \dfrac{B_i}{1 + \rho C_{ii} \sigma_i^2}$,$B_i = \dfrac{\partial B}{\partial a_i}$,$i = 1, 2$。如果 $B_i =$

$B_i(a_i)$,$i=1,2$,即各工作的努力程度对其他努力程度产生的绩效不会产生影响,且最优解β相互独立,可见,代理人在不同工作上(给定和其他工作)的最优努力程度不存在联系,并且从中可以看出β_i与ρ,C_{ii}及σ_i^2之间的相互关系为负。

2.2 公平偏好理论

2.2.1 公平偏好相关的博弈实验研究

传统的委托代理理论认为行为人是自利的,而通过一系列博弈实验研究发现被试者的真实行为与自利假设相悖[28,29],如最后通牒和公共品博弈等。学者Rabin(2002)[30]指出关于博弈实验研究的学者以及意识到个体社会偏好存在的学者均认识到关于行为人是自利的争论已毫无意义。

2.2.1.1 最后通牒博弈实验

最后通牒博弈是学者Guth & Schmittberger & Schwarze(1982)于1982年提出的,该博弈实验作为一个单期博弈实验为实验经济学提供了一个崭新的视角。随后Thaler & Camerer(1995)[31]、Cameron(1999)[32]等经过多次重复最后通牒博弈实验,在博弈实验中,两位被试者对一定额度资金分配方式由二人决定。具体体现在,两位被试者互不认识,规定一位是资金分配方式的提议者,一位是回应者。当提议者给予回应者提出一种资金的分配方式,假设回应者分到的资金比例为λ,回应者可以选择接受提议者的资金分配方式,也可以不接受,但两位被试者都不能分配资金。针对不同的国家和地区,学者们进行了大量最后通牒博弈实验,研究结果大体是:回应者可接受的λ众数是50%,其平均值为40%~50%;当回应者的分配比例λ小于20%时,其选择拒绝的可能性为40%~60%;当回应者的分配比例λ越大,其接受方案的概率就越高;回应者对于分配比例λ接近50%的分配方式大多选择接受;提议者提出的分配方案λ没有等于零的情况,也没有大于50%的情况。而根据传统经济理论,若被试者为纯粹自利性,那么纳什均衡的最优解是分配比例λ大于零的任何方式回应者都会选择接受,由于提议者为了排除这种干扰,在设计回应者分配比例时只有λ接近零的方式。这很明显与行为人是纯粹自利假设相悖。但是,对于这种与假设相违背的解释为:当回应者察觉到资金分配比例不公平时,就会选择拒绝此种分配方式,因此,提议者会尽量提出一个个人觉着相对公平的资金分配方式。或者提议者本身很注重公平,觉着给予一个较大的λ才是公平的。

在最后通牒博弈实验中,可能给定的资金额度也会对实验结果产生影响,当资金额度越大,被试者会更自私一些,而这一观点与许多实验结论不符。如,学者Hoffman & McCabe(1998)[33]通过实验研究发现最后通牒博弈不受给定资金额度大小的影响。学者Cameron(1999)[32]在最后通牒实验中将资金额度定为印度尼西亚人均月支出的三倍,提议者行为几乎不变,只是回应者选择接受的资金分配比例比之前稍有提高,而假如所要求的资金分配比例低于五分之一时,回应者中还是会有人选择拒绝大致半个月支出的分配方式。

2.2.1.2 免惩罚博弈实验

免惩罚博弈实验是学者Bolton & Zwick(1995)[34]用来发觉回应者的真实意图,它是在最后通牒实验基础上进行改进的。即当实验中的回应者选择拒绝分配方式时,提议者依然拥有收益,而回应者没有收益。那么回应者在实验中因为提议者的"不公平"分配方式而选择拒绝的行为在免惩罚博弈实验中是不存在的。由于若回应者选择拒绝,对提议者没有任何损失,只能影响自身收益。通过免惩罚博弈实验可以发现,所有的回应者均未出现对分配方式的拒绝行为。可见,在最后通牒博弈实验中,回应者选择拒绝的缘由的确是要给予"不公平"资金分配方案提出者一个惩罚。

2.2.1.3 独裁博弈实验

独裁博弈实验也是学者 Forsythe(1994)[35]为探究最后通牒实验中提议者的内心真实动机以及有无遭受回应者选择拒绝的威胁。同样,该实验也是在最后通牒博弈实验基础上进行改进的。即在实验中,回应者对于提议者提出的任何资金分配方式都要选择接受,也就是回应者没有选择拒绝的权利,这时提议者就不会存在受回应者选择拒绝的威胁。那么此时,如果分配方式的提议者为自利的,出于自利心理提议者将不愿意给予回应者任何资金。通过实验发现:提议者中有五分之一被试者提出的 λ 接近0,约六成被试者提出的 λ 是零到二分之一,五分之一的被试者提出的 λ 约等于五分之一。当 λ 约等于0时,说明提议者是自利的,而研究中有80%的提议者都选择不同比例的 λ,甚至将近20%的提议者提出的 λ 较高。但是独裁者中的提议者还是没有最后通牒博弈实验中的提议者慷慨。所以,我们认为在最后通牒博弈实验中提议者选择慷慨的意图可能是顾虑回应者以选择拒绝来惩罚自己,也有可能是受公平偏好心理的影响。

2.2.1.4 礼物交换博弈实验

在最后通牒博弈实验中,回应者可以选择拒绝来惩罚提议者,而在礼物交换博弈实验中,Akerlof(1982)[36]认为回应者不仅可以惩罚提议者,还可以奖励提议者。随后,学者 Fehr et al.(1993)[37]设计具体的礼物交换博弈实验,并且 Falk & Fehr & Fischbacher(2000)[38]在此基础上进行多次重复礼物交换博弈实验。具体的礼物交换博弈实验为:首先由提议者给回应者提出给予其金额为 $w \in [\underline{w}, \overline{w}]$ ($\overline{w} > \underline{w} > 0$)的资金分配方式,回应者对于该分配方式可选择拒绝或者接受。假如回应者选择接受该分配方式,则其必须付出的努力程度为 $e \in [\underline{e}, \overline{e}]$, $\overline{e} > \underline{e} > 0$,这时回应者可以得到的收入是 $u_r = w -$

$c(e)$,提议者可以得到的收入是 $u_p = ve - w$,其中,v 为回应者努力的边际生产率,$c(e)$ 为努力成本函数,且函数是严格递增且凹性。假如实验被试者为自利的,则博弈均衡结果为:提议者给予回应者的支付为 w,回应者努力程度的选择为 $\underline{e}$。而礼物交换博弈实验研究表明,提议者给予回应者高收入及回应者选择高努力程度很普遍,且提议者给予回应者的金额越大,回应者选择的努力水平更高。可见,礼物交换博弈实验与行为人是自利人假设相悖。但是,如果回应者的收益依赖外在环境,则回应者的收入和其努力水平的正相关不会成立。假如实验被试者具有公平偏好,那么提议者觉着给予回应者较高的收益为公平收益,相应的回应者也觉着应当选择较高努力水平才是对提议者比较公平,这个对研究结论进行了解释。假如实验被试者具有互惠偏好,提议者会认为如果他给予回应者较高的收益,则回应者会选择较高的努力水平来回报提议者,这也从另一个方面解释了礼物交换博弈实验的研究结论。

2.2.1.5 信任博弈实验

信任博弈实验是 Berg et al. (2000)[39] 于 2000 年首次提出的,随后学者 Fahr & Bernd(2000)[40]、Cox(2001)[41]、Fehr & List(2004)[42] 等对此进行了多次实验。在学者提出的信任博弈实验中,实验组织者会先给予提议者一定资金 y,从中提议者会支出资金 x 给组织者,组织者将 3 倍的 x 转给回应者,最后回应者再从 $3x$ 资金中取出 z 返还给提议者。那么,回应者的收益为 $3x - z$。假如实验被试者是自利的,则博弈均衡的结果为:提议者给予回应者的 $y = 0$,回应者返还给提议者的资金 $z = 0$。而信任博弈实验研究结论为:在实验中,大多提议者愿意给予回应者一些资金,同时大多回应者也愿意返还一定资金给提议者,此外,提议者给予的资金 x 越大,回应者返回的资金 z 越大。具体表现为:提议者会从实验组织者中获得资金 \$10,在 32 组实验提议者中,有 30 组提议者选择的 $x \in (\$0, \$10)$,仅有 2 组提议者选择

$x=0$ 的资金,且在给予回应者资金不为零的 30 组提议者中,其中有 11 组回应者给提议者返还的资金 $z>x$,有 3 组返还资金 $z=x$,有 6 组返还资金 $z=\$0$,提议者给予回应者资金的平均值为 $x=\$5.16$,回应者给予提议者返还的资金平均值为 $z=\$4.66$ 。同时,Fehr & List(2004)通过研究还发现,当提议者为 CEO 时,给予回应者的资金要比提议者为学生的多,而当回应者为 CEO 时,返还给提议者的资金要比回应者为学生的多。当实验被试具有公平偏好,提议者会将从组织者中得到资金给予回应者一些,因为他觉着这样才公平,同理,回应者也觉着返还给提议者一定资金才公平,信任博弈的结论得到支持。此外,从互惠角度看,如果提议者觉着他如果给予回应者较多资金,回应者将返还提议者较高的资金,信任博弈的结论再一次得到支持。

2.2.1.6 单期和多期公共品博弈实验

为了验证行为人非自利性,学者 Isaac & Walker(1988)[43]、Andreoni(1988)[44]、Croson(1996)[45]和 Burlando & Hey(1997)[46]等进行了单期公共品博弈实验。此实验是先给予每个实验被试者数额相等的资金 y ,随后让被试者拿出资金 $g_i \in (0, y)$ 放到公共品中,这里 $i \in \{1, \cdots, n\}$,则实验中的各被试者获得的收入为 $x_i = y - g_i + \lambda \sum_{j=1}^{n} g_j$,其中 $\frac{1}{n} < \lambda < 1$ 。通过单期公共品博弈实验研究发现,被试者中选择 $g_i = 0$ 的比例为 54%~89%,剩余的被试者也只是选择较低的贡献额。

由于单期公共品博弈实验没能完全验证行为人的偏好动机,因此,学者 Fehr & Gachter(2000)[47]在单期公共品博弈实验基础上设计了多期公共品博弈实验。在该实验中,第一阶段是单期公共品博弈,第二阶段是每个被试者在了解之前所有被试者的贡献额情况下,可以通过选择惩罚向量 $p_{ij} = (p_{i1} \cdots p_{in})$ 来对其他被试者进行惩罚,当 $p_{ij} \geq 0$ 时,说明被试者 i 给予被试者 j 的惩罚,这里 $i,j = (1, \cdots, n)$,那么被试者 i 会付出资金 $c \sum_{j=1}^{n} p_{ij}$,其中 $0<c<$

1,且被试者 i 也会因被其他被试者 j 进行惩罚而付出资金 $\sum_{j=1}^{n} p_{ji}$。因此,被试者 i 的最后收益是 $x_i(g_1,\cdots g_n,p_1,\cdots p_n)=y-g_i+a\sum_{j=1}^{n}g_j-\sum_{j=1}^{n}p_{ji}-c\sum_{j=1}^{n}p_{ij}$。假设实验被试者是自利的,那么博弈均衡的结果为:被试者在第二阶段从不进行惩罚,也就是 $p_{ij}=0$。而多期公共品博弈实验研究发现,假设不进行惩罚,实验被试者中大概有50%人会选择零贡献额,提供贡献额的被试者大多提供的贡献额比例小于30%;假设被试者可以进行惩罚,就有80%的被试者选择贡献所有的资金,同时这些被试者多对不提供贡献额的被试者进行了惩罚。很明显,公平偏好理论很好地解释了该实验结论,但实验结论与标准经济理论相悖[47]。

通过前文的博弈分析发现,行为人并非是纯自利的,而是有所限制的,因此,实验经济学家和行为经济学家对标准经济理论假设进行了释放,不同的社会偏好理论应运而生。这里社会偏好(Social Preferences)指的是行为人不仅看中个人利得,还会在乎分配的公平性。具体包括三种:第一种为公平偏好(Fairness Preference),行为人比较关注个人收入分配的公平性[48,49];第二种为利他偏好(Altruism Preference),行为人愿意帮助别人但不求回报[50,51];第三种为效率关注偏好(Efficiency Concerns Preference),行为人不仅关注社会剩余增加,还关注低层人员薪酬的增加。在此基础上,越来越多行为经济学家开始关注公平偏好理论模型,也将组织行为学、博弈理论、标准激励理论等学科与公平偏好理论进行融合。

2.2.2 公平偏好理论模型研究

通过梳理公平偏好理论模型大致可以归纳为:第一,是有关分配结果的公平与否,也就是说行为人不但关注个人所得,还会关注其他人的所得,当与别人收入有差距时就会产生负效用。较为典型的模型为 FS 模型(Fehr,

Schmidt,1999)[10]与 BO 模型(Bolton, Ockenfels, 2000)[11]。第二,是关注分配动机的公平与否,行为人还会在乎动机的公平与否[14],代表模型为 Robin 的心理博弈模型。第三,是兼并公平偏好和互惠偏好,也就是说行为人不仅在乎分配结果的公平性,还在乎分配动机的公平性。

2.2.2.1 基于收入分配公平的模型

作为社会偏好一种的基于收益分配公平偏好是指行为人不但在乎自身的利得,还会在乎他人的利得,如同情心理、自豪心理、嫉妒心理等。学术界对此进行了认同,在现实中的许多情形都表明行为人具有涉他偏好[52]。而传统的经济学理论却没有考虑这些心理偏好对个体行为的影响,但是这些心理偏好却很好地对博弈实验结论进行了解释。FS 模型和 BO 模型是此类模型的典型代表。

(1)FS 模型

学者 Fehr & Schmidt 提出的 FS 模型是指,行为人不仅关注个人收入,还关注他人收入,当个人收入比他人收入高时,就会产生同情负效用,而当个人收入比他人收入低时,就会产生嫉妒负效用。因此,行为个体的直接收益和公平效用构成了其的总效用。由此效用函数表达式为:

$$u_i = x_i - \frac{\alpha_i}{n-1}\sum_{j \neq i} \text{Max}(x_j - x_i, 0) - \frac{\beta_i}{n-1}\sum_{j \neq i} \text{Max}(x_i - x_j, 0) \quad (2\text{-}6)$$

其中,i 指某个行为人,j 指另一个行为人,且 $i \neq j$,n 指参考人员的总个数;x_i 指行为人 i 获得的收入,x_j 指行为人 j 获得的收入;$\text{Max}(x_j - x_i, 0)$ 及 $\text{Max}(x_i - x_j, 0)$ 均指行为人 i 与 j 收入分配的不公平度;α_i 指行为人 i 嫉妒偏好程度,β_i 指行为人 i 同情偏好程度;$\frac{\alpha_i}{n-1}\sum_{j \neq i} \text{Max}(x_j - x_i, 0)$ 为 i 收入比他人低情况下产生的嫉妒负效用,$\frac{\beta_i}{n-1}\sum_{j \neq i} \text{Max}(x_i - x_j, 0)$ 为 i 收入比他人高情况下产生的同情负效用,且 $\alpha_i \geq \beta_i$ 及 $1 \geq \beta_i \geq 0$。$\alpha_i \geq \beta_i$ 说明行为人收入

比他人收入低时产生的嫉妒负效用要比行为人收入比他人收入高时产生的同情负效用高;$1 \geqslant \beta_i \geqslant 0$ 说明行为人即使看中与他人收入的公平性,可还是期望自己获得较多的收入。

该模型对于前面各博弈实验研究结论进行了很好的解释。如独裁者实验,虽然在实验中提议者因给予回应者一些资金而损失了个人收益,却提高两方间的分配公平性,由此会减小提议者由同情偏好引发的负效用。同时,当提议者支付给回应者减少的损失小于其同情负效用,其会提高给予回应者的资金,一直到两者等同为止。因此,出于公平偏好心理,提议者愿意给予回应者资金但是资金额不会太大。

在 FS 模型中,各行为人的同情偏好程度 β_i 与嫉妒偏好程度 α_i 均不相同,当行为人同情偏好较强时,β_i 值越大;当行为人嫉妒偏好较强时,α_i 值越大;当 $\alpha_i = \beta_i = 0$ 时,表明行为人是自利的。Fehr & Schmidt(1999)指出行为人的同情偏好程度和嫉妒偏好程度值不同,说明行为人公平偏好类型不同,行为人人格特征及社会文化对行为人公平偏好类型的分布影响不大,且行为人的嫉妒偏好程度 α 与同情偏好程度 β 值会对经济业绩产生严重影响。研究还发现,少数行为人在公平偏好心理下为得到公平的收入分配而改变自利人的行为;少数自利行为人亦会改变公平偏好行为人的行为,而行为人主要是公平偏好还是自利性,受社会经济制度的内外部环境决定。可见,在分析行为人偏好类型时要考虑其所处的经济环境。

(2)ERC 公平偏好模型

2000 年 Bolton & Ockenfels 设计了 BO 模型,说明行为人还会将个人收入与参考群体平均收入进行对比,以此来判断个人收入的公平程度,具体的效用函数为:

$$u_i = (x_i, \sigma_i) \tag{2-7}$$

其中,x_i 表示收入,σ_i 表示收入权重,且 σ_i 表达式为:

$$\sigma_i = \begin{cases} \dfrac{x_i}{\sum x_j}, \sum x_j \neq 0 \\ \dfrac{1}{n}, \sum x_j \neq 0 \end{cases} \quad (2-8)$$

通过对函数进行分析发现：①当 $\dfrac{\partial u_i}{\partial x_i} > 0$，说明效用 u_i 与收益 x_i 正相关，也就是说行为人获得收入越大，则其公平效用越大；②当 $\dfrac{\partial u_i}{\partial \sigma_i} \begin{cases} >0, \sigma_i < \dfrac{1}{n} \\ =0, \sigma_i = \dfrac{1}{n} \\ <0, \dfrac{1}{n} < \sigma_i \end{cases}$，

说明效用 u_i 是收入权重 σ_i 的严格凹函数且在 $\sigma_i = \dfrac{1}{n}$ 处效用最大，也就是说行为人收入越靠近平均收入，其效用越大。

因为 BO 模型没有 FS 模型那么具体的表达式，所以该模型有很大的自由度，该模型基本对所有博弈实验结论进行了解释。而在公共品博弈实验中的研究结论 BO 模型却不能进行合理解释，具体体现在，依据该模型，如果行为人的公平偏好与平均收入进行对比，则其对贡献额比平均收入高或者低的惩罚力度是一样的。但是，FS 模型却很好地对此进行了解释。因为在 FS 模型中，行为人会与其他每个人进行对比，则回应者对不同贡献额提议者的惩罚力度不同，当提议者的贡献额较小时，回应者会增加其嫉妒负效用；而当提议者贡献额较大时，回应者会增加其同情负效用。这样，回应者就只会惩罚贡献额较小的提议者。因此，具有简单详细函数表达式的 FS 模型可以给予博弈研究实验结论很好的解释，因而 FS 模型被学术界普遍应用。

2.2.2.2 基于动机公平的模型

基于收入分配的公平模型是行为人关注收入分配的结果，而基于动机

公平模型是行为人关注收入分配行为的原因,该模型的提出是 Rabin (1993)[12]基于学者 GPS(1989)[53]的心理博弈论(Psychologic Game Theory)的研究,他们认为互惠偏好是行为人所具备的。当行为人觉着对方行为不友善时,其会选择不友善来进行回应;当行为人觉着对方友善时,其亦会选择友好对待对方,这为博弈论的研究提供了崭新的视角。随后,Rabin 设定善意函数(Kindness Function)来说明行为人 i 行为动机的善与恶,表达式为:

$$f_i(a_i, b_i) = \frac{x_j(b_j, a_i) - x_j^f(b_j)}{x_j^h(b_j) - x_j^l(b_j)} \quad (2-9)$$

其中,a_i 代表行为人 i 所采取行动,b_j 表示行为人 i 预计行为人 j 的行动,$x_j(b_j, a_i)$ 是行为人 j 选择行动 b_j 行为人 i 选择行动 a_i 时行为人 j 得到的收入,$x_j^h(b_j)$ 是行为人 j 选择行动 b_j 可得到的最大收入,$x_j^l(b_j)$ 是行为人 j 选择行动 b_j 得到的最小收入,$x_j^f(b_j)$ 是行为人 j 选择行动 b_j 时可得到的"公平收入",也就是最小收入与最大收入的均值。若 $f_i > 0$,表示行为人 i 是正互惠,也就是行为人是友善的;若 $f_i < 0$,表示行为人 i 是负互惠,也就是行为人是不友善的;若 $f_i = 0$,表示行为人 i 是平衡互惠,也就是说行为人是中立的。

在这个函数基础上,学者 Rabin 就行为人 i 对 j 的善恶初衷提出了更深层函数:

$$f_j'(b_j, c_i) = \frac{x_i(c_i, b_j) - x_i^f(c_i)}{x_i^h(c_i) - x_i^l(c_i)} \quad (2-10)$$

其中,c_i 是行为人 i 预测行为人 j 判断 i 会选择的行动。若 $f_j' > 0$,表示行为人 i 判断行为人 j 为友善的;若 $f_j' < 0$,表示行为人 i 判断行为人 j 为恶意的;若 $f_j' = 0$,表示行为人 i 判断行为人 j 为中立的。

随后,Rabin 又提出将互惠偏好融入善意函数的效用函数(Rabin 模型)是:

$$u_i(a_i, b_j, c_i) = x_i(a_i, b_j) + f_j'(b_j, c_i)[1 + f_i(a_i, b_j)] \quad (2-11)$$

其中,$x_i(a_i, b_i)$ 是直接收入效用,$f_j'(b_j, c_i)[1 + f_i(a_i, b_j)]$ 是行为人因互惠

产生的效用。通过对该效用函数进行分析发现,在行为人 i 获得个人最大效用 $u_i(a_i,b_j,c_i)$ 时,其会依据行为动机公平方式,也就是所谓的"投桃报李、以牙还牙"。

在效用函数基础上,Rabin 对纳什均衡进行了扩展,提出公平均衡概念。公平均衡是指满足理性预期且根据 Rabin 模型效用函数使得行为人两者都能效用最大化的均衡。这里的公平均衡并非是纳什均衡。理性预期说明两方均能确切预测出二者的行为。将互惠动机加入经典博弈的 Rabin 模型为博弈分析提供了新的视角,而该模型还存在些许弊端。如,该模型在动态博弈和多人博弈中并不适用,且该模型操作性较差。鉴于此方面的不足,许多学者在该模型基础上对其进行补充和修正。如,Dufwenberg et al. (2004)[49]将多人博弈加入模型中,提出序列互惠均衡(Sequential Reciprocity Equilibrium)。但是该模型操作过程极其复杂,所以操作性较差。

2.2.2.3 兼顾收入公平和动机公平的模型

在前文两种公平模型基础上,学者们积极探索兼顾收入分配公平和动机公平的模型。Falk & Fischbacher(2006)[54]通过序贯博弈把 FS 模型和 Rabin 模型相融合,在模型中,行为人会依据两方收益来判断是否公平,并且通过加入意图因子衡量行为人的善恶行为。而这种综合模型无法保证最后能实现均衡,判断行为动机也不客观全面,最终出现和推测不一致的现象。随后,国内学者夏纪军(2003)[55]通过对该综合模型进行改进,提出了互惠模型,弥补了综合模型的缺陷。Charness et al. (2002)[50]通过分配结果来判断行为产生的动机是善是恶,提出互惠公平均衡(Reciprocal Fairness Equilibrium)。若行为人 j 选择的分配方式使行为人 i 的资金比自己高,则行为人 j 就被行为人 i 判定为友善的;若行为人 j 选择的分配方式使行为人 i 的资金比自己低,则行为人 j 就被行为人 i 判定为不友善的;若行为人 j 选取的分配方式使行为人 i 的资金与自己相等,则行为人 j 就被行为人 i 判定为中性的。但是该模型参数较多,且结构复杂,操作性较差。

学者 Segal & Sobe(2007)[56]通过博弈双方的战略组合(Strategy Profiles)来划定公平,他指出在实验中博弈双方的偏好依赖收入而非战略组合,这与之前模型界定公平概念不同。他提出的 SS 模型为:

$$u_i(\sigma_i,\sigma_j) = v_i(\sigma_i,\sigma_j) + a_{i,\sigma_j}v_j(\sigma_i,\sigma_j) \qquad (2-12)$$

在模型中,若 $a_{i,\sigma_j} > 0$,说明行为人 i 不是自利的;若 $a_{i,\sigma_j} = 0$,说明行为人 i 为自利类型;若 $a_{i,\sigma_j} < 0$,说明行为人 i 是好胜的(Spiteful)。由于 a_{i,σ_j} 依赖于行为人 j 的战略 σ_j,因此,行为人 i 的个人偏好亦依赖于行为人 j 的战略。可见,SS 模型不仅体现了参与人行为动机的友好行为,还体现了其报恩行为。而且,他还表示,之前基于收入分配公平模型均为 SS 模型的特殊形式。

总体看来,在有关公平偏好的理论模型中,虽然 FS 模型不能检验行为人的动机,而该模型操作简单,能够获得博弈的均衡结果,可行性极高。所以,FS 模型是所有模型中应用最为广泛的。学者们通过 FS 模型探究公平偏好下的薪酬结构时,要对 FS 模型进行适当的修正。如,Englmaier & Wambach(2002)[57]在探究代理人纵向公平偏好下的薪酬激励契约 $w(x)$ 时,将代理人的效用函数设定为 EW 模型:

$$U_A = u[w(x)] - c(e) - \theta G\{[x - w(x)] - w(x)\} \qquad (2-13)$$

式(2-13)中,$c(e)$ 和 $u[w(x)]$ 分别表示代理人的努力成本和效用,θ 是代理人公平偏好强度,$G\{[x - w(x)] - w(x)\}$ 是委托人给予代理人收入不公平时给代理人带来的效用,对于 $G(\cdot)$ 来说,$\xi G'(\xi) > 0$、$G''(\xi) > 0$、$G(\zeta) > G(-\zeta)(\zeta > 0)$ 及 $G(0) = G'(0) = G''(0) = 0$。

与 FS 模型不同的是,EW 模型提出公平负效用函数为凸函数,而 FS 模型提出效用函数是线性的。

2.3 高管激励组合理论

2.3.1 高管薪酬激励相关理论基础

2.3.1.1 人力资本理论

早在20世纪60年代,Schultz等(1972)、Becker等(1962)[58,59]就在研究中首次提出了人力资本,他们通过研究论证了有形的物质资本和无形的人力资本都应该是促进经济发展的重要因素,并且在研究中对人力资本进行了界定,即包括企业生产经营等一系列活动中所投入的技术、知识和创新概念等。促进经济发展的物质资本和人力资本分别属于不同的所有者,其中,高级管理人员、一般管理人员和工人属于人力资本的所有者,股东、债权人等属于物质资本的所有者。区别于股票持有者的投资,人力资本所有者的投资来源主要是其相关专业知识和技能的投入。人力资本所有者作为公司人力资源的提供者,只有通过不断激励,最大限度地发挥人力资本所有者的主观能动性,进而加大其对企业的人力资本投入,因此,激励机制是企业资源配置(尤其是人力资本配置)的重要因素。

通过对国内外人力资本相关文献的梳理和总结,发现人力资本特征主要包括:产权属性、创新特征、主观能动性、依附性、难以观测和量化、专用性、收益综合性等。通过以上人力资本的特征可以看出人力资本的复杂性,正是因为这种复杂性使得企业对人力资源的激励和约束也存在一定的困难,从而更加要求企业重视人力资源的管理,以达到人力资本的最优配置。对于具有强专有性和稀缺性的高级管理人力资本来说,测量难度更会加大,而且也不能以契约条款加以完善,所以需要更加完善的人力资本配置机制对高管的人力资本价值进行定价。

2.3.1.2 企业契约理论

所谓契约理论,就是企业利益相关者之前的契约组合,这些利益相关者主要包括企业员工、管理人员、债权人和企业所有者等。Hart 等(1990)[60]通过对企业契约关系的分析,发现企业并不是因为要替代市场而产生的,它主要体现了要素市场对于产品市场的替代关系,所以实际上企业表现为要素市场的契约关系。而科斯认为企业和市场存在边界划分问题,之所以企业不同于市场主要因为两者间的交易费用存在差异,一般情况下产品市场的交易费用大于企业交易费用,正是因为这种差异的存在所以企业才会存在,这也是企业契约理论的基础。

此外,通常情况下企业契约理论还存在不完全性,主要表现在以下两个方面:第一,虽然经济学对人的假设是理性的,但是出于现实的考虑,人的理性一般为有限理性,再加上人们所处的经济、政治、社会、技术环境在不断地变化,使得人们签署的合约不具有完全性,即不能在签署合约时将所有的情况纳入合约条款中。第二,人们在进行产品交易时会产生交易成本,这也会使人们在签署协议时将更多的精力放在交易成本,而容易忽略其他未能预测的意外事件。这是因为正是由于这种不完全性的存在,才会有激励和约束机制的存在。在企业不完全性的基础上,Hart 提出了剩余索取权和控制权。剩余索取权是指企业利益相关者可以取得的收益权,而剩余控制权专指在利益相关者签署合约时,并未在合约中列出明确规定的权利。以企业利益相关者中的股东和高管来说,企业股东可以让渡企业的一部分剩余控制权给高管,以避免高管的滥用职权,增加企业高管的忠诚度,提高企业生产经营效率;而剩余索取权则归企业股东所有,企业高管并没有享受企业剩余索取权的权利。对于企业剩余控制权和索取权的配置方面,很多学者认为两者的配置要相互对应,应该合理地配置企业的剩余索取权和控制权,这也是企业契约理论的核心和关键点。

2.3.1.3 公司治理理论

在公司治理理论中,首先学者们通过分析阐述了公司治理概念。钱颖一(1995)[61]认为,公司治理结构设计了一套制度,这一套制度主要支配企业利益相关者(职工、经理人、董事会等)之间关系,而利益相关者通过这种关系获取利益。吴敬琏(1994)[62]则认为公司治理仅仅是制衡企业高层利益相关者(企业所有者、董事会、高管)之间关联,这种制衡关系主要体现在企业治理的组织结构中。张维迎(1994)[63]通过对公司所有权的分析,认为公司治理即是安排企业具体的所有权。综上所述,可以对公司治理的概念归纳为两个层次:在狭义的层面,它是一系列制度的安排,这些制度主要涉及企业董事会的结构、功能,以及企业股东的权利等方面;在广义的层面,它是一系列完整的文化、法律和制度性安排,这里主要涉及企业剩余索取权和控制权等方面。

通过前文公司治理概念梳理,无论狭义和广义的概念,可以看出公司治理是一系列制度(法规等)的设计和管理实施,而具体来说,公司治理理论则是为了解决委托代理问题而发展起来的理论,主要可以概述为:第一,基于现代企业制度,为了提高企业的经营效率,企业将经营权和所有权分割开来,进而产生了企业的委托人和代理人,这种关系也随之而来,为了防止企业委托代理关系出现问题而提出了公司治理问题。第二,在对企业治理进行界定时,部分学者提到公司治理结构是指支配企业利益相关者(职工、经理人、董事会等)之间关系的一系列制度的安排,这种治理机构主要体现在利益相关者之间权力制衡、职责划分和收益分配等方面。这里面既存在企业股东间的问题,也包括经理人间的问题。第三,不同的公司在选择和实施治理模式的时候存在不同的考虑因素,进而选择的模式也不一样,我国在公司治理模式的选择上处于探索阶段,也很难准确评价出一种公司治理模式的有效性。在经济发展快速化和多元化的时代,由于政治、经济、文化、技术等方面复杂环境的变幻莫测,使得公司的治理模式也存在不同。目前,全球主要的治理模式有三种:外部人、内部人治理模式和家族治理模式。其中,外部人治理模式主要以英国和美国为典型的公司治理代表,内部人治理模式主要以德国和日本为典型的公司治理代表,家族治理模式则主要分布在东亚。

2.3.1.4 管理激励理论

所谓管理激励理论,是基于个体自我认知的基础上,清楚自身的需求层次和情况,进而分析个体需求和行为关系的理论。内容型、过程型等激励理论是其主要类别。下文将对这几种类型的管理激励理论进行详细描述。

(1)内容型激励理论

所谓内容型激励理论主要包括以下几个典型的理论:需求层次理论(Maslow)、双因素理论(Herzberg)、ERG 理论(Aldorfer)、成就需要理论(Mecleland)。从这些经典理论可以看出,内容型激励理论主要侧重于研究激励和约束的影响因素以及诱因。

1943 年 A. H. Maslow 提出了需求层次理论,在他的 *Incentive and Personality* 一书中将人的需求分为五个不同的层次,即自我实现、尊重、社会、安全和生理需求。需求层次理论强调了个体需求的多样化,五个需求体现了个体层层递进的需求状态。从个体的生理需求到自我实现需求,人们的需求层次在不断地提高。当个体低层次的需求得到满足时,由于效用理论的递减规则,此时个体低层次的需求将不能继续用来激励和约束人们的行为。通过对马斯洛的理论阐述和分析,企业激励组合的设计也会从中得到发展,譬如,对于国有企业的高管而言,要在清楚其需求层次的基础上,量身设计和制定高管的激励组合。

1959 年 Herzberg 提出了双因素理论,这里的双因素主要是指激励因素和保健因素两个方面。这两个因素分别体现在企业的不同方面,激励因素主要体现在个体的工作中,譬如工作中的责任感、成就感和愉快感,工作奖励,工作中的变现机会等方面。而保健因素顾名思义,则是一种确保工作顺利完成的保障机制,主要体现在个体工作中周围的条件和环境,它通过环境影响个体的工作情绪而产生对企业经营的影响,本身并不具有激励和约束的功效。譬如企业相关的薪酬制度、工作环境、劳动政策等方面。

另外,针对内容型激励理论,Aldorfer 和 Mecleland 分别提出了 ERG 理论和成就需要理论。其中,ERG 理论并不像需求层次理论那样,对个体的需求进行分层排序,而是将其简单地分为生存、关系和成长三种[64]。不同于需求层次理论和 ERG 理论,成就需要理论则主要从个体的社会表现出发,认为个体主要存在权利、友谊和成就三方面的需求。

综上所述,不同的学者基于不同的出发点,对个体的需求进行了分类和总结,但是通过对比分析发现,以上不同的理论均强调了人们需求的多样性,即人们的需求不只包括物质层面的需求,也包括非物质层面的需求,并且这两个层面的需求在个体的激励和约束方面均起到了重要的作用。就企业高管而言,物质层面的需求已不是其追求的重点,更高层次的需求(尊重、公平、价值实现等)才是激励其努力工作的关键因素。

(2)过程型激励理论

所谓过程型激励理论主要包括两个方面的典型理论:期望理论和公平理论。1964 年 Vroom 通过对个体的激励过程进行分析,拓宽了管理激励理论的范围,将管理激励理论从封闭的状态拓展到更加开放的状态,他认为人们不应该仅仅关注自身需求的满足,而应该将个体间利益协调需求的满足也考虑在内。个体的这种需求是在一定的行为动机基础上,为了达到一定的预期目标,且这个目标对于个体而言应该具有较强的吸引力。期望理论正是基于这种预期的期望而产生的,而且存在两方面的因素影响这种激励,即个体对预期目标价值判断(目标效价)和预期目标实现的概率大小(期望值)。从这两个因素可以看出个体的激励效用的公式可以反映为目标效价和个体期望值的乘积,即个体目标效价和期望值与其激励效用成正比。公平偏好理论在前文已经做了详细介绍,在此处不再赘述。

(3)行为矫正型激励理论

所谓行为矫正型激励理论主要包括两个方面的典型理论:归因理论和强化理论。1958年Heider(1958)[65]通过模型构建最先提出了归因理论,1967年Kelley(1967)[66]在前有归因理论基础上对该理论进行了发展,他认为影响个体行为的因素主要有三个:知觉者、知觉对象以及两个主体作用时所处的环境。1972年Weiner(1972)[67]在前人研究的基础上进一步丰富和发展了归因模型,他通过应用角度的研究归纳总结出个体的努力、机遇、能力和任务难度决定了个体是否能达到其预期目标。

1958年Skinner(1958)[68]首次提出了强化理论,该理论认为人们认识和了解事物的本质是一个学习的过程,在不断学习强化的过程中,人们通过结果不断对自己的行为和理解进行修正。在企业中,个体的行为结果主要有报酬或者惩罚,这就存在学习强化的正效应和负效应,若个体行为的结果为报酬,那么这种结果的报酬就会鼓励个体进行之前行为的重复发生,即所谓的正强化或者鼓励的过程;若个体行为的结果为惩罚,则就会警示个体对之前的行为进行不断地学习修改,减少错误行为,增加行为的规范性和合规性,即所谓的负强化或者惩罚的过程;显然,由于人们学习能力的限制,在对人们激励效果的实施方面,正比负的效果要好。

2.3.2 高管激励组合

通过对高管薪酬激励理论的梳理,发现企业高管的需求呈现多样化的趋势,因此,为了降低企业的代理成本,以及更好地满足高管的需求,不应该只采用单一的激励方式,而应该采用有效的激励组合,达到企业高效生产经营的目标。所谓的高管激励组合是指企业对高管各种激励方式的组合使用,譬如,对于国有企业而言,高管激励组合即是各种激励制度和激励方式的安排、设计和实施。高管激励组合根据不同的划分标准存在不同的形式。

2.3.2.1 显性激励合约和隐性激励合约

根据高管与企业签署的合约,可以将激励组合分为显性激励合约和隐性激励合约。所谓显性激励合约主要表现在其可观测性和可度量性,即在企业中可以明确地写入合约,第三方机构可对高管的付出和贡献进行评价。譬如高管的绩效薪酬、年薪等,且企业和高管的合约条款均受到法律的保护。在契约理论中提出,为了激励合约更好地实施,合约的签订需要企业付出成本,这些成本包括谈判和决策成本、调查信息成本和实施成本等。而人有限理性的存在,以及信息的不对称性,使得企业和高管在合约设计时,将所有的条件和预期纳入其中,这就导致了显性合约的不完全性。

2009年薪酬管理的指导意见,对企业高管的薪酬结构进行了明确的规定。其中,以央企为例,高管薪酬应该主要包括绩效年薪和基本年薪,中长期激励收益予以辅助。可见,企业的中长期激励并不成熟,还处于不断的探索阶段。

所谓隐性激励合约,顾名思义,是由于隐性合约的不可观测性,使得企业在显性合约设计时不能纳入的部分。更多的时候隐性合约是企业委托人和代理人之间的一种默契,而这种默契既不能写入合约条款中,也不能受到法律法规的保护,所以隐性合约的实施不具有强制性,进而导致违约风险加大。通过对企业委托人和代理人之间的关系进行博弈模型分析发现,委托人选择不支付承诺报酬作为自己的最优决策,而代理人通过分析和预判,则相应的会选择不付出努力作为委托人选择的回应,此时的静态博弈均衡显示了隐性合约的非有效性。而假如对双方进行重复博弈模型的构建,通过双方长期的博弈过程可以发现,无论是委托人还是代理人违约,终止交易关系是被违约者的最优实施决策,而违约者则需要承担违约带来的损失,这种损失不仅包括货币等经济的损失,还包括损失违约者声誉。所以,隐性合约的有效实施将依赖于一些条件,譬如声誉机制的实施、非正式制度(社会伦理规则、商业惯例等)的认同和遵守、长期合作的期望收益大于违约收益、委托人和代理人交易关系、大量专用性投资的存在以及委托人和代理人对等的市场势力和地位。

对于国有企业高管来说,其隐性合约收益主要包括职位升迁、政治关系、社会声誉等方面,这些收益主要是由国企高管的控制权带来的,并未设计在企业的显性合约中,具有笼统性和不明确性。由此可见企业的隐性合约主观性比较强,这就致使其操作性不强。针对隐性合约的这种难以操控性,以及国有企业高管隐性合约收益对企业控制权的强依附性,为了防止国有企业高管的违约行为,主管部门可以通过控制高管的控制权来防止违约的发生。而为了增加企业高管对企业的忠诚度,多数情况下,政府主管部门对高管的控制权所带来的隐性收益采取默认的态度,通过这种方式提高高管收入,提高高管的主观能动性,激励其更好地实现企业生产经营目标。

另外,显性合约和隐性合约并不仅仅是两个相互独立的激励方式,它们之间具有相关性和互补性,在显性合约不能有效发挥其作用的时候,隐性合约可以在此方面发挥作用,进而防止签署合约的缺失。

2.3.2.2 短期激励和中长期激励

按照时间的长短划分,可以将企业对高管的激励分为短期激励和中长期激励。所谓短期激励,顾名思义是企业根据自身短期经营目标设计的激励方式,主要与企业的短期绩效相联系。根据国资委 2009 年发布的央企高管薪酬管理的指导意见,可以看出高管的薪酬不只包括绩效和基本年薪,为了考虑公司长远的发展,还应该将企业的中长期激励契约纳入薪酬体系中,并且在规定国有企业高管薪酬的上限时,首次采用了更为灵活的方式,即企业应该依据当年的绩效考核情况来确定高管的绩效薪酬,依据企业职员的年均工资确定高管的基本薪酬。

在 2009 年的指导意见中,高管中长期激励收益主要是对企业未来经营和收益的一种期望收益,譬如股票期权激励收益。作为最常见的中长期激励方式,股票期权更多的是指企业未来的预期收益,是按照一定的价格在未来规定期限内购买企业股份。也就是说企业未来的经营绩效越好,股票价格也会相应地不断攀升,企业高管通过股票期权价值的提升而获得更多的价差收益。针对企业的股票期权的未来投资属性,企业高管应该在关心企业的短期经营业绩的基础上,为了更加长远的打算和收益,也应该关心企业的中长期经营发展。而现阶段我国对于国有企业高管的薪酬组成主要包括短期绩效和基本年薪,对于企业高管的薪酬中中长期激励收益关注较少,中长期激励的研究和设计还处于试探性阶段。

2.3.2.3 物质激励和非物质激励

企业高管的物质和非物质激励方式,是针对激励所存在的物质形态不同而产生的不同分类形式。所谓物质激励主要是指包括股票期权和货币性薪酬等在内的激励方式,这些激励方式均是一些具有实物形态的物质。其中,非货币性的实物激励主要是企业提供给高管的一些物质补偿和补贴;货币性的激励主要指可以以货币形式计量的实物激励,有固定年薪、奖金和股权等。

根据马斯洛提出需求层次理论,发现人的需求不仅包括低层次的物质需求,而且还应包括更高层次的需求,即社会声望和名誉,以及更高的自我价值的实现。顾名思义,相对于物质激励而言,非物质激励则更多的是强调高管自我价值的实现,它主要是指精神层面的非实物形态的激励方式,譬如企业高管的政治关系、权利、荣誉和社会地位等方面。对于企业高管来说,其在物质激励得到适当满足的情况下,将会不断追求社会声望、名誉等精神层面的激励,以在企业达到自我价值的实现,因此,高管的非物质激励在其激励机制中的作用也不容忽视。另外,经济学中的基本规律,存在边际效用递减,高管的物质激励会随着其不断增加而出现效果递减趋势,此时,精神层面的非物质激励就会起到非常重要的作用。

综上所述,不同的划分标准则会使得激励组合产生不同的分类。显性激励合约和隐性激励合约体现了企业股东和高管之间的委托代理关系,在委托人和代理人的博弈分析过程中,反映出不同策略选择的最优化过程,即不断降低代理成本,更进一步可以防止代理不规范的出现。按照物质形态划分的激励方式,可以看出大部分的物质激励属于显性合约,而大部分的非物质激励处于隐性合约。同时,关于长短期激励组合,研究的主要侧重点在于企业高管的需求层次中,即企业经理人不仅需要短期薪酬,还需要长期激励薪酬,这样才能使得经理人与股东目标一致,最终实现公司价值最大化的目标。因此,本书在显性合约和隐性合约激励组合以及长期和短期薪酬组合划分的基础上,展开以下章节的分析和研究。

2.4 公平偏好应用研究综述

2.4.1 国外应用研究现状

2.4.1.1 从生物演化论的角度揭示公平偏好的实验研究

前期,学者 Arrow(1979)[69]、Samuel son(1993)[70]、Sen(1995)[71]通过研究发现行为人并非纯自利的,他们不但在乎货币收入还在乎非货币收入;不但在乎个人收益还在乎他人的收入,一系列的博弈实验也说明行为人的公平偏好的确存在。在此基础上,学者们构建了 FS 模型、BO 模型(分配结果公平),基于分配动机公平的 Rabin 模型,和兼顾二者的综合模型 FF 模型、SS

模型。随后,学者们进行了更多公平偏好方面的相关实验研究,也证明了行为人公平偏好的存在。

学者 Levati 等(2007)[72]通过双方公共品来判断公平和效率,在每股边际回报率不对称情况下,仅让效率较高的被试者有贡献额时,可以加大群组的收入,而贡献不对称会导致个体收入不公平,研究发现效率没有公平对行为人激励效力大。Dana 等(2007)[73]在假设参与者对自利有道德蠕动空间的基础上,通过设计实验发现,行为人不仅不希望自己受不平等对待,亦不愿他人受不平等对待。Schwarze 等(2004)[74]运用 Theil 测量法、基尼系数及 Atkinson 测量法等三种衡量非公平的方法对德国 1985—1998 年的社会经济面板数据进行分析,发现了行为人对公平偏好的程度,并验证了德国人具有公平偏好特征。

Brosna 等(2005)[75]、Bräuer 等(2011)[76]将黑猩猩作为研究对象,通过设计实验发现当黑猩猩看到其他黑猩猩得到更美味的食物时,就会拒绝食物,可见,黑猩猩存在公平偏好心理。Dubreuil 等(2006)[77]以中南美卷尾猴作为研究对象,在完成同样任务下,如果同伴得到的是他们喜欢的食物,此时卷尾猴就会拒绝不喜欢的食物,且当他们喜欢的食物被拿走时,他们会抗拒吃不喜欢的食物。

Knoch 等(2006)[78]运用扰乱正面前额大脑皮层的方法探究行为人是怎样控制个体的自利性而实施公平行为,研究发现选择重复的低频率 RTMS 可以降低参与者选择拒绝提议者提出非公平性分配方式的意愿,这时,正面前额大脑皮层的干扰 DLPFC 还是会出现,可见,参与者可以对提议者的经济诱惑进行妥协,但是参与者还是感觉这种提议并不公平,说明正面 DLPFC 对行为人公平行为带来重要影响。Tricomi(2015)[79]结合神经学理论,通过脑成像实验研究方法来观测行为人大脑是否存在公平偏好,在实验中,将被试者分为两组,给予其中任意一组人大量资金来让被试者感觉到公平刺激,这时观测被试者腹正中前额叶皮质与大脑腹侧纹状体的变化,研究发现得到资金的被试者在另一组人得到金钱时,他们的前额叶皮质和纹状体变化明显;而当没有资金的被试者在得到资金时,他们的前额叶皮质和纹状体变化明显,说明行为人的大脑对于优势不公平和劣势不公平都是极度敏感的。

2.4.1.2 揭示公平偏好影响因素的实验研究

国外学者通过设计实验探究了影响公平偏好的因素,如教育、年龄、性别、个人的财富、工作机会、家庭责任、当地的经济环境、社会文化、情感表达等。

公平敏感性概念首先由 Huseman(1987)[80]提出,然后分析公平偏好敏感性同一些人格特质相关。Major(1989)[81]指出公平敏感性受行为人性别的影响。Mueller(1998)[82]通过对欧美六国进行调查发现,女性比男性更重视公平性,同时,与美国相比,其余国家更自利。Bing(2001)[83]通过对夏令营辅导员和军事人员进行调查研究可知,尽责性、宜人性正向影响着公平敏感性。Wheeler(2002)[84]以中国台湾和美国为研究对象,通过调查公平敏感性受社会文化四维度的影响,发现不确定规避、女性化、权力距离对公平敏感性产生正向影响。James Andreoni(1999)[85]发现环境及个体特征会对参与者公平感知产生影响。Yamaguchi(2003)[86]以日本学生为研究对象,公平敏感性受行为人相互依赖程度的影响为正向。Patti(2004)[87]通过对流水线工人和管理人员公平敏感性进行考察,发现二者有明显区别,其中,管理人员更大公无私一些,可见行为人公平敏感性受其职位的影响。Allen(2005)[88]指出美国人没有日本人公平敏感度高,当日本人感觉受到不公平对待时,其会立即采取行动降低不公平对待的感觉。Bischoff 等(2008)[89]对德国 1999、2000 及 2004 年调查数据进行分析,发现行为人的许多人格特征及社会环境会影响行为人对公平偏好的感知。如,德国东部人相对西部人而言,更重视公平对待,也就是说德国东部人的公平敏感性较高。

Tan(2006)[90]运用实验研究方法探究了行为人社会偏好受宗教信仰的影响,研究表明宗教不会影响行为人的社会偏好。Alesina 等(2005)[91]表明德国西部人比德国东部人更不喜欢政府干涉及资金再分配,相较于德国西部地区,德国东部地区人的偏好较集中。Carlsson 等(2005)[92]通过设计实验探究了行为人的风险偏好特征和公平偏好心理,研究发现女性及显示左翼的选民的公平偏好及风险偏好程度较高。

Bellemare(2008)[93]通过设计最后通牒博弈实验,衡量了行为人的公平偏好程度,研究发现,劣势公平偏好对收入的影响为单调递增。Xiao(2005,2007)[94,95]在实验中,提议者做完决定后,回应者可以对其提议者书写一份个人内心感受的纸条,该感受不会对回应者的分配资金产生影响,研究发现如果有可以表达负面情绪的机会,则回应者会减少选择惩罚的可能性,并更愿意选择接受提议者提出不公平的提议。Goerg(2008)[96]指出极少数的研究说明行为人公平敏感度受不同社会文化背景和不同区域的影响。

Carbonell(2010)[97]指出行为人教育水平、性别及收入等人格特征与其风险类型显著相关,且风险厌恶越强的人更重视公平。Faravelli(2006)[98]分析了个体教育水平、社会背景对个体在公平效率间的偏好影响,研究发现经济学专业被试者公平偏好意愿更强。Bolton(2005)[99]运用模型构建方法分析了个体拥有财产权利、地位对其公平偏好影响,但影响程度还需深入探究。Clark(2008)[7]以 ISSP 调查数据为样本,运用横向公平偏好和纵向公平偏好对比两种方法,分析了行为人相对收入及地位会对劣势不公平程度产生影响,但是并未探究对有利不公平程度的作用。Kim, et al.(2015)[100]通过对393名中国、日本和韩国的雇员进行调查,还发现相对于日本人,中国人和韩国人更注重分配的公平性。

可见,个体家庭环境、年龄与公平偏好程度正相关;个体财富、工作机会、教育背景及情感与公平偏好程度负相关;此外,公平偏好程度也受到个体性别显著的影响。总体而言,个体人格特征及所处环境都会对公平偏好产生影响。

2.4.1.3 测度个人公平敏感性和公平偏好程度的实验研究

Amiel(1999)[101]运用漏桶实验方法探究了行为人的公平偏好感知,研究表明以相对公平偏好或绝对公平偏好为前提构建的福利函数不能给出合适形式,而以基尼系数为前提构建的福利函数可以。Karni & Safra (2001)[102]通过设计实验提出了衡量行为人公平敏感性强弱的方法,并对行为人公平敏感性进行了测度。Clark(2008)[7]表明在衡量行为人公平敏感性强度时,不仅要与参考群组中每个人进行对比,还要与参考群体平均收入进行对比。

Hill & Neilson(2007)[103]通过对公平偏好概念进行界定,发现行为人薪酬与公平薪酬越大,由此产生的负效用的增长幅度会越来越小,构建的可兼顾再分配偏好、递减敏感性及公平偏好的其他关注参数选择函数是 $U(x_0,\cdots,x_n)=u(x_0)+v_l(y_l)+v_h(y_h)$,且 $u'>0,u''<0$。

Tol(2008)[104]对1965—2005年的贫困国家及发达国家中行为人的公平敏感性进行跟踪调查,研究发现贫困国家的个体更期待公平对待,而发达国家个体喜欢贫困国家与发达国家间公平性差。Teyssier(2012)[105]和Blanco等(2010)[106]分别运用改进了的最后通牒博弈实验和独裁者博弈实验对参与人不利公平偏好程度和有利公平偏好程度进行了衡量。即改进后的最后通牒博弈实验要求对参与者站在回应者的角度会采取的方式进行预测,每位参与者要进行21次抉择,参与者要根据(对方收入,自己收入)的收入分配方式来进行决策,这21种分配方式是[20,0],[19,1],[18,2],…,[0,20],通过公式 $U_i(s_i-0.5;20.5-s_i)=U_i(0;0)=0$,可得 α 值,s_i 为参与者首次选择接受分配方式时的决策次序,$s_i=1,2,\cdots,21$,可得:$\alpha=(s_i-0.5)/(21-2\times s_i)$。而改进后的独裁者实验是对参与者以独裁者身份进行的决策进行预测,参与者会从不公平对待和公平对待两种方式中进行21次决策,每个方式为(自己收入,对方收入),平均方式是[0,0],[1,1],[2,2],…,[20,20],不平均是[18,2],[18,2]…,[18,2],那么各方式下的组合是[0,0]与[18,2],[1,1]与[18,2],[2,2]与[18,2],…,[20,20]与[18,2],该公式为$U_i(x_i-0.5;x_i-0.5)=U_i(18;2)$,计算可得$\beta$值,$x_i$为参与者首次选择接受平均分配方式的决策次序,$x_i=1,2,…,21$,可得$\beta=(18.5-x_i)/16$。

2.4.1.4 探索风险规避和公平偏好相关性的实验研究

Amiel(2002)[107]通过发放问卷来探究风险规避与公平偏好的关系,研究表明个体性别显著地影响其风险偏好。Kroll(2003)[108]把行为人的风险偏好与公平偏好进行区别,在风险偏好固定情况下来对行为人公平偏好进行界定,并提出判断行为人公平偏好的方法。通过实验研究还发现行为人公平偏好不受乡村和城市环境的影响。Carlsson(2005)[92]在对参与者公平偏好程度及风险规避程度准确测量的基础上,分析了二者之间显著正向相关,且$R=0.46$。Perversi(2016)[109]、Zhao(2016)[110]在界定风险偏好和公平偏好概念的基础上,探究了行为人公平偏好与风险偏好的关系,研究表明行为人风险偏好会对其公平偏好程度产生影响,行为人风险偏好越低,公平偏好程度越强。Carbonell(2010)[97]在衡量行为人风险规避程度和幸福指数的基础上,探究了行为人公平偏好与风险偏好间的相关性,研究发现行为人的风险偏好会对其公平偏好带来影响,同时行为人的性别、收入等特征会对二者关系产生影响,此外,还发现行为人越厌恶风险,则其越关注公平。

Traub(2009)[111]指出行为人风险偏好与其公平偏好无关。Teyssier(2012)[105]发现个体优势不公平规避、劣势不公平规避均与风险偏好程度无关,个体优势不公平规避与劣势不公平规避亦不相关,且α与β变化趋势与FS模型中的假设$\alpha \geq \beta$不符。Chambers(2012)[112]通过提出两种不公平规避社会福利函数,分析了行为人公平偏好越强,那么根据函数表达式,可以看出具有家庭偏好特征的个体风险厌恶程度越强。

Falk(2005)[113]从个体的背景、投资决策等方面提出衡量行为人风险厌恶程度的大小。Pennings(2000)[114]主要将基于期望效用模型的风险评价方法与基于单向风险偏好模型的心理衡量的风险偏好评价方法进行了比较。Pennings(2001)[115]通过构建二阶因素分析模型,分析不同风险偏好衡量方法间的关系,研究表明各风险偏好的衡量方法会相互影响,且基于高阶特征风险偏好衡量方法是多种方法的合并。Rohrmann(2004)[116]运用不同风险偏好问卷对其定义进行界定,通过研究发现行为人的风险偏好为高阶,且风险的类型不同则其风险方向不同。Deck(2010)[117]通过设计实验来衡量个体风险偏好程度,在实验中,让实验者对基于心理学设计的人格问卷进行回答,研究表明行为人人格特征不同则其风险偏好不同。

2.4.1.5 公平偏好理论在劳动经济中的应用研究

Akerlof(1982)[36]、Akerlof & Yellen(1988)[118]用"礼物交换"来解释行为人的公平心理,在企业中,把企业给予职员的薪酬说成给予了"礼物",那么职员会通过积极努力工作来予以回馈,因此,为了使得职员在公平心理下能好好工作,企业会选择给予职员高薪酬。Bewley(1995)[119]指出公司在预防道德风险给企业带来损失与职员的公平需求是职员薪酬刚性的重要因素,这也说明了在经济形势严峻时,公司职员工资稳定的原因。Blinder & Choi(1990)[120]和Agell & Lundborg(1993)[9]指出企业中职员对公平薪酬的非常关注,因此在制定职员薪酬时要以此作为依据。Fehr et al.(1993)[37]以学者Akerlof(1982)、Akerlof & Yellen(1988)提出的实验为基础,探究了行为人的公平偏好行为,研究发现出于互惠互利的合作动机,当企业给予经理人更优越的薪酬时,经理人普遍会选择积极努力地工作。Fehr & Falk(2003)[5]结合前期的两次调查进行深入探究,指出在委托代理关系中,委托人会运用互惠理论来对代理人进行契约外的激励和约束,即使代理人在薪酬不高情况下还是会选择努力工作,但是其薪酬仍然很乐观。

2.4.1.6 公平偏好理论在激励领域的应用性研究

Fehr & Schmidt(1999)[10]运用实验研究方法分析了被试者在公平偏好心理驱使下对薪酬契约的影响,研究发现虽然在自利人假设下的委托人会倾向于选择完备的契约,而事实上委托人比较愿意对代理人制定非完备的薪酬契约,说明行为人的公平偏好会改变薪酬契约。学者Blinder(1990)[120]发现,在公司中员工确实具有公平需求,这种公平感知会对员工努力程度产生影响,继而影响契约的绩效,因此在公司中制定员工薪酬契约时一定要考虑行为人的公平需求。Fehr & Schmidt(2004)[29]通过给予代理人制定隐性激励和显性激励契约来观察代理人的努力程度,研究发现,相比显性激励契约,在激发代理人工作积极性方面,隐性激励契约的效果更明显,这与传统经济理论的预期相悖,可见,行为人的确具有公平偏好,FS模型对此进行很好的解释,也体现出公平偏好模型的适用性和科学性。

(1)单代理人公平偏好激励机制

Lazear & Kandel(1992)[121]运用锦标赛博弈分析方法探究了行为人在同情、内疚、利润分享及相互监控等因素下的工作努力水平。Krakel(2000)[122]在锦标赛模型基础上,分析了员工在自利和公平偏好中嫉妒偏好下的工作努力程度,研究发现,具有嫉妒偏好心理的员工会更愿意努力工作。但该研究并未站在委托人视角来分析代理人激励机制以及对代理人努力程度的影响。Lindquist(2006)[123]通过构建三阶段模型来分析代理人公平偏好中嫉妒偏好对行为人努力程度的影响。研究发现代理人感受到不公平对待后有两种表现:一种是由于没有感受到被委托人公平对待而懈怠工作;另一种是为了防止以后被不公平对待程度加强而选择努力工作。代理人会选择哪种表现形式,主要看其努力成本函数的情况。Dur & Glazer(2004)[124]根据锦标机制分析了代理人在嫉妒偏好下的薪酬契约形式,研究发现代理人嫉妒偏好会使得委托人给予代理人剩余分享更多或者代理人的努力程度降低,这与学者 Krakel 的研究结论一致。而这里存在一个弊端,就是当委托人的收益低于代理人薪酬,这时代理人就会出现内疚或者自豪偏好,且该研究没有涉及委托人和代理人间的支付,亦未讨论非对称下情况。Fershtman & Hvide & Weiss(2002)[125]探究了代理人的自豪偏好对其剩余分享和努力程度的影响,研究发现代理人的自豪偏好会增大其努力程度。而真正将 FS 模型运用到锦标赛理论研究中的是 Grund & Sliwka(2005)[126],将 FS 模型融入锦标机制中,提出当代理人薪酬高于委托人时,自豪和同情偏好就会同时存在,同时代理人的公平偏好会对公司绩效和代理人努力程度产生影响,研究表明,在薪酬结构一定的情况下,公平偏好代理人的努力程度要比自利代理人高,而当薪酬结构发生变化,这种关系会发生变化,甚至相反。Demogin & Fluet(2003)[127]分析了代理人公平偏好下的努力程度受业绩评价支出的影响,研究发现当委托人对代理人的业绩评价会产生支出时,代理人的同情偏好不会给业绩带来积极影响,而代理人嫉妒偏好会给企业业绩带来正向影响,因此,当代理人的业绩评价支出较高时,企业会优先考虑聘用嫉妒偏好代理人。

(2)多代理人公平偏好激励机制

Charness & Kuhn(2004)[128]通过设计实验来分析了代理人在公平偏好下,会将自身薪酬与其他代理人薪酬进行对比。Englmaier & Wambach(2010)[16]通过探寻代理人在横向公平偏好下的最优薪酬契约,表明最优薪酬契约的结构会随着代理人公平偏好的不同而不同,且公平偏好可以优化最优薪酬契约,也就是说,委托人在设计代理人薪酬契约时,要结合代理人的横向公平偏好来进行设计和优化。Demougin & Fluet(2006)[129]将企业中职员的工资与其他职员进行对比,分析了职员公平偏好对其努力水平的影响,发现职员横向公平偏好确实存在,进而会影响其行为。

(3)兼顾单代理和多代理的公平偏好激励机制

前期有关公平偏好下的代理人薪酬契约研究不是与其他代理人间公平对比,就是与委托人公平来比较,随后,学者 Fehr & Goette(2009)[130]在将公平偏好定义为纵向和横向基础上,分析了其对员工努力水平的影响,研究发现代理人公平偏好会改变委托人对其工资的制定。Itoh(2004)[131]探究了代理人在横向公平偏好和纵向公平偏好下的最优薪酬契约,若代理人更重视纵向公平偏好,则会影响委托人的收益,若代理人更重视横向公平偏好,则委托人给予代理人的最优薪酬契约是基于相对绩效指定的,而当代理人为自豪偏好型,相对绩效薪酬契约却并非为最优,这些都是假设代理人为风险中性型得到的。而 Bandiera & Barankay & Rasul(2005)[132]通过设计实验得到结论与学者 Itoh 不同,研究表明以代理人个人业绩评价设定的薪酬契约比以相对业绩评价设定的薪酬契约带来的激励效用更大。Agell(2004)[133]通过研究发现公司规模不同,则其给予代理人设定的薪酬契约不同。

(4)代理人公平偏好对团队激励机制影响

Biel(2004)[134]假定代理人的努力水平可以被委托人知晓,且没有代理人参与约束,通过设计博弈模型探讨了信息对称下的代理人薪酬激励契约,研究发现当委托人为自利性时,更倾向于聘用具有公平偏好的代理人,因为如果代理人没有按照约定完成委托人制定的任务,公平偏好代理人会内疚而更努力工作,为企业创造比自利代理人更多利润。基于公平偏好视角下,Bartling & Siemens(2004)[135]分析了团队激励机制,发现代理人公平偏好程度较强时,可以得到代理人有效率的均衡努力,且公平偏好从两个方面来改变效率:一方面是,为了防止代理人间的公平对比,委托人更倾向于聘用一个代理人;另一方面是,公平偏好会产生公平的扁平薪酬,同时,研究还发现公司规模越大,代理人更喜欢偷懒。Meidinger & Rulliere & Villeval

(2001)[136]以一个企业和多个代理人为研究对象进行反复实验,研究发现,职员看重团队内部的公平对团队工作有积极影响,因此,代理人公平偏好心理会对团队工作绩效产生影响。Heijden 等(2006)[137]分析了员工在假设其他同事都会积极工作时,员工愧疚对团队业绩的影响,但该研究没有探究自豪偏好和嫉妒偏好对团队激励机制的影响。

(5)不同风险规避代理人公平偏好激励机制

Teyssier(2008)[138]发现代理人在其公平偏好下会选择不同的行为,同时,代理人的风险偏好不同,则公平偏好下的努力程度不同。Choi(2004)[139]探究了代理人在公平偏好和风险偏好下的最优薪酬契约,研究表明,考虑不公平约束下,有关逆向选择得到的预计结论与事前协议结构不一致。Sappington(2007)[140]在逆向选择模型中加入公平偏好因素,通过对信息不对称下的公平偏好代理人努力程度进行分析,指出若代理人事前具有公平偏好,委托人对事后的公平偏好不能产生约束。

2.4.2 国内应用研究现状

目前,国内学者也对公平偏好理论实践应用进行了探索性研究。具体体现为:

(1)社会偏好的存在

国内学者薛求知等(2003)[141]最早将西方有关社会偏好及公平偏好相关研究成果引入国内,并详细介绍了许多经济学理论及应用研究,为国内的标准经济学理论研究提出崭新的视角。随后,互惠偏好理论得到学者石高宏和李灵燕(2004)[142]的分析。基于此,学者龚霁茸和费方域(2006)[143]探究了个体外在的人文环境对其偏好的影响,研究发现个体的公平偏好类型及程度会受其周围的环境影响。魏光兴(2006)[144]、阮青松和黄向晖(2005)[145]指出现实中个体具有社会偏好,特别是公平偏好,这也是自利人假设和现实不符的原因。张雨婷(2010)[146]分析了公平、信任及互惠等社会偏好对行为人努力程度的作用。叶航等(2005)[147]在社会偏好视角下具体讲解了实验经济学与行为经济学的研究成果,特别是详细讲解了学者Fehr等的前沿观点。随后,叶航等(2007)[148]对神经经济性及与神经经济性相关的主流观点进行了介绍,研究发现,行为人的社会偏好与公平偏好的来源及存在性都与神经经济性密切相关。

(2)互惠模型构建

夏纪军(2003)[55]在信任模型中加入互惠偏好和利他偏好,运用博弈方法探究了一般信任和特殊信任的不同,研究发现互惠偏好会将信任产生受制于二阶信念,并分析了行为人收益不同则给个体信任程度带来不同程度影响,当两人博弈中二者收益差距较大,二者信任会降低;"外人"和"自己人"的影响是利他偏好的信任表现,当行为人"外人"倾向更大,则其自己人的团体就越大。陈然方(2005)[149]从互惠、规范利他、亲族利他构建了家庭企业成长三阶段模型。李文波(2002)[150]结合新社会经济学对行为人的互恕性和互惠性进行了介绍。董志勇和黄必红(2003)[151]运用博弈实验方法,对学者们提出的互惠模型进行重复研究,得出结论支持以往的研究结论。

(3)公平偏好的存在

郭心毅(2010)[152]基于公平偏好理论和相对剥夺观,设计了锦标模型,探讨了公平对待与代理人努力程度的关系,发现代理人的工资差距、自豪及嫉妒偏好都会对其努力程度产生影响,为最优薪酬契约激励机制构建提供了理论支撑。丁超群(2010)[153]通过问卷调查探讨了公平薪酬是怎样影响员工的努力水平,结果显示,公平待遇显著影响员工努力程度,且其影响为正,企业可以通过设计公平偏好激励机制来提高员工努力水平。雷勇和凌星元(2013)[21]在传统团队模型的基础上,植入公平偏好思想,设计了具有公平偏好的团队激励机制,结果表明团队内成员间的薪酬差异会影响团的整体业绩,为团队合作管理提供了新视角。罗彪和朱晓梅(2013)[154]分析了经营者"非物质需求"和"薪酬竞争"两种心理公平偏好的存在,通过构建拓展的委托代理模型,研究发现经营者的两种心理偏好会对其努力程度以及企业薪酬契约激励机制产生影响。此外,周浩、龙立荣(2007)[155]提出了公平偏好的衡量方法。

(4) 公平偏好下的委托代理模型

Fehr & Goette(2008)[15]在研究中把公平偏好进行拆分,即横向和纵向公平偏好,横向公平偏好是代理人间的公平偏好,纵向公平偏好则为代理人与委托人间的公平偏好。在此基础上,国内学者们分别从不同维度公平偏好的委托代理模型中引入公平的因素,刘瑞禹等(2015)[18]结合我国化工企业的特殊性,通过刻画代理人间的收益公平性比较,对委托代理模型进行重新搭建,发现随着代理人公平偏好的不断提高,相应的代理成本也在不断降低,进而可以降低委托人的控制和监督成本。刘新民等(2014)[156]在公平偏好理论基础上,探讨了多代理人的激励问题,研究发现随着代理人的努力水平不断提高,其所产生的拆台行为也相应地会加大,即两者存在正相关,而通过分析发现公平偏好对两者均有降低作用。秦华等(2015)[17]通过构建员工纵向公平偏好下的薪酬激励模型,研究发现员工非常关注与总经理的薪酬公平,且员工自豪偏好与其预期效用正相关,而员工嫉妒偏好于其预期效用负相关可见,以代理人横向公平偏好或纵向公平偏好为特征的激励机制,都可以降低代理人的代理成本,在企业的机制构成和实践中都有很好的效果。另外,在兼顾代理人的横向和纵向公平偏好的基础上,基于单边维度公平偏好,学者傅强和朱浩(2014)[19]进一步发展了委托代理模型,通过分析发现随着代理人公平偏好增强,其会提升能力水平,继而降低了代理成本。

(5) 其他领域的研究

学者张征争、黄登仕(2008)[157]提出了衡量行为人风险偏好的抽彩赌博方法等。张志坚(2004)[158]、孙伟和黄培伦(2004)等[159]对程序公平理论与亚当斯公平理论进行概述,而这里的公平理论有别于实验经济学和行为经济学中的公平偏好理论。丁翔等(2016)[160]运用公平偏好FS模型设计了联合体牵头方及其成员间Stackelbeg博弈模型,通过对模型进行均衡分析,发现不同公平偏好会对联合体牵头方和其成员的效用产生不同影响。陈克贵和黄敏(2010)[161]将FS模型引入虚拟企业的盟员激励契约设计中,结果表明,盟主对盟员公平关切系数的认知对其努力程度产生影响。此外,学者马利军(2011)、邢伟等(2011)、丁川(2014)[162-164]将公平偏好理论运用到渠道激励研究中,设计了营销渠道双方在互惠式公平偏好下的最优激励机制。

2.5 研究述评

综上所述,通过不断的研究和创新,基于委托代理理论激励机制设计研究得到快速发展,并成为此方面研究的前沿课题。近些年,经济学、社会心理学等方面的学者将研究的重心主要放在企业员工层面和经理层面的激励机制和薪酬机制的设计方面,并且对相关文献的梳理和分析,发现基于企业经理层面(高管)公平偏好理论的激励机制设计问题,已经成为实验经济学和行为经济学在激励理论、合同理论等方面的研究前沿。

关于公平偏好的研究方面,经历了从定性到定量,从理论到应用,从抽象到具体的研究过程,通过不断地探索和创新,得出了以下研究成果:第一,通过博弈分析论证公平偏好的存在。学者们通过最后通牒博弈模型的构建和分析,发现人们的经济决策行为要受到其公平偏好的影响,并通过一系列博弈模型的构建和实施,反复检验了公平偏好的存在。学者们通过构建效用函数模型,从理论层面分析和阐述了人们的经济决策行为与公平偏好的关系,并且在效用函数模型构建时将公平偏好和自利偏好同时纳入模型中,进而形成了三种模型(FS 模型、Rabin 模型和 SS 模型),这三种模型在出发点和假设条件方面存在差异。其中,FS 模型是基于收益公平提出的,其具有真实性低、可操作性高的特点;Rabin 模型是基于动机公平提出的,其具有真实性低、可操作性也低的特点;SS 模型是基于收益和动机公平提出的,其具有真实性高、可操作性低的特点。第二,试探性测度人们公平偏好强度。学者们运用生物进化论,从神经学的视角证实了人们的经济决策行为要受到其公平偏好的影响,也再一次检验了个体拥有公平偏好,并在此基础上将公平偏好纳入更加先进研究工具和方法中,对人们广泛存在的公平偏好心理进行测度。第三,学者们通过不断的实验设计和实证分析,探索和归纳出影响人们公平偏好的关键因素。通过对个人因素的探索和分析,解释人们公平偏好的因人而异特性;通过对环境因素的探索和分析,解释人们的公平偏好随着周围环境的不同而有所改变。第四,通过分别将人们的风险规避和公平偏好纳入效用函数中,发现风险规避和公平偏好均对人们的效用产生显著的影响,而且通过分析还发现,人们的风险规避和公平偏好的相关性也较强。第五,部分学者在构建委托代理模型时,将人们的公平偏好纳入分析中,分别研究代理人的公平偏好对其期望效用和努力程度的影响。

综观已有研究,还存在以下不足:

其一,如现代契约理论所提出的那样,契约有正式契约,也有默认契约(即隐性契约)。因此,股东在设计经理人薪酬契约时,要考虑经理人心理契约的特征,并了解清楚不同心理契约对经理人行为如何产生影响,继而设计经理人隐性激励机制。这里的心理契约主要指公平偏好心理,而目前将公平偏好心理引入薪酬设计的研究还处在起步阶段,因而,本书将结合经理人公平偏好心理探寻经理人最优薪酬契约,这在检验前人研究结论的基础上,为公平偏好下的经理人薪酬契约提供新的研究视角。

其二,现有的经理人激励合同在制定过程中,多是以经理人创造的短期绩效为考核指标,这就会导致经理人的经营决策短视化,经理人为了追求在自己任职期间的短期效益,就会对企业的当期利润进行财务粉饰,更有甚者,为达到自身利益最大化而不顾及企业风险,最终对企业的发展造成严重影响。因此,为了促使企业经理人站在股东的立场上,以股东价值最大化为目标,组织企业的日常生产和经营活动,就需要设计一套行之有效的经理人薪酬激励体系,而制定这一体系的前提是对经理人创造的绩效给予科学的评估,这将对薪酬激励机制的有效性带来重要影响。因此,以价值创造为基础,采用长短期业绩相结合的计量方法在经理人激励薪酬设计中尤为重要。

其三,在企业中,由于经理人将专用性人力资本和财富集中在公司,而股东能够通过分撒资金来降低风险,所以相对于股东而言,经理人更倾向于规避风险,甚至会放弃一些净现值为正的风险类项目,经理人的这种风险规避行为会导致企业投资不足,影响企业的长远发展。同时,研究表明,经理人在评估不确定事件的时候会受到风险偏好因素的影响,并非遵循概率法则,也不根据"预测效应最小化"理论来进行决策,可见,经理人的风险偏好会对其经营决策产生影响。而现有激励模型设计中多将委托人假定为风险中性型,代理人假定为风险厌恶型。因此,本书在设计经理人公平偏好下的薪酬契约时,会考虑经理人风险偏好特征对最优薪酬契约的影响。

其四,任何经济理论都必须经过实证的检验,将公平偏好因子引入委托代理模型中进行大量的数理推导、模型分析,最终得到模型的最优解,还需要接受有效性实验研究的检验。

鉴于此,本书把公平偏好引入经典委托代理分析框架中,将经理人努力程度分为短期努力程度和长期努力程度,采用长短期业绩相结合的方式对经理人业绩进行计量,继而分别设计横向公平偏好和纵向公平偏好下的经理人薪酬契约,探究公平偏好作用下经理人的长短期努力程度以及对剩余分享比例的要求,并通过实验研究方法验证了经理人公平偏好下的薪酬契约以及长短期薪酬契约,为企业激励机制设计等提供新的指导和建议,最大程度地降低道德风险给企业带来的损失。

3 基于公平偏好理论的经理人薪酬契约机理分析

3.1 概念界定

3.1.1 经理人

在英文中与经理人对应的单词是"executive",主要指公司的首席执行官(CEO)。因各国的文化和公司设置体制不同对经理人也有不同的界定标准。国外学者普遍将经理人界定为总经理或总裁,由董事会选举产生并对董事会负责。CEO 的主要职责有:①执行董事会的决议;②主持企业的日常经营活动;③负责处理对外业务和签订合同;④任免高管团队其他成员;⑤定期向所有者、投资人汇报经营情况,提交定期报告。CEO 不仅是企业高管团队的核心领导,也是企业经营的重要决策者,但在我国企业中不设 CEO 职位,企业改制前厂长是企业的负责人,公司化改造后同时出现总经理和董事长,此时的董事长大体可分为两种,一种为传统意义上代表股东利益的,还有一种是我国有别于其他国家的特有的国有独资和国有控股企业,在这些企业中,董事长作为政府的委派人与总经理职责一样,并不代表股东利益[165],因此,有些国内学者将董事长归在经理层范围内[166],有的则将董事长和总经理均界定为经理人[167,168],也有学者只将总经理界定为经理人[169,170]。与董事长职位变更速度相比,总经理职位的变更速度更快,说明总经理的职位稳定性不强,有更强的职位固守动机。

因此,本书将经理人界定为公司总经理,主要考虑我国上市公司总经理职权范围以及在公司经营活动、财务政策选择中地位和作用与西方国家公司 CEO 相似;另外,从公司治理层面看,董事长是股东选择的代理人,代表了股东的利益,总经理是董事会选择的公司经营管理活动的主要执行者,并不代表股东利益。因此,不做特别说明时,本书中的经理人就指公司总经理,而不包括企业的董事长。

3.1.2 公平偏好

公平偏好作为社会偏好的一种,实质上是一种心理偏好,也叫作不平等厌恶,它主要表征行为人除了关注自身利益,还会关注与他人利益的差距,即行为人在追求最大化自身收入时还会注重收入分配是否公平。一般把公平偏好理论模型分成三种:第一种是考虑收入分配的公平,即行为人不仅在乎自己所分配到的物质利益,也考虑他人得到的分配结果,任何的收入差异都会导致一定程度上的负效用;第二种是考虑分配动机的公平性,表示行为人关注收入分配动机的公平,从而影响其努力水平;第三种是融合互惠偏好及收入分配的公平偏好,不仅强调收入分配的公平也强调行为动机的互惠,也就是说该模型在判断公平时要考虑收入分配动机和分配结果。本书的公平偏好主要指第一种收入分配公平偏好。当行为人收入分配高于他人收入时,行为人会产生自豪偏好和同情偏好,其中自豪偏好会给行为人带来正向激励效用,而同情偏好会给行为人带来负向激励效用;当行为人收入分配低于他人收入时,行为人会产生嫉妒偏好,这时嫉妒偏好会给行为人带来负效用。因此,本书将经理人公平偏好界定为经理人同情偏好、自豪偏好、嫉妒偏好三类。

同时,经理人在公平偏好影响下不仅会关注与股东的薪酬差距,也会关注与其他企业经理人的薪酬差距。国外学者 Itoh[131]、Dur & Glazer[124] 的研究发现,公平偏好会导致激励效率损失,并且代理人公平偏好强度越大,委托人的期望收益越低。这意味着委托人应当通过缩小与代理人的收入差距来减少后者遭受的嫉妒负效用。因此,本书借鉴学者 Fehr & Goette 的研究,把公平偏好分为横向公平偏好和纵向公平偏好,横向公平偏好是经理人间的公平偏好,纵向公平偏好则为经理人与股东间的公平偏好[15]。

3.1.3 风险偏好

风险偏好一词的出现源自行为金融学和实验经济学的快速发展。1952年,著名学者 Markowitz 最早提出"风险偏好",并将风险偏好概念界定为行为人在选择投资项目时,对项目存在的风险和获得收益的概率进行评估,继而进行的项目选择,这可以间接体现行为人的风险偏好类型。学者们通过研究把行为人的风险偏好分成三类,即中性、偏好和厌恶。在企业中,经理人在经营企业中,会面临一些投资决策,此时经理人的风险偏好类型对投资决策的选择会产生重要影响。而经理人的风险偏好受个体人格特征(性别、年龄、任职时间、教育程度、持股比例、个人财富等)以及企业内外在环境(经济环境、法律法规、企业规模、业绩压力等)影响。借鉴学者们对风险偏好概念的介绍,本书将经理人的风险偏好界定为风险厌恶型、风险中性型和风险偏好型三种类型。

3.1.4 薪酬

薪酬是企业对经理人贡献的物质回报,实质上是企业作为与经理人付出的等价交换,从性质上来看这是一个极其复杂的经济现象,主要是由于这不仅仅牵涉到了个人利益,更牵涉到整个企业、整个社会以及整个国家的经济是否得到发展。通常的,薪酬要素由两个方面组成:薪酬水平和薪酬结构。当薪酬水平或薪酬结构设计不科学,均会对行为人的行为带来重要影响。

薪酬水平即经理人的薪酬总额,薪酬结构指的是薪酬的具体组成成分。在薪酬制度所包括的项目(如定薪原则、薪酬水平、薪酬结构、加薪准则等)中,薪酬结构是最核心的内容。学者们主要从宏观和微观两个层面解释薪酬结构。宏观层面指的是经理人的薪酬层次安排,而微观层面指的是同一经理人的薪酬安排。由于本书考察的是公平偏好下的经理人薪酬契约研究,所以主要关注微观层面对经理人薪酬结构的诠释。在已有研究的基础上,本书认为薪酬结构主要包括了两个部分:①薪酬结构,即薪酬的主要形式,具体有基本工资、津贴、补贴、持股等;②薪酬构成比例,即各要素在总薪酬中的占比。同时,根据薪酬分类基准将薪酬分成两种类型:第一类,根据薪酬是否会发生变动,将薪酬分成固定薪酬和浮动薪酬;第二类,根据绩效获得的长短,将薪酬分成长期薪酬和短期薪酬,其中长期薪酬是指长期激励薪酬;经理人短期薪酬包括固定薪酬和短期激励薪酬。

3.2 公平偏好下的经理人薪酬契约概念模型

行为指行为人在内外部环境下所产生的反应,具体包括动机性行为和非动机性行为两种。动机性行为即在一定的情境下,为动机所驱使并指向一定目标的有意识的行为,而非动机性行为则是指那些本能性的反应或冲动下的行为。社会心理学家克特勒温(Lewin)教授将行为人的行为公式设定为:B=f(P,E)。这里 P 为个体(Person)的内在心理因素,B 为个体的行为(Behavior),E 为外界环境(Environment),f 代表上述三者之间的关系,即个体行为受个体特征和外界环境的影响。人类行为是个体(主体)及其所处环境的函数。公式中行为(B)是个体内在心理(P)与外界环境(E)间相互作用所产生的综合效应。因此,在外界环境以及个体内心驱动力的爆发下,这种内外因素的结合最终形成个体的行为[171]。

同时,现有文献表明,在经理人激励的背景下,企业中会出现双向道德风险现象,其源于与技术不确定性相关的信息不对称和与主观测度不确定性相关的信息不完美在当事人机会主义的利用下所导致的正式契约失效。因此,在正式契约的框架下很难解决双向道德风险问题。可见,由于人的有限理性,正式的经济契约往往是不完备的。Harsanyi(1969)[172]和Linderberg(2002)[173]均认为,被认可的需要可以为人的利益追求提供有力的解释。Dean(2000)[174]在亚洲的实证研究也证实,肯定被认可的心理有利于促进合作。这种认可的需要和给予的满足,形成了关系双方的隐性心理契约。可见,除了正式契约外,缔约双方客观上还存在着一种隐性心理契约。该种心理契约理论认为,在企业中,经理人与企业之间有着不成文的契约,这种契约是企业和经理人间的互惠。因此,在组织中,公平、互惠偏好已成为经理人的一种现实性经济意识,这种外在的显性意识会影响股东与经理人之间的隐性契约关系,即心理契约。如果企业给经理人制定的薪酬让其感受到公平对待,经理人会愿意付出更多努力来回馈企业;而如果企业给予经理人的薪酬不公平,经理人为了弥补其公平产生的负效用,会做些损害企业利益而使自身收益最大化的行为[175]。

因此,考虑到经理人与股东之间存在的隐性心理契约,本章在设计经理人薪酬契约模型时以个体的行为公式为切入点,通过引入经理人的隐性心理契约,对行为公式进行改进,提出了基于公平偏好理论的经理人薪酬契约概念模型。其中,P为经理人的公平偏好心理,E为经理人的薪酬契约,B为经理人在薪酬契约结构和公平偏好心理下的努力行为选择。在企业中,由于经理人的公平感知主要取决于其薪酬契约水平,当经理人主观感觉其薪酬水平高于公平薪酬时,他会产生自豪偏好和同情偏好心理;当经理人主观感觉其薪酬水平低于公平薪酬时,他会产生嫉妒偏好心理,其中自豪偏好、同情偏好和嫉妒偏好心理就是公平偏好的三个内容,且同情偏好和嫉妒偏好会产生负效应,自豪偏好会产生正效应。说明当企业给予经理人公平薪酬以及良好的职业发展规划,这时经理人的物质需求和精神需求均让经理人感受到公平对待,就会促使经理人和股东间的代理关系趋于稳定。可见,公平偏好下的心理契约可以改善股东和经理人间的关系。由此建立公平偏好下的经理人薪酬契约概念模型如图3-1所示。在该模型中,经理人的薪酬契约包括长期薪酬和短期薪酬,其中长期薪酬为长期激励薪酬,短期薪酬包括固定薪酬和短期激励薪酬。

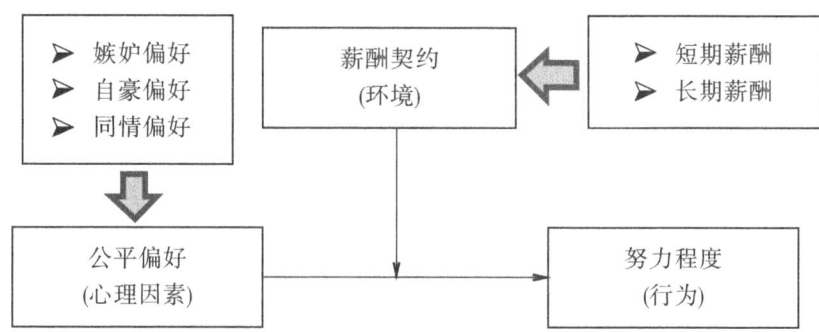

图3-1 公平偏好下的经理人薪酬契约概念模型

3.3 公平偏好下的经理人薪酬契约博弈分析

3.3.1 公平激励薪酬博弈模型理论基础

基于前文的理论分析,在股东和经理人的关系中,还存在着心理契约的维护问题[176]。如果经理人因为得到股东的信任和认可而得到公平、满意的薪酬,可能以此作为激励力量来约束自己的偷懒行为。古语"士为知己者死"是这种心理的真实写照。若忽略了经理人被尊重和被认可的内在需要,自然不能为其合意的经济行为提供难以替代的激励。因此,股东给予经理人的不公平对待很可能使双方的博弈陷入囚徒困境,双方的收益情况均没有获得改善。

考虑到经理人存在着被尊重和认可需要的情况,当股东给予经理人公平公正的薪酬时,具有公平偏好的经理人工作满意度会得到有效提升,由此产生一种内在驱动力量来督促经理人积极努力地为股东效力,其行为结果表现为努力工作;相反,当股东给予经理人不公平的薪酬时,经理人在公平偏好心理的作用下就会对工作产生抵触情绪,工作满意度降低,其行为结果表现为偷懒,并因此会受到相应的惩罚,这样产生的后果就是企业价值减损。而股东对经理人薪酬结构的制定会受到股东对企业经营业绩不佳情况的评估与归因的影响。股东作为企业所有者,聘请经理人经营企业,但对经理人并非绝对信任,这要求股东对经理人的各项管理决策给企业价值带来的影响进行评价与归因,也就是对经理人的努力行为进行测评。股东对经理人行为的评估和归因包括经理人的努力行为以及外部环境等因素。

3.3.1.1 以经理人努力作为评估标准

在传统的委托代理模型中,经理人通常被假设为具有道德风险,在工作中有偷懒意向,并在技术创新的研发投入上缺乏积极进取心态。因此,当公司业绩不尽如人意时,股东往往会推断是否是由于经理人不够努力而导致的,然而股东最难测评的是经理人的努力水平,主要原因是经理人和股东间的信息不对称,这也与经理人工作的复杂程度及不确定性密切相关,同时经理人的努力程度是一种心理驱动因素的外在行为表现,这种决定经理人是否努力的心理驱动因素也包括心理契约方面的激励,如公平偏好心理。委托代理理论认为经理人薪酬结构的制定依据一方面来自股东对经理人努力成果的肯定,另一方面源自内部契约机制,但这一理论前提隐含着经理人是被动治理对象的假定,现代行为金融理论已经证明作为企业经营决策制定者的经理人具有"经济人"的理性思维因素,包括潜在的心理因素等都会对企业决策产生影响。可见,股东为经理人制定的薪酬契约会因为经理人的不同心理因素对经理人带来不同的工作态度,当具有公平偏好心理的经理人对薪酬结构不满意时,其会选择不努力工作的偷懒行为;而当具有公平偏好心理的经理人对薪酬契约满意时,经理人愿意积极工作。

3.3.1.2 误导和误置

误导是指经理人虽然努力工作,但由于股东运用内部控制机制出现失误,如股东委托董事会制定的绩效衡量方法不恰当或者决策存在失误,就会对经理人的经营活动起误导作用;误置是指股东将难以胜任经理职位的人员推举为最高经营者,在组织结构上摆错了位置。

3.3.1.3 以环境作为评估标准

以往研究成果发现,公司业绩与经理人努力程度呈正相关关系,但忽略了外部环境因素对公司业绩提升的影响作用。这里的外部环境因素是指公司经理人所不能控制的宏观市场环境,如外部复杂的市场竞争环境、宏观市场经济背景等,这些宏观市场环境因素的存在会对公司业绩的提升起到一定的抑制作用。因此,公司业绩的下降不能完全归咎于经理人努力程度不够这方面的作用因素。

如果不考虑外部环境因素,通常股东委托董事会针对公司业绩不佳的决策有两种:改变经理人的激励与调整现任经理人薪酬结构。因为经理人工作态度对于提高公司业绩进而提升公司价值具有重要影响,所以当经理人积极努力工作时,股东只能对其采取调整激励方式、结构和程度,促使其提高努力水平。因此,董事会做出调整薪酬结构决策时,通常先改变激励方式和激励程度,观察业绩变化来确定是否存在经理人工作态度方面的问题。针对偷懒和误导两种情况均可采用改变激励办法得到改善,前者可以通过改变激励的大小使经理人更加努力,后者可以通过改变绩效衡量等内部控制机制得到解决。误导是由于股东误用内部控制机制所导致,经理人并不需要对绩效的好坏负完全责任,相反股东应对公司经营成败负大部分责任,但很少有文献提及这方面的责任归属,几乎都归结到经理人经营不善,缺乏对股东责任的考虑。因此,如果对经理人的激励调整后仍不能取得绩效改善,则股东只能判定经理人可能误置或无法胜任经理职位,从而只有给予经理人不公平薪酬同时对其降职甚至解雇这一惩罚方式可供选择。

鉴于业绩归因的稳定性,对经理人来说,最为"安全"的方法是被股东评价为努力程度高的经理人,从而当公司业绩表现不佳时,股东自然会归因于内部控制机制不恰当或外部环境因素,在一定程度上可解脱经理人的责任,从而降低经理人被解雇的风险。因此,增强股东对自己是努力经理人的信念是具有隐形心理契约的经理人所具有的重要策略。而股东依据企业经营业绩对经理人进行业绩评价时也会根据经理人对公司经营的态度进行合理考量,继而制定对经理人的薪酬契约。从而,公平薪酬和不公平薪酬构成了股东和经理人心理契约的重要内容。

3.3.2　公平激励薪酬博弈模型构建

基于以上分析结论,股东在制定薪酬结构时往往倾向于依据行业水平、外部环境等客观评价标准。而现实情况是经理人作为一个主动治理对象,在公司经营过程中存在努力与偷懒等各种主观因素。本书在构建公平激励下的博弈模型过程中借鉴了以往研究中的经理人假设,即在面临公司经营业绩不佳时往往表现出经理人对公司经营行为的态度,在经理人日常行为中表现为努力与偷懒两种结果。因此,假设股东的行动空间为(公平薪酬,不公平薪酬),经理人的行动空间为(努力,偷懒)均有对应的两种策略,对应的博弈结果可以用以下博弈矩阵体现。见表3-1。

表3-1 公平偏好激励博弈

项目		股东	
		公平薪酬	不公平薪酬
经理人	努力	$r_1^1 + x$, r_1^2	$r_2^1 - s$, r_3^2
	偷懒	$r_3^1 - y - \tau p$, $r_2^2 - c + \tau p$	r_4^1, r_4^2

其中,假设 r_i^j 表示第 i 个局中人在第 j 种策略组合中取得的经济收益所带来的效用。显然,在这一博弈模型中存在股东与经理人两个局中人,因此 $i = 1, 2$, $j = 1, 2, 3, 4$ 表示四种不同的策略组合。x, y 分别表示受到公平对待后经理人在不同策略下增减的精神效用,s 表示自己努力却没有得到公平对待而产生的效用损失,τ 为偷懒被发觉且被惩罚的概率,p 为相应惩罚支付,c 为股东受到蒙蔽后实施惩罚而付出的成本,股东得到相应的惩罚收益。在这一博弈模型所表现出的战略支付矩阵中,对股东而言存在公平薪酬与不公平薪酬两种行为选择,在公平薪酬选择下,具有公平偏好的经理人更多倾向于选择努力的策略,其得到的效用函数表现为 $r_1^1 + x$,在不公平薪酬下经理人的效用函数需要考虑经理人即使努力工作却没有得到相应的公平待遇时的效用损失,即 $r_2^1 - s$。由于经理人内心因素驱使,对股东不信任感加强,逐渐由努力转向偷懒。这时股东对经理人的工作表现有所察觉,股东为了避免企业价值减损的实现,会通过一系列的激励措施提高对经理人的信任感,使其恢复原先的努力程度,从而给予经理人公平薪酬结构。这是一种存在于理论假设情况下的博弈行为演化过程,但在实际中,即使股东给予其公平薪酬促使其努力工作,由于经理人对股东这一决策转变并未及时了解,并且信息传递过程中存在不对称的情况,从而对经理人的行为决策并没有立即产生作用。选择偷懒行为的经理人面对由于自身消极工作态度所引起的企业价值减损更多的对股东给予的惩罚更为敏感。因此,在这种情况下,首先出现的是股东在给予其公平薪酬时出现相应的惩罚措施,从而使得经理

人的效用函数为 $r_3^1 - y - \tau p$，同样股东在对经理人做出惩罚的同时需要付出相应的成本，得到股东的效用函数为 $r_2^2 - c + \tau p$。随着博弈演化的持续，经理人与股东之间的信任感逐渐恢复，经理人由于受到惩罚而产生努力工作的态度，可以让这一均衡走出困境，因此，$r_3^i > r_1^i > r_4^i > r_2^i$。

3.3.3　博弈模型分析

在企业中，在信息不对称情况下，经理人与股东之间的博弈是一种不完全信息下的信号传递模型，这是企业经营过程中的客观情况。但在理论研究中，需要研究有效市场状态下的信号博弈，从而给现实情况中不完全信息下的信号博弈提供理论支撑，寻求最优均衡。因此，经理人公平薪酬契约博弈模型主要从信息完全和信息不完全两种情况进行博弈分析。具体如下：

3.3.3.1　信息完全时的博弈分析

如果股东和经理人比较熟悉，因此彼此信息了解得比较充分，则二者间的博弈相当于完全信息博弈。先介绍相应的两阶段博弈扩展式表述，如图3-2所示。

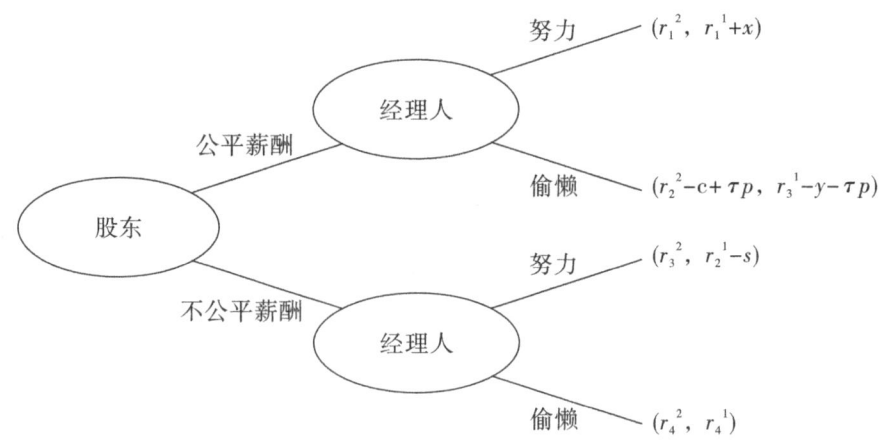

图3-2　两阶段博弈的博弈树

如果股东先选择"公平薪酬"策略,则经理人在"努力"与"偷懒"间进行权衡,设经理人"努力"而没辜负经理人的信任,有 x 单位的正效用,选"偷懒"时因为辜负了对方而使自己有 y 单位的负效用,那么若 $r_1^1 + x > r_3^1 - y - \tau p$,对具有公平偏好的经理人来说,在公平薪酬结构下通过自身努力就会使自身效用达到优化,同时股东对经理人的公平薪酬也是一种内在激励,经理人有内在驱动力去选择努力工作,因此,经理人会选择"努力"而不是"偷懒"。如果股东先选择"不公平薪酬",那么对于具有公平偏好的经理人而言,会促使其产生一种消极的工作态度来弥补对于自己公平偏好的缺陷,因而,经理人选择"偷懒"成为一种必然趋势。若股东知道通过公平激励能够使经理人效用满足 $x + y > r_3^1 - r_1^1 - \tau p$,则股东给予经理人足够的公平程度,这种公平程度的提高对经理人内心激励促成正向影响,经理人有足够动力来努力工作,因而,公平薪酬成为股东的必然选择。同样,具有公平偏好的经理人在外在薪酬结构得到合理满足时会对自身工作满意度产生认同,认为这是股东对自己努力工作态度的正向弥补,因此,努力工作的经理人也是值得给予公平薪酬的。否则,股东只能有 r_4^2 单位效用的支付,而 x、y 的多少与给予经理人的薪酬公平程度有直接关联,在一定程度上表现为股东可以调控的变量。

因此,在信息了解比较充分时,股东若注重了经理人的公平、认可等精神需求,公平激励也可能在有限次重复博弈中使相应的经理人与股东在薪酬结构上走出困境。当然,这里的 r 和 p 可以通过强化制度的建设和契约的签订来保证,强化公平激励的效果。

3.3.3.2 不完全信息的博弈分析

与完全信息下的博弈分析相比,在企业实践过程中大多数情况下股东与经理人之间的信息并不一致。股东在制定薪酬结构过程中,更多表现为对经理人短期经营业绩的评价,但对于公司价值具有促进影响的经营决策更多表现为长期业绩,这一客观存在的现实背景促成股东与经理人二者之间在博弈过程中更多通过信号传递来影响二者的决策选择。因此,假定博弈双方对彼此并不了解,在多次博弈过程中进行不完全信息博弈,并且股东一旦实施了不公平薪酬,这对于薪酬结构较为敏感的经理人而言,这一信号会被其立即捕捉,从而经理人会产生不同工作态度,表现出不同的行为结果。因而假设股东一旦真正实施不公平薪酬,马上就会被经理人发觉,并引起相应的抵制。由于在企业中,双方的地位并不对等,博弈中一般存在股东先动问题。

设股东认为经理人努力的概率为 P,且当概率为 P^* 时,股东在选择公平薪酬和不公平薪酬之间没有差异,则有:

$$P^* \times r_1^2 + (1 - P^*) \times (r_2^2 - c + \tau p) = r_4^2$$

即

$$P^* = (r_4^2 - r_2^2 + c - \tau p)/(r_1^2 - r_2^2 + c - \tau p)$$

同理,经理人认为股东给予其公平薪酬的概率为 Q,且当概率为 Q^* 时,经理人在选择努力和偷懒之间没有差异,则有:

$$Q^*(r_1^1 + x) + (1 - Q^*)(r_2^1 - s) = Q^*(r_3^1 - y - \tau p) + (1 - Q^*)r_4^1$$

求得经理人策略选择无差异时对应的临界概率为:

$$Q^* = (r_4^1 - r_2^1 + s)/(r_1^1 + x - r_2^1 + s - r_3^1 + y + \tau p + r_4^1)$$

很明显,当 $r_1^1 + x < r_3^1 - y - \tau p$ 时,因为公平产生的激励效果不足或外在的机会利益引诱过大,很难使得经理人努力工作,这里不做讨论。给定 $r_1^1 + x > r_3^1 - y - \tau p$ 时,由于 $r_4^1 > r_2^1$ 且 $s > 0$,显然有:

$$Q^*/s = (r_1^1 + x - r_3^1 + y + \tau p)/(r_1^1 + x - r_2^1 + s - r_3^1 + y + \tau p + r_4^1)^2 > 0$$

$$Q^*/x = Q^*/y = -(r_4^1 - r_2^1 + s)/(r_1^1 + x - r_2^1 + s - r_3^1 + y + \tau p + r_4^1)^2 < 0$$

说明临界概率 Q^* 与 x、y 呈反方向变化而与 s 同方向变化:x、y 越大或者 s 越小,则临界概率 Q^* 就越低,经理人越容易产生被公平对待的心理。因此，如果股东可以采取一系列激励措施改变经理人对应效用 x、y 或 s 的大小，从而通过提高经理人被尊重和公平对待的感知来激发经理人的积极性。

另外，由于 $r_3^i > r_1^i > r_4^i > r_2^i$，且 $s > 0$，则有：

$$P^*/\tau = -p(r_1^2 - r_4^2)/(r_1^2 - r_2^2 + c - \tau p)^2 < 0$$

$$P^*/p = -\tau(r_1^2 - r_4^2)/(r_1^2 - r_2^2 + c - \tau p)^2 < 0$$

$$Q^*/\tau = -p(r_4^1 - r_2^1 + s)/(r_1^1 + x - r_2^1 + s - r_3^1 + y + \tau p + r_4^1)^2 < 0$$

$$Q^*/p = -\tau(r_4^1 - r_2^1 + s)/(r_1^1 + x - r_2^1 + s - r_3^1 + y + \tau p + r_4^1)^2 < 0$$

说明临界概率 P^* 和 Q^* 与 τ、p 呈反方向变化，即 τ、p 越大，相应的临界概率就越低，可见，如果股东想让经理人产生被认可和公平对待的心理，可以通过制度安排来建立起信任就更为可能。

当股东认为经理人努力工作的概率 $P > P^*$ 而选择了给予经理人公平薪酬的策略时，经理人也要根据临界概率 Q^* 来辨别股东的类型，根据贝叶斯法则校正自己对股东的先验概率从而形成后验概率。如果经理人认为后验概率超过了相应的临界概率 Q^*，则其在公平激励、维护声誉及长远利益的驱动下会选择"努力"策略，从而在互动中，努力、公平薪酬策略组合以趋近于 1 的概率成为重复博弈的精炼贝叶斯均衡。如果股东从开始就不给予经理人公平薪酬，可能因为伤害了经理人而使博弈结果从一开始就陷入偷懒、不公平薪酬的困境。

可见，在博弈中，公平激励薪酬有可能使经理人被认可的需要得到满足而改变了博弈结果，从而使双方走出困境。发生改变的原因在于，公平这种情感投资发挥着感染作用，使股东和经理人建立起承诺和责任的信念或心理契约，从精神效用角度改变着彼此的支付结构，以情感投入获取了相应的合作收益。当然，股东对初始公平对待的把握比较关键，将对动态博弈结果产生直接影响。如果对经理人不公平很可能构成其懈怠工作的内因或者根本就不能合作起来。

3.4 公平偏好与长短期业绩相结合的经理人薪酬契约概念模型

在企业中,股东和经理人最基础的关系为股东要雇佣经理人来经营企业,并通过向经理人提供薪酬契约来激励经理人付出股东利益最大化的努力程度。股东的决策则主要是在聘用经理人和设计经理人薪酬契约,而具有专业知识的经理人不但对企业信息了解比较清楚[177],而且他们的决策行为与企业、股东及自身的利益息息相关,而要经理人做出让多方利益最大化的决策并非易事[178],这时自利性经理人就会做出一些自身利益最大化的行为,这些行为偏差会影响企业的价值。

委托代理理论认为,让经理人采取最优行为的最佳办法就是将其报酬和经营绩效挂钩[179]。Ross(1973)、Holmstrom(1979)及 Grossman & Hart(1983)在委托代理理论视角下提出了代理人最优薪酬激励模型设计思路,指出委托人只有给经理人制定合理的薪酬合同,才能使得经理人站在企业价值最大化角度进行决策[180]。之后越来越多的专家从各种视角对经理人激励合同展开深入探究,取得了许多意义重大的新发现[181-183]。薪酬合同是否能真正对经理人产生激励作用,主要与评价经理人绩效创造的指标体系密切相关,Macleod(2003)[184]、Baker,Gibbons & Murphy(1994)[185]指出应当运用客观评价和主观评价相结合的方法。客观评价主要是根据企业会计收益(净利润)和市场价值(股价)来对经理人业绩进行衡量,主观评价主要是通过设计定性的指标体系对经理人绩效实施评估[186,187],其中应用最广的绩效评估方法是会计收益。而在实际操作中,会计收益会受经理人无法控制的行业风险或经营风险的影响,学者 Holmstrom(1999)介绍了相对绩效衡量办法,在设计经理人激励薪酬契约时,将同行业或者是其他企业的平均业绩都考虑进去,而将企业面临的系统风险排除在薪酬设计的计划之外[188]。随后,Levin(2003)[189]、Baker(2002)[190]根据Holmstrom介绍的办法,探究了经理人相对激励机制计划,阐述了公司绩效下降会受行业风险的影响,这将会影响经理人激励合同的制定,最后提出了考虑行业风险的激励机制。随着我国国企改革的不断深入和经理人市场的逐渐形成,如何结合经理人业绩来设计有效的激励契约也引起许多国内学者的关注。国内学者多是通过构建激励模型来说明如何将经理人报酬契约与其经营绩效挂钩来消除机会主义行为,现有激励模型在构建中多以企业短期业绩为计量标准来设计经理人薪酬契约激励机制。因为出于不同的价值追求,股东和经理人目标函数多数情况下存在分歧,就会引发双方的冲突和矛盾,如经理人较为关注企业的短期业绩及其转化为个人利得的概率,股东则较为关注企业的未来价值及发展势头,这种以短期业绩作为经理人业绩计量标准的激励契约就会导致经理人的短期博弈行为。因此,在基于公平偏好理论的经理人薪酬合同构建中,以科学合理的绩效评价标准来设计经理人薪酬激励契约对经理人的激励约束效用产生重要影响。

以往有关设计经理人薪酬契约的研究,经常选择净利润作为业绩衡量基础。但是净利润只是会计学上按照权责发生制原则,把全部收入和全部成本费用进行配比后的结果,而不是公司价值的体现。净利润只是补偿了债务资本成本(利息),并未考虑权益资本成本(股利),可见净利润并不能完全体现公司的价值创造。在公司中,企业的价值是体现公司从成立到目前全部社会必要劳动时间的和。它是构成公司所有资源价值的总和,不仅包括可以反映到资产负债表上的有形资源,还包括在资产负债表中无法体现的无形资源。企业作为商品,它的价值表现形式是货币,具体的衡量中不仅要考虑会计核算中的企业全部资产账面净值之和,还要考虑市场运作下的公司未来盈利能力。企业价值创造作为价值管理的核心内容,体现的是企业价值最大化目标。其中,经理人是企业价值创造的主体,而股东是价值创造最后的享有者。可见,价值最大化也是企业管理的终极目标。因此,为了能够更好地激励经理人积极努力工作,对经理人进行业绩评价时应当依据其是否为企业价值创造做出了贡献来评价,也就是说反映企业价值创造的指标应当纳入评价经理人绩效的体系中,这样才能真实、全面地对经理人业绩进行考核,并在一定程度上抑制经理人的自利行为和短视投资行为。

在以企业价值创造作为业绩计量标准来设计经理人业绩评价指标时,应当以企业的最根本目标作为导向,特别是现阶段股东的价值最大化目标越来越重要,这就需要经理人将所有心思投入股东的收益中,而股东作为企业的拥有者更为关注企业的长远可持续发展,因此,经理人应当将企业的经营目标从短期战术目标转变到长期的战略目标,并把企业的可持续发展和长期战略目标作为经理人业绩考核的重要指标。其中,企业的可持续发展表明为了企业的长远可持续发展,企业不能将眼光局限在企业净利润上,还要考虑并重视影响企业长期发展的其他因素。依据可持续发展理论,经理人不仅要为公司的当期业绩花费心血,而且要着眼于企业未来的长远发展,为企业的可持续发展而努力。企业的战略管理主要是企业为某阶段长远性目标、任务和资源配置等做出的决定。战略管理是一个动态变化的过程,要求企业明确使命,结合企业自身特征和外在环境确立目标,并会竭尽全力为达成目标而努力。传统的业绩评价基于会计准则并以利润为导向,因此,传统的绩效考核主要是考核公司的短期绩效,并不能考核经理人对于企业未来发展做出的贡献化及企业的发展潜力。依据战略管理理论,经理人在工作中既要追求当期利益,也要为企业的未来发展未雨绸缪(如投资于新的市场、研发新的产品)。经理人通过短期努力追求当期的业绩,通过长期努力追求企业长远发展,而长期和短期努力往往是此消彼长的关系,若经理人过分追求当期业绩,可能会忽略对于研发、市场等方面的努力,也就放弃了企业长远发展的机会;若经理人过分追求企业未来发展,则可能降低当期的业绩。因此,在经理人绩效考核中,要以企业价值创造为导向,将经理人的长期业绩和短期业绩结合起来设计经理人薪酬契约,可以对经理人对利润的操控及短期博弈行为进行约束,并更好地实现经理人激励和股东价值最大化目标的协调统一。

通过上文分析可知,在制定经理人绩效评价时,应当以价值创造为业绩计量标准,不仅能够对企业起到有效的激励作用,而且对企业战略核心竞争力的形成起到辅助作用。而目前对经理人薪酬契约的设计的研究多是以短期业绩(当期业绩)为计量标准,这很大程度上取决于经理人的短期努力程度,而经理人的努力不仅包括短期努力,还包括经理人为了企业长远发展所付出的努力,如市场开发、R&D投入等。具有长远视角的经理人在企业投融资决策过程中由于在短时期内并没有对企业价值的提升产生明显影响,但随着经营期限的延长,这种由于长期视角而产生的促进作用逐步得到体现,也就是说,经理人的长期努力所带来的业绩也是需要一段时间才能显现出来的,这在短期内不仅不能提高短期绩效,还有可能会由于投入而降低企业的短期绩效。可见,如果以经理人短期业绩作为制定经理人薪酬契约的依据是有局限的,会诱导经理人增加其短期努力,而减少长期努力。我国企业实践中大量存在由于经理人长短期努力程度的差异而导致的企业绩效的不同。如张勇(2004)[191]通过设计经理人薪酬激励模型,求得了长短期报酬优化组合的最优解,分析了各参数与长短期报酬比例和报酬总量的关系。王宗军(2008)[192]在构建的经理人长短期激励组合模型中,加入了长期激励约束、短期报酬约束、经理人能力约束及其他约束条件,探究了经理人长短期激励强度的最优比例。可见,将经理人创造的当期绩效与未来绩效兼顾起来构建经理人的薪酬契约,可以给予经理人更好的鼓励。学者孔峰(2008)[193]在构建经理人薪酬契约时,主要探讨了如何通过激励经理人来实现企业未来价值最大化,也就是股东的长期业绩最大化,研究发现,股东可以通过降低经理人长期努力的成本或弱化当期激励来提高企业的长期业绩。然而,在对经理人进行激励过程中并不能完全短期或完全长期,在这两者之间存在一个显在的报酬激励组合,能够实现企业绩效提升效果的最大化。因此,通过价值创造来制定经理人绩效考核指标时,本书将经理人业绩分为短期业绩和长期业绩,其中经理人当期业绩(即短期业绩)由其短期努力来产生,经理人未来业绩(即长期业绩)由其长期努力来创造[22]。

同时,研究发现虽然激励相容是实现股东利益最大化的必要手段,而这并无法避免经理人风险偏好给企业业绩的干扰[194]。管理层对风险程度的不同偏好,导致企业风险行为的决策差异。在薪酬激励方面,短期激励对公司R&D投入相比于长期激励更具有促进作用,这就意味着在我国管理层更侧重的是短期薪酬,而长期薪酬对公司R&D投入的作用并不明显,并且激励薪酬在风险偏好与R&D投入之间具有调节作用,因此可以认为,薪酬契约制约着经理人风险偏好与R&D投入之间的关系。另一方面,大多数对于经理层的风险研究侧重于经理人风险心理因素对企业投融资方面的影响,较少有学者在激励合同的制定中考虑经理人的风险特征。这是因为企业管理层对风险的态度对企业长短期投资决策具有重要影响,由此得到的投资回报往往会由经理层的风险态度而产生较大差异,但在薪酬契约设计中作为企业所有者的股东在制定薪酬标准时往往根据经理人的绩效水平来决定,将经理人作为一个客观治理对象,采用普遍的设计标准来制定,这对"理性"经理人而言往往形成一种外部制度约束,所以大多数经理人产生短期视角来进行决策,薪酬激励的影响并不明显。这就需要企业所有者在制定经理人薪酬激励中更多地将经理人作为主动的治理对象,进一步拓宽有关如何提升管理层关注企业长期利益的研究视角,因此,在公平偏好下的经理人薪酬契约概念模型中,将长短期业绩相结合的经理人业绩衡量为标准及经理人风险偏好特征加入其中,构建了经理人公平偏好和长短期业绩相结合的薪酬契约概念模型,如图3-3所示。在该模型中,首先基于价值创造业绩评价标准,将经理人业绩分为短期业绩与长期业绩,其中短期业绩由经理人短期努力水平产生,长期业绩由经理人长期努力水平产生,由此提出长短期业绩相结合的经理人绩效考核标准。然后结合经理人公平偏好心理构建了公平偏好下的经理人薪酬激励模型,在模型分析中,加入经理人风险偏好特征,继而探寻基于公平偏好下的经理人薪酬契约,为后文研究奠定理论基础。

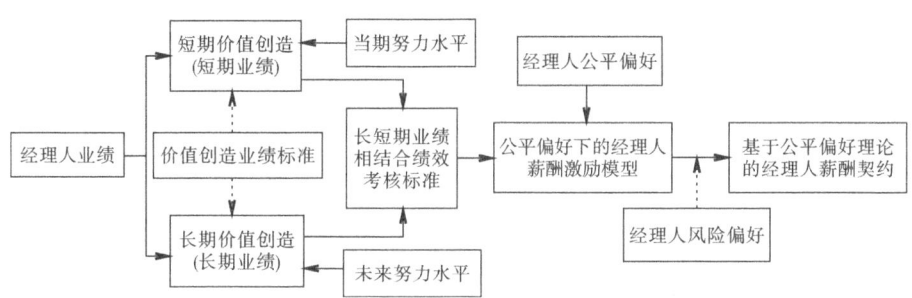

图3-3 基于公平偏好与长短期业绩相结合的经理人薪酬契约概念模型

3.5 本章小结

首先,本章对一些相关的主要概念进行界定和解析,将经理人界定为在公司经营活动、财务政策选择中起决定性作用的高级管理人员,同时也是董事会选择的公司经营管理活动的主要执行者;公平偏好界定为经理人对收入分配结果的公平偏好,包括经理人自豪偏好、嫉妒偏好及同情偏好,其中当经理人薪酬低于参考值时,经理人会产生嫉妒偏好,当经理人薪酬高于参考值时,经理人会产生自豪偏好或同情偏好;风险偏好界定为经理人承担风险的态度,包括风险偏好、风险中性和风险厌恶;经理人薪酬界定为企业对经理人贡献的物质回报,实质上是企业作为与经理人付出的等价交换,具体包括固定薪酬、短期激励薪酬和长期激励薪酬,其中短期激励薪酬来自经理人的短期业绩,且短期业绩由其短期努力产生;长期激励薪酬来自经理人的长期业绩,且长期业绩由其长期努力产生。其次,本章根据社会心理学家克特勒温(Lewin)教授曾提出过关于人的行为公式:$B=f(P,E)$,对经理人心理契约进行分析,将该公式应用到经理人公平偏好的薪酬契约中,则 P 为经理人的公平偏好心理,E 为经理人的薪酬契约,B 为经理人在薪酬契约结构和公平偏好心理下的努力行为选择,设计了经理人公平偏好下的激励合同概念模型。在此基础上,本章通过构建经理人的公平薪酬契约博弈模型,对股东和经理人作为两个局中人在信息完全和信息不完全下的策略博弈进行分析,深入探讨了经理人公平偏好心理对薪酬激励契约的作用机理。最后,将经理人长短期业绩计量标准和风险偏好特征纳入公平偏好下的薪酬契约框架中,构建了经理人公平偏好和长短期业绩相结合下的激励机制,为后文的经理人公平偏好激励模型构建提供了设计思路。

4 横向公平偏好下的经理人薪酬契约设计

传统委托代理理论认为行为人是自利的,而现实中许多情形均表明行为人有涉他偏好[49],其中一种偏好就是公平偏好。学者 Rabin 指出,行为人之间是会互相关心的,是有公平意识的,通过将公平偏好心理纳入博弈论中进行研究发现,每个相互收益最小或者最大的纳什均衡均是公平均衡[12]。Henrich,et al.,Clark,et al. 和 Nicholas 通过一系列的心理博弈实验研究发现,行为人的公平偏好的确存在[6,8,195]。Kim & Leung 研究还发现相对于日本人和韩国人,中国人更注重分配的公平性[196]。近十年来,借鉴心理学、生物学、行为科学等学科的研究方法,经济学将公平偏好心理纳入研究中,并尝试对传统自利人假设进行修正,取得了初步的研究成果。这些研究准确完美地解释了许多实验悖论,极大地拓展了传统经济学的研究领域。

在现代企业经营活动中,企业所有权和经营权的分离在提高企业经营效率的同时,也引发了一系列代理问题。经理人由于自身与股东之间信息的不对称以及利益冲突,其通常是为自身获取利益而努力工作,并不考虑股东的利益最大化。为了解决此问题,有必要为经理人设计激励机制,督促经理人在经营决策制定中选择对股东最为有利的策略。因此,企业都积极采取各种激励措施来激励约束经理人,如调整薪酬结构、减少内部薪酬差距及制定更为严格的监管机制等。近年来,我国企业经理人薪酬方面的政策和实务中也产生了诸多形式的反激励现象,特别是薪酬差距最为明显。因此,结合中国人的偏好特征,建立符合中国具体社会经济条件的理论模型具有重要的理论价值和实践意义。

基于此,本章将依据经理人创造的短期业绩和长期业绩,以薪酬激励合约为中介,将经理人横向公平偏好的异质性植入模型中,构建经理人长短期业绩目标的多任务委托代理模型,通过求解探究经理人最优薪酬契约结构,分析经理人横向公平偏好对最优薪酬契约的影响,有助于打开传统管理会计薪酬契约制定和履行效果的"黑箱",为股东制定经理人激励薪酬提供理论依据。

4.1 模型假设

为了构建经理人基于横向公平偏好的长短期业绩任务委托代理模型,本章做出以下假设。

假设1:在委托代理关系中,经理人具有公平偏好,其会依据自身效用最大化原则来选择努力程度。

假设2:设企业收益函数为$\pi(a) = \lambda a + \xi$,λ为经理人能力水平,ξ为外生随机变量,π是a的严格递增函数。由于企业未来收益会受到贴现率影响,所以设企业当期收益为$\pi_1 = \lambda a_1 + \xi$,企业未来收益为$\pi_2 = r\lambda a_2 + \xi$,其中$r$为贴现率($1 > r > 0$)。

假设3:经理人的工作任务包括两项,任务1为短期任务,任务2为长期任务。短期任务是为实现企业短期经营业绩而做的努力;长期任务是为增加企业未来价值,实现企业长期发展所做的长期努力。用$a = (a_1, a_2)$表示经理人在这两项任务的努力向量,其中a_1表示经理人在短期业绩上所付出的努力,a_2表示经理人在长期业绩上所付出的努力,且a_1,a_2都严格大于零。经理人的努力成本函数为$c(a_1, a_2)$,为严格递增凸函数。

假设4:经理人付出努力被观测的信息向量为$z = \mu(a_1, a_2) + \varepsilon$,其中,

$\mu: R_+^2 \to R^k$ 是凹函数，R 为实数，上标 k（$k \geq 0$，这里 $k = 2$）表示经理人可被股东观测到的信息数量为 2，即经理人 2 个努力变量决定了股东的可观测信息数量为 2；ε 为正态分布的随机向量，均值为零，协方差为 Σ。因此 z 服从均值向量为 $\mu(a_1, a_2)$、协方差矩阵为 Σ 的正态分布。假设经理人在不同努力水平下产生的利润水平信息不同，则两种任务下的观测信息集为 $z = \begin{pmatrix} z_1 \\ z_2 \end{pmatrix}$，其中，$z_1 = \mu_1(a_1) + \varepsilon_1$；$z_2 = \mu_2(a_2) + \varepsilon_2$。可见，$z_1$ 反映了 a_1，z_2 反映了 a_2，说明经理人不同的努力变量产生不同的信息集，即经理人的短期业绩信息反映了其短期努力水平，经理人的长期业绩反映了其长期努力水平。

股东可以观测到经理人在短期任务上的努力程度，而对经理人长期任务的努力程度不容易观测，则协方差矩阵 Σ 中的 $\sigma_2^2 \to \infty$。同时，经理人通过努力在长短期的业绩信息不同，且业绩信息相互独立，则 $\sigma_{12} = 0$ ①。

假设 5：设股东为风险中性型，在不考虑公平偏好时，经理人效用函数为 $u(\varphi) = -e^{-p\varphi}$，其中 φ 为经理人实际收入，p 为经理人风险规避系数，经理人的 Arrow-Pratt 绝对风险规避度量为 $p = -u''/u'$，则经理人风险偏好类型取决于 p：当 $p > 0$ 时，经理人是风险厌恶型；当 $p = 0$ 时，经理人是风险中性型；当 $p < 0$ 时，经理人是风险偏好型。经理人的薪酬函数为 $\varphi(z) = \beta^T z + g = \beta_1 z_1 + \beta_2 z_2 + g$，其中 g 为固定薪酬，T 表示转置，$\beta^T = (\beta_1, \beta_2)$ 为薪酬的激励强度，也常被称为剩余分享比例（Sharing Ratio），反映了经理人薪酬和企业长短期绩效及股东收益间的关联程度，薪酬激励强度越大，经理人与股东的

---

① 在其他条件不变时，经理人在短期任务方面投入多少努力，很快就会产生多少业绩，容易被股东观测到；而经理人在长期任务方面所做的努力，其产生的业绩不能在短期内显现出来，因而长期努力不易被股东观测到。虽然经理人在长短期任务上的努力信息可能存在相关性，但在不影响结论的前提下，为分析方便，我们假定长短期任务的观测信息独立。

利益一致性越强。这个激励契约是在考虑经理人风险偏好类型,通过委托代理双方收益博弈,来实现股东和经理人利益最大化。

由假设 5 可以推出,在不考虑公平偏好下,经理人的确定性等价收入 CE(Certainty Equivalent)为:

$$CE = \beta^T z + g - c(a) - \frac{1}{2}p\beta^T \sum \beta$$

$$= \beta^T \mu(a_1, a_2) + g - c(a_1, a_2) - \frac{1}{2}p\beta^T \sum \beta$$

(4-1)

其中,$\beta^T \mu(a_1, a_2) + g$ 为经理人期望薪酬,$c(a)$ 为经理人努力成本,$\frac{1}{2}p\beta^T \sum \beta$ 为收入风险成本,$\beta^T \sum \beta$ 为收入的方差。

股东的期望效用为:

$$\pi(a_1, a_2) - E(\varphi(z)) = \pi(a_1, a_2) - \beta^T \mu(a_1, a_2) - g \quad (4-2)$$

假设 6:假定经理人具有公平偏好(横向公平偏好),以公平工资为参照标准[①],借鉴 Fehr & Schmidet(1999)的观点[10],当经理人薪酬低于公平工资时(即"不利的不公平分配"),会产生嫉妒负效应;而当经理人薪酬高于公平工资时(即"有利的不公平分配"),会产生自豪偏好正效用和同情负效应。其中,嫉妒偏好负效用主要是测度经理人在感受自己收入不公平时所带来的效用损失;自豪偏好正效用测度经理人在感受他人收入不公平所带来的效用提升;同情偏好负效用测度经理人在感受其他人收入不公平所带来的效用损失。

4.2 模型说明

基于前文的假设,本章从经理人横向公平偏好对前文中经理人的收入

[①] 借鉴 BO 模型以群体平均收入为参照对象的思想,提出了以公平工资为参照标准的假定。

[式(4-1)]进行修正,得到经理人的期望效用函数为:

$$\beta^T \mu(a_1,a_2) + g - c(a_1,a_2) - \frac{1}{2}p\beta^T \sum \beta - k_1 \text{Max}[F - (\beta^T \mu(a_1,a_2) + g), 0] + k_2 \text{Max}[\beta^T \mu(a_1,a_2) + g - F, 0] - k_3 \text{Max}[\beta^T \mu(a_1,a_2) + g - F, 0]$$

$$(4-3)$$

其中,k_1 为经理人嫉妒强度,k_2 为经理人自豪强度,k_3 为经理人同情强度,F 为公平工资,根据 Fehr & Schmidt 的观点[197],假设 $k_2 < k_1$, $k_3 < k_1$, $0 \leq k_2 < 1$, $0 \leq k_3 < 1$。

股东期望效用函数为:

$$\text{Max}_\beta \pi(a_1,a_2) - \beta^T \mu(a_1,a_2) - g \quad (4-4)$$

由于现实中股东与经理人是信息不完全对称的,因而在探寻经理人最优激励模型时,不仅要考虑参与约束条件(IR)还要考虑激励相容约束条件(IC),则经理人的最优激励模型的参与约束和激励相容条件具体的表述为:

参与约束条件(IR):

$$\beta^T \mu(a_1,a_2) + g - c(a_1,a_2) - \frac{1}{2}p\beta^T \sum \beta - k_1 \text{Max}[F - (\beta^T \mu(a_1,a_2) + g), 0] + k_2 \text{Max}[\beta^T \mu(a_1,a_2) + g - F, 0] - k_3 \text{Max}[\beta^T \mu(a_1,a_2) + g - F, 0] \geq U_0$$

$$(4-5)$$

其中,U_0 为经理人接受该薪酬的机会成本,也是其保留收入水平,只有当 $CE \geq U_0$ 时,经理人才会接受该激励契约。

激励相容约束条件(IC):

$$(a_1,a_2) \in \text{argMax}\{\beta^T \mu(a_1,a_2) + g - c(a_1,a_2) - \frac{1}{2}p\beta^T \sum \beta - k_1 \text{Max}[F - (\beta^T \mu(a_1,a_2) + g), 0] + k_2 \text{Max}[\beta^T \mu(a_1,a_2) + g - F, 0] - k_3 \max[\beta^T \mu(a_1,a_2) + g - F, 0]\}$$

$$(4-6)$$

为简化运算,假设 $\mu(a_1,a_2)=(a_1,a_2)$,$z_i=a_i+\varepsilon_i,i=1,2$,且所有的 a_i 严格为正。当 k_1、k_2、k_3 值为零时,式(4-3)就简化成了 Holmstrom & Milgrom(1991)[27]提出的多任务委托代理模型。可见,上述模型反映了经理人在收入分配公平与不公平的容忍之间的权衡。如果在最优的情况下,经理人薪酬合约应满足 $F=\beta^T\mu(a_1,a_2)+g$,理想状态说明同时实现了绝对公平与效率。而在现实中,经理人薪酬与公平工资并不等同,本章将从不利不公平(经理人工资低于公平工资)和有利不公平(经理人工资高于公平工资)两方面来分析。

4.3 模型构建

4.3.1 不利公平偏好下的最优薪酬契约

在不利不公平下,经理人薪酬低于公平工资标准,即 $F>\beta^T\mu(a_1,a_2)+g$,根据经理人的保留效用制定最低固定工资水平,对式(4-5)消除 k_2 与 k_3 后,可得到约束条件下固定薪酬表达式为:

$$g=-\beta^T\mu(a_1,a_2)+\frac{1}{1+k_1}\left[c(a_1,a_2)+k_1F+\frac{1}{2}p\beta^T\sum\beta+U_0\right]$$

(4-7)

将式(4-7)代入式(4-4)中,得到股东的期望效用函数为:

$$\underset{\beta}{\text{Max}}\pi(a_1,a_2)-\beta^T\mu(a_1,a_2)-g=\pi(a_1,a_2)-\frac{1}{1+k_1}\left[c(a_1,a_2)+k_1F+\frac{1}{2}p\beta^T\sum\beta+U_0\right]$$

(4-8)

在不利不公平条件下,式(4-6)激励约束条件整理为:

$$(a_1, a_2) \in \operatorname{argmax}\{\beta^T \mu(a_1, a_2) + g - c(a_1, a_2) - \frac{1}{2} p \beta^T \sum \beta - k_1 \operatorname{Max}[F - (\beta^T \mu(a_1, a_2) + g), 0]\}$$

(4-9)

由于假设 $\mu(a_1, a_2) = (a_1, a_2)$，式(4-9)可以简化为其一阶条件：

$$\beta_i = \frac{1}{1+k_1} \cdot \frac{\partial c(a_1, a_2)}{\partial a_i} = \frac{1}{1+k_1} c_i(a_1, a_2) \quad (4-10)$$

式(4-10)中隐含了股东努力函数 $a_i = a_i(\beta^T)$。对式(4-10)两边求导得：

$$\frac{\partial \beta}{\partial a} = \frac{1}{1+k_1}[c_{ij}] = \frac{1}{1+k_1}\begin{bmatrix} c_{11} & c_{12} \\ c_{21} & c_{22} \end{bmatrix} \quad (4-11)$$

$$\frac{\partial a}{\partial \beta} = (1+k_1)[c_{ij}]^{-1} \quad (4-12)$$

其中，式(4-11)表示经理人努力成本的单位变化带来的薪酬激励强度的变化，也就是经理人激励强度对其努力程度的敏感度；式(4-12)表示给予经理人薪酬激励强度变化带来的努力程度的变化，也是经理人努力程度对激励强度的敏感度。

令式(4-8)股东期望函数对 β 的一阶导数为零，可以得到：

$$\frac{1}{1+k_1}\left[(1+k_1)\frac{\partial \pi}{\partial a} - \frac{\partial c}{\partial a} - p\frac{\partial \beta}{\partial a} \sum \beta\right] = 0 \quad (4-13)$$

把式(4-10)和(4-11)代入式(4-8)中，可以得到经理人长短期最优薪酬激励强度为：

$$\beta^* = \left[E + \frac{p}{(1+k_1)^2}[c_{ij}]\sum\right]^{-1} \pi' \quad (4-14)$$

其中，E 为单位矩阵，c_{ij} 为成本函数的二阶偏导数，$\pi' = (\pi_1, \pi_2)^T$ 为一阶偏导向量，即 $\pi_i = \partial \pi / \partial a_i$ 是短期业绩或长期业绩上努力的边际效益，$i = 1, 2$。

4.3.1.1 长短期努力成本相互独立情况

当经理人在短期业绩和长期业绩两方面努力水平的激励成本函数相互独立,且不同努力水平下产生不同信息向量的随机向量独立分布。此时必有 $c_{ij}=0$, $i \neq j$ 且 $\sum$ 是对角矩阵,即

$$[c_{ij}] = \begin{bmatrix} \dfrac{\partial \beta_1}{\partial a_1} & \dfrac{\partial \beta_1}{\partial a_2} \\ \dfrac{\partial \beta_2}{\partial a_1} & \dfrac{\partial \beta_2}{\partial a_2} \end{bmatrix} = \begin{bmatrix} \dfrac{\partial \beta_1}{\partial a_1} & 0 \\ 0 & \dfrac{\partial \beta_2}{\partial a_2} \end{bmatrix} = \begin{bmatrix} c_{11} & 0 \\ 0 & c_{22} \end{bmatrix} \quad (4-15)$$

$$\sum = \begin{bmatrix} \sigma_1^{\;2} & 0 \\ 0 & \sigma_2^{\;2} \end{bmatrix}$$

将式(4-15)代入式(4-14)可得:

$$\begin{bmatrix} \beta_1 \\ \beta_2 \end{bmatrix} = \left(\begin{bmatrix} 1 & 0 \\ 0 & 1 \end{bmatrix} + \dfrac{p}{(1+k_1)^2} \begin{bmatrix} c_{11} & 0 \\ 0 & c_{22} \end{bmatrix} \begin{bmatrix} \sigma_1^{\;2} & 0 \\ 0 & \sigma_2^{\;2} \end{bmatrix} \right)^{-1} \begin{bmatrix} \pi_1 \\ \pi_2 \end{bmatrix}$$

$$= \begin{bmatrix} \dfrac{pc_{11}\sigma_1^{\;2}}{(1+k_1)^2}+1 & 0 \\ 0 & \dfrac{pc_{22}\sigma_2^{\;2}}{(1+k_1)^2}+1 \end{bmatrix}^{-1} \begin{bmatrix} \pi_1 \\ \pi_2 \end{bmatrix} = \begin{bmatrix} \dfrac{1}{\dfrac{pc_{11}\sigma_1^{\;2}}{(1+k_1)^2}+1} & 0 \\ 0 & \dfrac{1}{\dfrac{pc_{22}\sigma_2^{\;2}}{(1+k_1)^2}+1} \end{bmatrix} \begin{bmatrix} \pi_1 \\ \pi_2 \end{bmatrix}$$

$$= \begin{bmatrix} \dfrac{\pi_1 (1+k_1)^2}{pc_{11}\sigma_1^{\;2}+(1+k_1)^2} \\ \dfrac{\pi_2 (1+k_1)^2}{pc_{22}\sigma_2^{\;2}+(1+k_1)^2} \end{bmatrix} = \begin{bmatrix} \dfrac{\lambda a_1 (1+k_1)^2}{pc_{11}\sigma_1^{\;2}+(1+k_1)^2} \\ \dfrac{r\lambda a_2 (1+k_1)^2}{pc_{22}\sigma_2^{\;2}+(1+k_1)^2} \end{bmatrix}$$

$$(4-16)$$

由式(4-16)可以看出,在不利不公平情况下,当经理人在长期业绩和短

期业绩上的努力成本函数也相互独立时,激励相容约束条件下的激励强度也是相互独立的,且经理人长短期最优激励强度与经理人能力、嫉妒偏好程度、风险偏好程度、长短期努力程度、边际收益、边际成本变化率、贴现率及可观测变量方差相关(如表4-1所示)。

表4-1 不利不公平条件下,长短期努力成本相互独立时各变量间的关系分析

不利不公平条件下,长短期努力成本相互独立		
当经理人在长期业绩和短期业绩上的努力成本函数相互独立时,激励相容约束条件下的激励强度相互独立		
$p\uparrow$	$\beta_i\downarrow$	
经理人为风险厌恶型 ($p>0$)	k_1、λ、$a_i\uparrow$	$\beta_i\uparrow$
	c_{ii}、$\sigma_i^2\uparrow$	$\beta_i\downarrow$
	$r\uparrow$	$\beta_2\uparrow$
经理人为风险中性型 ($p=0$)	λ、$a_i\uparrow$	$\beta_i\uparrow$
	$r\uparrow$	$\beta_2\uparrow$
经理人为风险喜好型 ($p<0$)	$k_1\uparrow$	$\beta_i\downarrow$
	$\sigma_i^2\uparrow$	$\beta_i\uparrow$
	当 $-\dfrac{(1+k_1)^2}{c_{ii}\sigma_i^2}<p<0$ 时	λ、$a_i\uparrow$: $\beta_i\uparrow$; $r\uparrow$: $\beta_2\uparrow$
	当 $p<-\dfrac{(1+k_1)^2}{c_{ii}\sigma_i^2}$ 时	λ、$a_i\uparrow$: $\beta_i\downarrow$; $r\uparrow$: $\beta_2\downarrow$

结合式(4-16),分析不同经理人风险偏好下经理人长短期最优薪酬激励强度与各变量之间关系:

(1)当经理人为风险厌恶型时($p>0$):经理人长短期最优薪酬激励强度β_i是嫉妒偏好程度k_1、经理人能力λ、长短期努力程度a_i的递增函数;经理人长短期最优薪酬激励强度β_i是风险厌恶程度p、边际成本变化率c_{ii}及

可观测变量方差 σ_i^2 的递减函数;经理人长期最优薪酬激励强度 β_2 是贴现率 r 的增函数。

(2) 当经理人为风险中性型时($p = 0$):经理人长短期最优薪酬激励强度系数 β_i 是经理人能力 λ、长短期努力程度 a_i 的增函数;经理人长期最优薪酬激励强度 β_2 是贴现率 r 的增函数。

(3) 当经理人为风险喜好型时($p < 0$):经理人长短期最优薪酬激励强度系数 β_i 是嫉妒偏好程度 k_1、风险偏好程度 p 的减函数;经理人长短期最优薪酬激励强度系数 β_i 是可观测变量方差 σ_i^2 的增函数;当 $-\frac{(1+k_1)^2}{c_{ii}\sigma_i^2} < p < 0$ 时,经理人长短期最优薪酬激励强度系数 β_i 是经理人能力 λ、长短期努力程度 a_i 的增函数,经理人长期最优薪酬激励强度系数 β_2 是贴现率 r 的增函数;当 $p < -\frac{(1+k_1)^2}{c_{ii}\sigma_i^2}$ 时,经理人长短期最优薪酬激励强度系数 β_i 是经理人能力 λ、长短期努力程度 a_i 的递减函数,经理人长期最优薪酬激励强度系数 β_2 是贴现率 r 的递减函数。由此可以得到结论1。

结论1 在不利不公平情况下,当经理人在长期业绩和短期业绩上的努力成本相互独立时,激励相容约束条件下的激励强度相互独立。经理人风险厌恶程度越大(风险偏好程度越小),给予经理人长短期薪酬激励越少。当经理人为风险厌恶型时,随着经理人嫉妒偏好的增强、能力增强、长短期努力程度增强、长短期业绩任务的单位激励成本减小、可观测变量方差减小,给予经理人的长短期最优薪酬激励强度增大;如果市场的贴现率较高,则应当提高经理人的长期薪酬激励强度。当经理人为风险中性型时,经理人的长短期最优薪酬激励强度与嫉妒偏好程度无关;随着经理人能力增强、长短期努力程度增强,给予经理人的长短期最优薪酬激励强度均要增大;如果市场的贴现率较高,则应当提高经理人的长期薪酬激励强度。当经理人为风险偏好型时,随着经理人嫉妒偏好的增强、可观测变量方差减小,给予经理人的长短期最优薪酬激励减少;当经理人风险偏好程度在一定范围内时,经理人能力越强,工作越努力,就应当给予经理人较多的长短期薪酬,且如果市场贴现率越高,就应当提高长期最优薪酬激励强度,以此来鼓励经理人更加努力工作,提升企业的价值;当经理人风险偏好超过一定范围,经理人能力越高、工作越努力,应当降低长短期薪酬激励强度,且随着市场贴现率的提高,应减少长期薪酬激励来约束经理人。

4.3.1.2 长短期努力成本相互依存情况

当经理人花在短期业绩和长期业绩两方面的努力水平的激励成本函数相互依存时,且影响工作业绩信息向量的随机变量独立分布,即 $c_{ij} \neq 0$,表示短期业绩的努力程度必定会影响到长期业绩。同时,经理人短期努力可以通过短期业绩直接观察到,可以得到 $\sigma_1^2 = 0$,长期业绩可以通过 $z_2 = \mu_2(a_2) + \varepsilon_2$ 进行间接观测。此时必有:

$$[c_{ij}] = \begin{bmatrix} \dfrac{\partial \beta_1}{\partial a_1} & \dfrac{\partial \beta_1}{\partial a_2} \\ \dfrac{\partial \beta_2}{\partial a_1} & \dfrac{\partial \beta_2}{\partial a_2} \end{bmatrix} = \begin{bmatrix} c_{11} & c_{12} \\ c_{21} & c_{22} \end{bmatrix}$$
(4-17)

$$\Sigma = \begin{bmatrix} 0 & 0 \\ 0 & \sigma_2^2 \end{bmatrix}$$

将(4-17)代入式(4-14)可得:

$$\begin{bmatrix} \beta_1 \\ \beta_2 \end{bmatrix} = \left[\begin{bmatrix} 1 & 0 \\ 0 & 1 \end{bmatrix} + \dfrac{p}{(1+k_1)^2} \begin{bmatrix} c_{11} & c_{12} \\ c_{21} & c_{22} \end{bmatrix} \begin{bmatrix} 0 & 0 \\ 0 & \sigma_2^2 \end{bmatrix} \right]^{-1} \begin{bmatrix} \pi_1 \\ \pi_2 \end{bmatrix}$$

$$= \begin{bmatrix} 1 & \dfrac{pc_{12}\sigma_2^2}{(1+k_1)^2} \\ 0 & \dfrac{pc_{22}\sigma_2^2}{(1+k_1)^2}+1 \end{bmatrix}^{-1} \begin{bmatrix} \pi_1 \\ \pi_2 \end{bmatrix} = \begin{bmatrix} 1 & -\dfrac{pc_{12}\sigma_2^2}{pc_{22}\sigma_2^2+(1+k_1)^2} \\ 0 & \dfrac{(1+k_1)^2}{pc_{22}\sigma_2^2+(1+k_1)^2} \end{bmatrix} \begin{bmatrix} \pi_1 \\ \pi_2 \end{bmatrix}$$

$$= \begin{bmatrix} \pi_1 - \dfrac{\pi_2 pc_{12}\sigma_2^{\ 2}}{pc_{22}\sigma_2^{\ 2}+(1+k_1)^2} \\ \dfrac{\pi_2(1+k_1)^2}{pc_{22}\sigma_2^{\ 2}+(1+k_1)^2} \end{bmatrix} = \begin{bmatrix} \lambda\left[a_1 - \dfrac{ra_2 pc_{12}\sigma_2^{\ 2}}{pc_{22}\sigma_2^{\ 2}+(1+k_1)^2}\right] \\ \dfrac{r\lambda a_2(1+k_1)^2}{pc_{22}\sigma_2^{\ 2}+(1+k_1)^2} \end{bmatrix}$$

(4-18)

由式(4-18)可以看出,在不利不公平情况下,当经理人长短期努力成本函数相互依存时,长短期最优薪酬激励强度分别为:

$$\beta_1 = \pi_1 - \dfrac{\pi_2 pc_{12}\sigma_2^{\ 2}}{pc_{22}\sigma_2^{\ 2}+(1+k_1)^2} = \lambda\left[a_1 - \dfrac{ra_2 pc_{12}\sigma_2^{\ 2}}{pc_{22}\sigma_2^{\ 2}+(1+k_1)^2}\right]$$

$$\beta_2 = \dfrac{\pi_2(1+k_1)^2}{pc_{22}\sigma_2^{\ 2}+(1+k_1)^2} = \dfrac{r\lambda a_2(1+k_1)^2}{pc_{22}\sigma_2^{\ 2}+(1+k_1)^2}$$

(4-19)

从式(4-19)中 β_1 表达式可以看出,只有当 $\pi_1 > \dfrac{\pi_2 pc_{12}\sigma_2^{\ 2}}{pc_{22}\sigma_2^{\ 2}+(1+k_1)^2}$ 时,股东给予经理人在短期业绩的激励才是正向的,反之则是负向的;由 β_2 表达式可以看出,式中 $c_{ij}(i \neq j)$ 未出现,则在激励相容条件下,经理人长期业绩的最优激励合同与努力成本函数的相互依存与否无关;经理人长短期最优激励强度与经理人能力、嫉妒偏好程度、风险偏好程度、长短期努力程度、边际收益、边际成本变化率、贴现率及可观测变量方差相关(如表4-2所示)。

表4-2 不利不公平条件下,长短期努力成本相互依存时各变量间的关系分析

不利不公平条件下,长短期努力成本相互依存	
当 $\pi_1 > \dfrac{\pi_2 pc_{12}\sigma_2^{\ 2}}{pc_{22}\sigma_2^{\ 2}+(1+k_1)^2}$ 时	股东给予经理人在短期业绩的激励是正向的
当 $\pi_1 < \dfrac{\pi_2 pc_{12}\sigma_2^{\ 2}}{pc_{22}\sigma_2^{\ 2}+(1+k_1)^2}$ 时	股东给予经理人在短期业绩的激励是负向的

续表 4-2

$\pi_2 \uparrow$	$\dfrac{\pi_2 p c_{12} \sigma_2^2}{p c_{22} \sigma_2^2 + (1+k_1)^2} \uparrow$	
$c_{12} \uparrow$	$\dfrac{\pi_2 p c_{12} \sigma_2^2}{p c_{22} \sigma_2^2 + (1+k_1)^2} \uparrow$	
$c_{22} \uparrow$	$\dfrac{\pi_2 p c_{12} \sigma_2^2}{p c_{22} \sigma_2^2 + (1+k_1)^2} \downarrow$	

$p \uparrow$		$\beta_i \downarrow$	
经理人为风险厌恶型 ($p > 0$)	$k_1 \uparrow$		$\beta_i \uparrow$
	$a_1 、 c_{22} \uparrow$		$\beta_1 \uparrow$
	$a_2 、 r 、 \sigma_2^2 、 c_{12} \uparrow$		$\beta_1 \downarrow$
	$a_2 、 r 、 \lambda \uparrow$		$\beta_2 \uparrow$
	$\sigma_2^2 、 c_{22} \uparrow$		$\beta_2 \downarrow$
	当 $a_1 > \dfrac{r a_2 p c_{12} \sigma_2^2}{p c_{22} \sigma_2^2 + (1+k_1)^2}$ 时	$\lambda \uparrow$	$\beta_1 \uparrow$
	当 $a_1 < \dfrac{r a_2 p c_{12} \sigma_2^2}{p c_{22} \sigma_2^2 + (1+k_1)^2}$ 时	$\lambda \uparrow$	$\beta_1 \downarrow$
经理人为风险中性型 ($p = 0$)	$\lambda 、 a_i \uparrow$		$\beta_i \uparrow$
	$r \uparrow$		$\beta_2 \uparrow$
经理人为风险喜好型 ($p < 0$)	$k_1 \uparrow$		$\beta_i \downarrow$
	$a_1 、 \sigma_2^2 \uparrow$		$\beta_1 \downarrow$
	$c_{22} 、 \sigma_2^2 \uparrow$		$\beta_2 \uparrow$
	当 $a_1 > \dfrac{r a_2 p c_{12} \sigma_2^2}{p c_{22} \sigma_2^2 + (1+k_1)^2}$ 时	$\lambda \uparrow$	$\beta_1 \uparrow$
	当 $a_1 < \dfrac{r a_2 p c_{12} \sigma_2^2}{p c_{22} \sigma_2^2 + (1+k_1)^2}$ 时	$\lambda \uparrow$	$\beta_1 \downarrow$
	当 $-\dfrac{(1+k_1)^2}{c_{ii} \sigma_i^2} < p < 0$ 时	$c_{12} 、 a_2 、 r \uparrow$	$\beta_1 \uparrow$
		$\lambda 、 a_2 、 r \uparrow$	$\beta_2 \uparrow$
	当 $p < -\dfrac{(1+k_1)^2}{c_{ii} \sigma_i^2}$ 时	$c_{12} 、 a_2 、 r \uparrow$	$\beta_1 \downarrow$
		$\lambda 、 a_2 、 r \uparrow$	$\beta_2 \downarrow$

结合式(4-18),分析不同经理人风险偏好下经理人长短期最优薪酬激励强度与各变量之间关系:

(1) 当经理人为风险厌恶型时($p > 0$):经理人短期薪酬激励强度β_1是嫉妒偏好程度k_1、短期努力程度a_1、长期边际成本变化率c_{22}的递增函数;经理人短期薪酬激励强度β_1是风险厌恶程度p、长期努力程度a_2、贴现率r、长期可观测变量方差σ_2^2、短期激励强度与长期努力成本相互依存度c_{12}的递减函数;当$a_1 > \dfrac{ra_2pc_{12}\sigma_2^2}{pc_{22}\sigma_2^2 + (1+k_1)^2}$时,经理人短期薪酬激励强度$\beta_1$是经理人能力$\lambda$的递增函数,而当$a_1 < \dfrac{ra_2pc_{12}\sigma_2^2}{pc_{22}\sigma_2^2 + (1+k_1)^2}$时,经理人短期薪酬激励强度$\beta_1$是经理人能力$\lambda$的递减函数;经理人长期薪酬激励强度$\beta_2$是嫉妒偏好程度$k_1$、长期努力程度$a_2$、贴现率$r$、经理人能力$\lambda$的递增函数;经理人长期薪酬激励强度$\beta_2$是风险厌恶程度$p$、长期可观测变量方差$\sigma_2^2$、长期边际成本变化率$c_{22}$的递减函数。

(2) 当经理人为风险中性型时($p = 0$):经理人长短期最优薪酬激励强度系数β_i是经理人能力λ、长短期努力程度a_i的增函数;经理人长期最优薪酬激励强度β_2是贴现率r的增函数。

(3) 当经理人为风险喜好型时($p < 0$):经理人短期薪酬激励强度β_1是嫉妒偏好程度k_1、风险偏好程度p、短期努力程度a_1、长期可观测变量方差σ_2^2的递减函数;当$-\dfrac{(1+k_1)^2}{c_{22}\sigma_2^2} < p < 0$时,经理人短期薪酬激励强度$\beta_1$是短期激励强度与长期努力成本相互依存度$c_{12}$、长期努力程度$a_2$、贴现率$r$的递增函数,而当$p < -\dfrac{(1+k_1)^2}{c_{22}\sigma_2^2}$时,经理人短期薪酬激励强度$\beta_1$是短期激励强度与长期努力成本相互依存度$c_{12}$、长期努力程度$a_2$、贴现率$r$的递减函数;当$a_1 > \dfrac{ra_2pc_{12}\sigma_2^2}{pc_{22}\sigma_2^2 + (1+k_1)^2}$时,经理人短期薪酬激励强度$\beta_1$是经理人能

力 λ 的递增函数,而当 $a_1 < \dfrac{ra_2pc_{12}\sigma_2^{\,2}}{pc_{22}\sigma_2^{\,2}+(1+k_1)^2}$ 时,经理人短期薪酬激励强度 β_1 是经理人能力 λ 的递减函数;经理人长期薪酬激励强度 β_2 是嫉妒偏好程度 k_1、风险偏好程度 p 的递减函数;经理人长期薪酬激励强度 β_2 是长期边际成本变化率 c_{22}、长期可观测变量方差 $\sigma_2^{\,2}$ 的递增函数;当 $-\dfrac{(1+k_1)^2}{c_{22}\sigma_2^{\,2}} < p < 0$ 时,经理人长期薪酬激励强度 β_2 是经理人能力 λ、长期努力程度 a_2、贴现率 r 的递增函数,而当 $p < -\dfrac{(1+k_1)^2}{c_{22}\sigma_2^{\,2}}$ 时,经理人长期薪酬激励强度 β_2 是经理人能力 λ、长期努力程度 a_2、贴现率 r 的递减函数。由此得到结论 2。

结论 2 在不利不公平情况下,当经理人长短期努力成本相互依存时,在激励相容条件下,经理人长期业绩的最优激励合同与努力成本的相互依存与否无关;经理人短期最优激励合同为"门槛型激励合同",即当经理人的短期业绩超过一定"门槛值"时,激励是正向的,反之是负向的,且"门槛值"与经理人长期业绩、长期努力带来的短期业绩成正比,与长期努力的激励成本成反比。随着经理人风险厌恶程度增大(风险偏好程度越小),应给予经理人较少长短期薪酬激励。当经理人为风险厌恶型时,随着经理人嫉妒偏好增强、长短期努力程度增大、长期可观测变量方差减小,给予经理人较高的长短期薪酬激励强度;随着经理人长期努力增大、市场贴现率增大、短期激励强度与长期努力成本相互依存程度增大、长期边际成本变化率减小,应当减少短期薪酬激励强度;当经理人短期努力在一定范围内时,经理人能力越强,短期薪酬激励强度越小,而当经理人努力程度超过这个范围,随着经理人能力的增大,给予其短期薪酬激励也增大;随着经理人能力增强、市场贴现率增大、长期边际成本变化率减小,应给予经理人较高的长期薪酬激励。当经理人为风险中性型时,经理人的长短期最优薪酬激励强度与嫉妒偏好程度无关;随着经理人能力增强、长短期努力程度增强,给予经理人的长短期最优薪酬激励强度均要增大;如果市场的贴现率较高,则应当提高经理人的长期薪酬激励强度。当经理人为风险偏好型时,经理人嫉妒偏好程度越大,应给予经理人较低的长短期薪酬激励;随着经理人短期努力水平的增大、长期可观测变量方差的增大,应降低短期薪酬激励强度;随着经理人长期边际成本变化率增大、长期可观测变量方差增大,经理人的最优长期薪酬激励越强;当经理人风险偏好在一定范围内时,则经理人短期激励强度与长期努力成本相互依存程度增大、长期努力程度增大、市场贴现率增大,给予经理人短期薪酬越大,且经理人能力越高、长期努力程度越大、市场贴现率越大,给予经理人的长期薪酬越大;当经理人风险偏好超过一定范围时,则经理人短期激励强度与长期努力成本相互依存程度增大、长期努力程度增大、市场贴现率增大,给予经理人短期薪酬降低,且经理人能力越高、长期努力程度越大、贴现率越大,给予经理人的长期薪酬越低;当经理人短期努力程度在一定范围内时,经理人能力越高,给予其短期薪酬越少,而当经理人短期努力程度超过一定范围,经理人能力越高,给予其短期薪酬越多。

4.3.2 有利公平偏好下的最优薪酬契约

在有利不公平情况下,$F < \beta^T \mu(a_1, a_2) + g$,同前文一样,对式(4-5)消除 k_1 后,可以得到约束条件下固定薪酬的表达式为:

$$g = -\beta^T \mu(a_1, a_2) + \frac{1}{1+k_2-k_3}\left[c(a_1,a_2) + (k_2-k_3)F + \frac{1}{2}p\beta^T \sum \beta + U_0\right] \quad (4\text{-}20)$$

将式(4-20)代入式(4-4)中,得到股东的期望效用函数为:

$$\text{Max}_{\beta} \pi(a_1, a_2) - \beta^T \mu(a_1, a_2) - g = \pi(a_1, a_2) - \frac{c(a_1,a_2) + (k_2-k_3)F}{1+k_2-k_3} -$$

$$\frac{1}{1+k_2-k_3}\left(\frac{1}{2}p\beta^T \sum \beta + U_0\right)$$

$$(4\text{-}21)$$

在激励约束条件下式(4-6)简化为:

$$(a_1, a_2) \in \text{argMax}\{\beta^T \mu(a_1, a_2) + g - c(a_1, a_2) - \frac{1}{2} p\beta^T \sum \beta +$$
$$k_2 \text{Max}[\beta^T \mu(a_1, a_2) + g - F, 0] - k_3 \text{Max}[\beta^T \mu(a_1, a_2) + g - F, 0]\} \quad (4-22)$$

对式(4-22)一阶求导:

$$\beta_i = \frac{1}{1 + k_2 - k_3} \cdot \frac{\partial c(a_1, a_2)}{\partial a_i} = \frac{1}{1 + k_2 - k_3} c_i(a_1, a_2) \quad (4-23)$$

对式(4-23)两边求导可得:

$$\frac{\partial \beta}{\partial a} = \frac{1}{1 + k_2 - k_3}[c_{ij}] = \frac{1}{1 + k_2 - k_3}\begin{bmatrix} c_{11} & c_{12} \\ c_{21} & c_{22} \end{bmatrix} \quad (4-24)$$

同理,令式(4-21)股东期望函数对β的一阶导数为零,可以得到:

$$\frac{1}{1 + k_2 - k_3}\left[(1 + k_2 - k_3)\frac{\partial \pi}{\partial a} - \frac{\partial c}{\partial a} - p\frac{\partial \beta}{\partial a}\sum \beta\right] = 0 \quad (4-25)$$

将式(4-23)和式(4-24)代入式(4-25)中,可得到经理人的最优激励强度为:

$$\beta^* = \left[E + \frac{p}{(1 + k_2 - k_3)^2}[c_{ij}] \sum \right]^{-1} \pi' \quad (4-26)$$

4.3.2.1 长短期努力成本相互独立情况

同理,当经理人花在短期业绩和长期业绩两方面的努力水平的激励成本函数相互独立,且不同努力水平下产生不同信息向量的随机向量独立分布。此时必有$c_{ij} = 0, i \neq j$且$\sum$是对角矩阵,即

$$[c_{ij}] = \begin{bmatrix} \frac{\partial \beta_1}{\partial a_1} & \frac{\partial \beta_1}{\partial a_2} \\ \frac{\partial \beta_2}{\partial a_1} & \frac{\partial \beta_2}{\partial a_2} \end{bmatrix} = \begin{bmatrix} \frac{\partial \beta_1}{\partial a_1} & 0 \\ 0 & \frac{\partial \beta_2}{\partial a_2} \end{bmatrix} = \begin{bmatrix} c_{11} & 0 \\ 0 & c_{22} \end{bmatrix}$$
$$(4-27)$$

$$\sum = \begin{bmatrix} \sigma_1^2 & 0 \\ 0 & \sigma_2^2 \end{bmatrix}$$

将式(4-27)代入式(4-26)可得：

$$\begin{bmatrix} \beta_1 \\ \beta_2 \end{bmatrix} = \begin{bmatrix} \begin{bmatrix} 1 & 0 \\ 0 & 1 \end{bmatrix} + \frac{p}{(1+k_2-k_3)^2} \begin{bmatrix} c_{11} & 0 \\ 0 & c_{22} \end{bmatrix} \begin{bmatrix} \sigma_1^2 & 0 \\ 0 & \sigma_2^2 \end{bmatrix} \end{bmatrix}^{-1} \begin{bmatrix} \pi_1 \\ \pi_2 \end{bmatrix}$$

$$= \begin{bmatrix} \frac{pc_{11}\sigma_1^2}{(1+k_2-k_3)^2}+1 & 0 \\ 0 & \frac{pc_{22}\sigma_2^2}{(1+k_2-k_3)^2}+1 \end{bmatrix}^{-1} \begin{bmatrix} \pi_1 \\ \pi_2 \end{bmatrix}$$

$$= \begin{bmatrix} \frac{1}{\frac{pc_{11}\sigma_1^2}{(1+k_2-k_3)^2}+1} & 0 \\ 0 & \frac{1}{\frac{pc_{22}\sigma_2^2}{(1+k_2-k_3)^2}+1} \end{bmatrix} \begin{bmatrix} \pi_1 \\ \pi_2 \end{bmatrix}$$

$$= \begin{bmatrix} \frac{\pi_1(1+k_2-k_3)^2}{pc_{11}\sigma_1^2+(1+k_2-k_3)^2} \\ \frac{\pi_2(1+k_2-k_3)^2}{pc_{22}\sigma_2^2+(1+k_2-k_3)^2} \end{bmatrix} = \begin{bmatrix} \frac{\lambda a_1(1+k_2-k_3)^2}{pc_{11}\sigma_1^2+(1+k_2-k_3)^2} \\ \frac{r\lambda a_2(1+k_2-k_3)^2}{pc_{22}\sigma_2^2+(1+k_2-k_3)^2} \end{bmatrix}$$

$$(4-28)$$

由式(4-28)可以看出，在有利不公平情况下，当经理人在长期业绩和短期业绩上的努力成本函数相互独立时，激励相容约束条件下的激励强度系数 β 也是相互独立的，且经理人长短期最优激励强度与经理人能力 λ、同情偏好自豪偏好程度 k_2、嫉妒偏好程度 k_3、风险偏好程度 p、长短期努力程度 a_i、边际收益 π_i、边际成本变化率 c_{ii}、贴现率 r 及可观测变量方差 σ_i^2 相关（如表4-3所示）。

表4-3 有利不公平条件下,长短期努力成本相互独立时各变量的关系分析

有利不公平条件下,长短期努力成本相互独立			
当经理人在长期业绩和短期业绩上的努力成本相互独立时,激励相容约束条件下的激励强度相互独立			
$p \uparrow$	$\beta_i \downarrow$		
经理人为风险厌恶型 ($p > 0$)	k_2、λ、$a_i \uparrow$		$\beta_i \uparrow$
	k_3、c_{ii}、$\sigma_i^2 \uparrow$		$\beta_i \downarrow$
	$r \uparrow$		$\beta_2 \uparrow$
经理人为风险中性型 ($p = 0$)	λ、$a_i \uparrow$		$\beta_i \uparrow$
	$r \uparrow$		$\beta_2 \uparrow$
经理人为风险喜好型 ($p < 0$)	$k_2 \uparrow$		$\beta_i \downarrow$
	k_3、$\sigma_i^2 \uparrow$		$\beta_i \uparrow$
	当 $-\dfrac{(1+k_2-k_3)^2}{c_{ii}\sigma_i^2} < p < 0$ 时	λ、$a_i \uparrow$	$\beta_i \uparrow$
		$r \uparrow$	$\beta_2 \uparrow$
	当 $p < -\dfrac{(1+k_2-k_3)^2}{c_{ii}\sigma_i^2}$ 时	λ、$a_i \uparrow$	$\beta_i \downarrow$
		$r \uparrow$	$\beta_2 \downarrow$

结合式(4-28),分析不同经理人风险偏好下经理人长短期最优薪酬激励强度与各变量之间关系:

(1)当经理人为风险厌恶型时($p > 0$):经理人长短期最优薪酬激励强度 β_i 是自豪偏好程度 k_2、经理人能力 λ、长短期努力程度 a_i 的递增函数;经理人长短期最优薪酬激励强度 β_i 是同情偏好程度 k_3、风险厌恶程度 p、边际成本变化率 c_{ii} 及可观测变量方差 σ_i^2 递减函数;经理人长期最优薪酬激励强度 β_2 是贴现率 r 的增函数。

(2)当经理人为风险中性型时($p = 0$):经理人长短期最优薪酬激励强度系数 β_i 是经理人能力 λ、长短期努力程度 a_i 的增函数;经理人长期最优薪酬激励强度 β_2 是贴现率 r 的增函数。

(3)当经理人为风险喜好型时($p < 0$):经理人长短期最优薪酬激励强度系数β_i是经理人自豪偏好程度k_2、风险偏好程度p的减函数;经理人长短期最优薪酬激励强度系数β_i是经理人同情偏好k_3、可观测变量方差σ_i^2的增函数;当$-\dfrac{(1+k_2-k_3)^2}{c_{ii}\sigma_i^2} < p < 0$时,经理人长短期最优薪酬激励强度系数$\beta_i$是经理人能力$\lambda$、长短期努力程度$a_i$的增函数,经理人长期最优薪酬激励强度系数$\beta_2$是贴现率$r$的增函数;当$p < -\dfrac{(1+k_2-k_3)^2}{c_{ii}\sigma_i^2}$时,经理人长短期最优薪酬激励强度系数$\beta_i$是经理人能力$\lambda$、长短期努力程度$a_i$的递减函数,经理人长期最优薪酬激励强度系数$\beta_2$是贴现率$r$的递减函数。由此得到结论3。

结论3 在有利不公平情况下,当经理人在长期业绩和短期业绩上的努力成本相互独立时,激励相容约束条件下的激励强度也相互独立。随着经理人风险厌恶程度增大(风险偏好程度越小),则给予经理人较少长短期薪酬激励。当经理人为风险厌恶型时,随着经理人自豪偏好增强、能力增强、努力程度增大、同情偏好降低、长短期业绩任务的单位激励成本减小、可观测变量方差减小,给予经理人长短期薪酬激励强度增大;市场贴现率较高时,应增加代理长期薪酬。当经理人为风险中性型时,经理人的长短期最优薪酬激励强度与自豪偏好、同情偏好程度无关;随着经理人能力增强、长短期努力程度增强,给予经理人的长短期最优薪酬激励强度均要增大;如果市场的贴现率较高,则应当提高经理人的长期薪酬激励强度。当经理人为风险偏好型时,随着经理人自豪偏好降低、同情偏好增强、可观测变量方差增大,经理人应得到较高的长短期薪酬激励;当经理人风险偏好程度在一定范围内时,经理人能力越强,工作越努力,就应当给予经理人较多的长短期薪酬,且如果市场贴现率越高,就应当提高长期最优薪酬激励强度,以此来鼓励经理人更加努力工作,提升企业的价值;当经理人风险偏好超过一定范围,经理人能力越高、工作越努力,应当降低长短期薪酬激励强度,且随着市场贴现率的提高,应减少长期薪酬激励来约束经理人。

4.3.2.2 长短期努力成本相互依存情况

当经理人花在短期业绩和长期业绩两方面的努力水平的激励成本函数相互依存时,且影响工作业绩信息向量的随机变量独立分布,即 $c_{ij} \neq 0$,该式表示短期业绩的努力程度必定会影响到长期业绩。同时,经理人短期努力可以通过短期业绩直接观察到,可以得到 $\sigma_1^2 = 0$,长期业绩可以通过 $z_2 = \mu_2(a_2) + \varepsilon_2$,进行间接观测。此时必有:

$$[c_{ij}] = \begin{bmatrix} \dfrac{\partial \beta_1}{\partial a_1} & \dfrac{\partial \beta_1}{\partial a_2} \\ \dfrac{\partial \beta_2}{\partial a_1} & \dfrac{\partial \beta_2}{\partial a_2} \end{bmatrix} = \begin{bmatrix} c_{11} & c_{12} \\ c_{21} & c_{22} \end{bmatrix}$$

(4-29)

$$\Sigma = \begin{bmatrix} 0 & 0 \\ 0 & \sigma_2^2 \end{bmatrix}$$

将式(4-29)代入式(4-14)可得:

$$\begin{bmatrix} \beta_1 \\ \beta_2 \end{bmatrix} = \left[\begin{bmatrix} 1 & 0 \\ 0 & 1 \end{bmatrix} + \dfrac{p}{(1+k_2-k_3)^2} \begin{bmatrix} c_{11} & c_{12} \\ c_{21} & c_{22} \end{bmatrix} \begin{bmatrix} 0 & 0 \\ 0 & \sigma_2^2 \end{bmatrix} \right]^{-1} \begin{bmatrix} \pi_1 \\ \pi_2 \end{bmatrix}$$

$$= \begin{bmatrix} 1 & \dfrac{pc_{12}\sigma_2^2}{(1+k_2-k_3)^2} \\ 0 & \dfrac{pc_{22}\sigma_2^2}{(1+k_2-k_3)^2}+1 \end{bmatrix}^{-1} \begin{bmatrix} \pi_1 \\ \pi_2 \end{bmatrix} = \begin{bmatrix} 1 & -\dfrac{pc_{12}\sigma_2^2}{pc_{22}\sigma_2^2+(1+k_2-k_3)^2} \\ 0 & \dfrac{(1+k_2-k_3)^2}{pc_{22}\sigma_2^2+(1+k_2-k_3)^2} \end{bmatrix} \begin{bmatrix} \pi_1 \\ \pi_2 \end{bmatrix}$$

$$= \begin{bmatrix} \pi_1 - \dfrac{\pi_2 pc_{12}\sigma_2^2}{pc_{22}\sigma_2^2+(1+k_2-k_3)^2} \\ \dfrac{\pi_2 (1+k_2-k_3)^2}{pc_{22}\sigma_2^2+(1+k_2-k_3)^2} \end{bmatrix} = \begin{bmatrix} \lambda \left[a_1 - \dfrac{ra_2 pc_{12}\sigma_2^2}{pc_{22}\sigma_2^2+(1+k_2-k_3)^2} \right] \\ \dfrac{r\lambda a_2 (1+k_2-k_3)^2}{pc_{22}\sigma_2^2+(1+k_2-k_3)^2} \end{bmatrix}$$

(4-30)

由式(4-30)可以看出:

$$\beta_1 = \pi_1 - \frac{\pi_2 pc_{12}\sigma_2^2}{pc_{22}\sigma_2^2 + (1+k_2-k_3)^2} = \lambda \left[a_1 - \frac{ra_2 pc_{12}\sigma_2^2}{pc_{22}\sigma_2^2 + (1+k_2-k_3)^2} \right]$$

$$\beta_2 = \frac{\pi_2 (1+k_2-k_3)^2}{pc_{22}\sigma_2^2 + (1+k_2-k_3)^2} = \frac{r\lambda a_2 (1+k_2-k_3)^2}{pc_{22}\sigma_2^2 + (1+k_2-k_3)^2}$$

从 β_1 表达式可以看出,只有当 $\pi_1 > \frac{\pi_2 pc_{12}\sigma_2^2}{pc_{22}\sigma_2^2 + (1+k_2-k_3)^2}$ 时,股东给予经理人在短期业绩的激励才是正向的,反之则是负向的;由 β_2 表达式可以看出,式中 $c_{ij}(i \neq j)$ 未出现,则在激励相容条件下,经理人长期业绩的最优激励合同与努力成本的相互依存与否无关;经理人长短期最优激励强度与经理人能力、嫉妒偏好程度、风险偏好程度、长短期努力程度、边际收益、边际成本变化率、贴现率及可观测变量方差相关(如表4-4所示)。

表4-4 有利不公平条件下,长短期努力成本相互依存时各变量的关系分析

有利不公平条件下,长短期努力成本相互依存	
当 $\pi_1 > \frac{\pi_2 pc_{12}\sigma_2^2}{pc_{22}\sigma_2^2 + (1+k_2-k_3)^2}$ 时	股东给予经理人在短期业绩的激励是正向的
当 $\pi_1 < \frac{\pi_2 pc_{12}\sigma_2^2}{pc_{22}\sigma_2^2 + (1+k_2-k_3)^2}$ 时	股东给予经理人在短期业绩的激励是负向的
$\pi_2 \uparrow$	$\frac{\pi_2 pc_{12}\sigma_2^2}{pc_{22}\sigma_2^2 + (1+k_2-k_3)^2} \uparrow$
$c_{12} \uparrow$	$\frac{\pi_2 pc_{12}\sigma_2^2}{pc_{22}\sigma_2^2 + (1+k_2-k_3)^2} \uparrow$
$c_{22} \uparrow$	$\frac{\pi_2 pc_{12}\sigma_2^2}{pc_{22}\sigma_2^2 + (1+k_2-k_3)^2} \downarrow$

续表 4-4

$p\uparrow$	$\beta_i \downarrow$		
经理人为风险厌恶型 ($p > 0$)		$k_2 \uparrow$	$\beta_i \uparrow$
		$k_3 \uparrow$	$\beta_i \downarrow$
		$a_1 、 c_{22} \uparrow$	$\beta_1 \uparrow$
		$a_2 、 r 、 \sigma_2^2 、 c_{12} \uparrow$	$\beta_1 \downarrow$
		$a_2 、 r 、 \lambda \uparrow$	$\beta_2 \uparrow$
		$\sigma_2^2 、 c_{22} \uparrow$	$\beta_2 \downarrow$
	当 $a_1 > \dfrac{ra_2 pc_{12}\sigma_2^2}{pc_{22}\sigma_2^2 + (1+k_2-k_3)^2}$ 时	$\lambda \uparrow$	$\beta_1 \uparrow$
	当 $a_1 < \dfrac{ra_2 pc_{12}\sigma_2^2}{pc_{22}\sigma_2^2 + (1+k_2-k_3)^2}$ 时	$\lambda \uparrow$	$\beta_1 \downarrow$
经理人为风险中性型 ($p = 0$)		$\lambda 、 a_i \uparrow$	$\beta_i \uparrow$
		$r \uparrow$	$\beta_2 \uparrow$
经理人为风险喜好型 ($p < 0$)		$k_2 \uparrow$	$\beta_i \downarrow$
		$k_3 \uparrow$	$\beta_i \uparrow$
		$a_1 、 \sigma_2^2 \uparrow$	$\beta_1 \downarrow$
		$c_{22} 、 \sigma_2^2 \uparrow$	$\beta_2 \uparrow$
	当 $a_1 > \dfrac{ra_2 pc_{12}\sigma_2^2}{pc_{22}\sigma_2^2 + (1+k_2-k_3)^2}$ 时	$\lambda \uparrow$	$\beta_1 \uparrow$
	当 $a_1 < \dfrac{ra_2 pc_{12}\sigma_2^2}{pc_{22}\sigma_2^2 + (1+k_2-k_3)^2}$ 时	$\lambda \uparrow$	$\beta_1 \downarrow$
	当 $-\dfrac{(1+k_2-k_3)^2}{c_{ii}\sigma_i^2} < p < 0$ 时	$c_{12} 、 a_2 、 r \uparrow$	$\beta_1 \uparrow$
		$\lambda 、 a_2 、 r \uparrow$	$\beta_2 \uparrow$
	当 $p < -\dfrac{(1+k_2-k_3)^2}{c_{ii}\sigma_i^2}$ 时	$c_{12} 、 a_2 、 r \uparrow$	$\beta_1 \downarrow$
		$\lambda 、 a_2 、 r \uparrow$	$\beta_2 \downarrow$

结合式(4-30),分析不同经理人风险偏好下经理人长短期最优薪酬激励强度与各变量之间关系:

(1) 当经理人为风险厌恶型时($p>0$):经理人短期薪酬激励强度β_1是自豪偏好程度k_2、短期努力程度a_1、长期边际成本变化率c_{22}的递增函数;经理人短期薪酬激励强度β_1是经理人同情偏好k_3、风险厌恶程度p、长期努力程度a_2、贴现率r、长期可观测变量方差σ_2^2、短期激励强度与长期努力成本相互依存度c_{12}的递减函数;当$a_1 > \dfrac{ra_2pc_{12}\sigma_2^2}{pc_{22}\sigma_2^2+(1+k_2-k_3)^2}$时,经理人短期薪酬激励强度$\beta_1$是经理人能力$\lambda$的递增函数,而当$a_1 < \dfrac{ra_2pc_{12}\sigma_2^2}{pc_{22}\sigma_2^2+(1+k_2-k_3)^2}$时,经理人短期薪酬激励强度$\beta_1$是经理人能力$\lambda$的递减函数;经理人长期薪酬激励强度$\beta_2$是自豪偏好程度$k_2$、长期努力程度$a_2$、贴现率$r$、经理人能力$\lambda$的递增函数;经理人长期薪酬激励强度$\beta_2$是经理人同情偏好程度$k_3$、风险厌恶程度$p$、长期可观测变量方差$\sigma_2^2$、长期边际成本变化率$c_{22}$的递减函数。

(2) 当经理人为风险中性型时($p=0$):经理人长短期最优薪酬激励强度系数β_i是经理人能力λ、长短期努力程度a_i的增函数;经理人长期最优薪酬激励强度β_2是贴现率r的增函数。

(3) 当经理人为风险喜好型时($p<0$):经理人短期薪酬激励强度β_1是自豪偏好程度k_2、风险偏好程度p、短期努力程度a_1、长期可观测变量方差σ_2^2的递减函数;经理人短期薪酬激励强度β_1是经理人同情偏好k_3的递增函数;当$-\dfrac{(1+k_2-k_3)^2}{c_{22}\sigma_2^2}<p<0$时,经理人短期薪酬激励强度$\beta_1$是短期激励强度与长期努力成本相互依存度$c_{12}$、长期努力程度$a_2$、贴现率$r$的递增函数,而当$p<-\dfrac{(1+k_2-k_3)^2}{c_{22}\sigma_2^2}$时,经理人短期薪酬激励强度$\beta_1$是短期激励强度与长期努力成本相互依存度$c_{12}$、长期努力程度$a_2$、贴现率$r$的递减函数;当$a_1 > \dfrac{ra_2pc_{12}\sigma_2^2}{pc_{22}\sigma_2^2+(1+k_2-k_3)^2}$时,经理人短期薪酬激励强度$\beta_1$是经理

人能力 λ 的递增函数,而当 $a_1 < \dfrac{ra_2pc_{12}\sigma_2^2}{pc_{22}\sigma_2^2 + (1 + k_2 - k_3)^2}$ 时,经理人短期薪酬激励强度 β_1 是经理人能力 λ 的递减函数;经理人长期薪酬激励强度 β_2 是自豪偏好程度 k_2、风险偏好程度 p 的递减函数;经理人长期薪酬激励强度 β_2 是经理人同情偏好程度 k_3、长期边际成本变化率 c_{22}、长期可观测变量方差 σ_2^2 的递增函数;当 $-\dfrac{(1 + k_2 - k_3)^2}{c_{22}\sigma_2^2} < p < 0$ 时,经理人长期薪酬激励强度 β_2 是经理人能力 λ、长期努力程度 a_2、贴现率 r 的递增函数,而当 $p < -\dfrac{(1 + k_2 - k_3)^2}{c_{22}\sigma_2^2}$ 时,经理人长期薪酬激励强度 β_2 是经理人能力 λ、长期努力程度 a_2、贴现率 r 的递减函数。由此得到结论 4。

结论 4 在有利不公平情况下,当经理人长短期努力成本相互依存时,在激励相容条件下,经理人长期业绩的最优激励合同与努力成本的相互依存与否无关;经理人短期最优激励合同为"门槛型激励合同",即当经理人的短期业绩超过一定"门槛值"时,激励是正向的,反之是负向的,且"门槛值"与经理人长期业绩、长期努力带来的短期业绩成正比,与长期努力的激励成本成反比。随着经理人风险厌恶程度增大(风险偏好程度越小),则给予经理人较少长短期薪酬激励。当经理人为风险厌恶型时,随着经理人自豪偏好增强、长短期努力程度增大、同情偏好降低、长期可观测变量方差减小,给予经理人较高的长短期薪酬激励强度;随着经理人长期努力增大、市场贴现率增大、短期激励强度与长期努力成本相互依存程度增大、长期边际成本变化率减小,应当减少短期薪酬激励强度;当经理人短期努力在一定范围内时,经理人能力越强,短期薪酬激励强度越小,而当经理人努力程度超过这个范围,随着经理人能力的增大,给予其短期薪酬激励也增大;随着经理人能力增强、市场贴现率增大、长期边际成本变化率减小,应给予经理人较高的长期薪酬激励。当经理人为风险中性型时,经理人的长短期最优薪酬激励强度与自豪偏好、同情偏好程度无关；随着经理人能力增强、长短期努力程度增强，给予经理人的长短期最优薪酬激励强度均要增大；如果市场的贴现率较高，则应当提高经理人的长期薪酬激励强度。当经理人为风险偏好型时，经理人自豪偏好程度越大、同情偏好程度越低，应给予经理人较低的长短期薪酬激励；随着经理人短期努力水平的增大、长期可观测变量方差的增大，应降低短期薪酬激励强度；随着经理人长期边际成本变化率增大、长期可观测变量方差增大，经理人的最优长期薪酬激励强度越大；当经理人风险偏好在一定范围内时，则经理人短期激励强度与长期努力成本相互依存程度增大、长期努力程度增大、市场贴现率增大，给予经理人短期薪酬越大，且经理人能力越高、长期努力程度越大、市场贴现率越大，给予经理人的长期薪酬越大；当经理人风险偏好超过一定范围时，则经理人短期激励强度与长期努力成本相互依存程度增大、长期努力程度增大、市场贴现率增大，给予经理人短期薪酬降低，且经理人能力越高、长期努力程度越大、贴现率越大，给予经理人的长期薪酬越低；当经理人短期努力程度在一定范围内时，经理人能力越高，给予其短期薪酬越少，而当经理人短期努力程度超过一定范围，经理人能力越高，给予其短期薪酬越多。

4.4 公平偏好对经理人薪酬结构的影响

通过前文的分析可以发现经理人公平偏好会对最优薪酬激励强度产生影响，而公平偏好心理会不会对经理人薪酬结构带来影响也需要进一步的探讨。同时，由前文的假设 4 可知，经理人薪酬结构包括固定薪酬（g）和长短期绩效薪酬 [$\beta^T \mu(a_1, a_2)$]，因而，接下来我们通过公式推导来分析经理人公平偏好对固定薪酬和总体薪酬的影响。为了方便研究，本章假定经理人的长短期业绩任务成本函数为互补关系或者独立关系，即 $c_{12} \leq 0$，其函数表达式为：

$$c(a_1,a_2) = b_1 a_1^2 + b_2 a_2^2 + b_3 a_1 a_2 \tag{4-31}$$

其中，$b_1, b_2 > 0, b_3 \leq 0$。

4.4.1 公平偏好对经理人固定工资的影响

4.4.1.1 不利不公平情况下，经理人公平偏好对固定薪酬的影响

经理人处于不利不公平下，对式(4-31)一阶求导可得：

$$c_1(a_1,a_2) = 2b_1 a_1 + b_3 a_2, \quad c_2(a_1,a_2) = 2b_2 a_2 + b_3 a_1 \tag{4-32}$$

将式(4-32)代入式(4-10)中可得：

$$\begin{aligned}\beta_1 &= \frac{1}{1+k_1} c_1(a_1,a_2) = \frac{1}{1+k_1}(2b_1 a_1 + b_3 a_2) \\ \beta_2 &= \frac{1}{1+k_1} c_2(a_1,a_2) = \frac{1}{1+k_1}(2b_2 a_2 + b_3 a_1)\end{aligned} \tag{4-33}$$

对式(4-33)整理运算可得：

$$a_1 = \frac{(1+k_1)(b_3\beta_2 - 2b_2\beta_1)}{b_3^2 - 4b_1 b_2}, \quad a_2 = \frac{(1+k_1)(b_3\beta_1 - 2b_1\beta_2)}{b_3^2 - 4b_1 b_2} \tag{4-34}$$

将式(4-34)代入式(4-31)中，可得：

$$\begin{aligned}c(a) &= b_1 \cdot \frac{(1+k_1)^2(b_3\beta_2 - 2b_2\beta_1)^2}{(b_3^2 - 4b_1 b_2)^2} + b_2 \cdot \frac{(1+k_1)^2(b_3\beta_1 - 2b_1\beta_2)^2}{(b_3^2 - 4b_1 b_2)^2} \\ &\quad + b_3 \cdot \frac{(1+k_1)(b_3\beta_2 - 2b_2\beta_1)}{b_3^2 - 4b_1 b_2} \cdot \frac{(1+k_1)(b_3\beta_1 - 2b_1\beta_2)}{b_3^2 - 4b_1 b_2} \\ &= \frac{(1+k_1)^2}{(b_3^2 - 4b_1 b_2)^2}\left[\begin{array}{l}b_1(b_3\beta_2 - 2b_2\beta_1)2 + b_2(b_3\beta_1 - 2b_1\beta_2)^2 \\ + b_3(b_3\beta_2 - 2b_2\beta_1)(b_3\beta_1 - 2b_1\beta_2)\end{array}\right]\end{aligned}$$

$$\tag{4-35}$$

最后将式(4-34)、式(4-35)代入式(4-7)中，可以得到最优激励契约下的固定薪酬为：

$$g(\beta_1,\beta_2,k_1,p) = -\beta_1\mu(a_1) - \beta_2\mu(a_2)$$

$$+ \frac{1}{1+k_1}\left[c(a) + k_1F + \frac{1}{2}p(\beta_1\Sigma\beta_1 + \beta_2\Sigma\beta_2) + U_0\right]$$

$$= \frac{1+k_1}{b_3^2 - 4b_1b_2}(b_2\beta_1^2 + b_1\beta_2^2 - b_3\beta_1\beta_2)$$

$$+ \frac{1}{1+k_1}(k_1F + \frac{1}{2}p\sigma_1^2\beta_1^2 + \frac{1}{2}p\sigma_2^2\beta_2^2 + U_0)$$

(4-36)

然后式(4-36)对 k_1 求导得:

$$\frac{\partial g(\beta_1,\beta_2,k_1,p)}{\partial k_1} = \frac{b_2\beta_1^2 + b_1\beta_2^2 - b_3\beta_1\beta_2}{b_3^2 - 4b_1b_2}$$

$$- \frac{\frac{1}{2}p\sigma_1^2\beta_1^2 + \frac{1}{2}p\sigma_2^2\beta_2^2 + U_0}{(1+k_1)^2} + \frac{F}{(1+k_1)^2}$$

(4-37)

式(4-36)分别对 β_1、β_2 一阶求导为:

$$\frac{\partial g(\beta_1,\beta_2,k_1,p)}{\partial \beta_1} = \frac{1+k_1}{b_3^2 - 4b_1b_2}(2b_2\beta_1 - b_3\beta_2) + \frac{p\sigma_1^2\beta_1}{1+k_1} \quad (4\text{-}38)$$

$$\frac{\partial g(\beta_1,\beta_2,k_1,p)}{\partial \beta_2} = \frac{1+k_1}{b_3^2 - 4b_1b_2}(2b_1\beta_2 - b_3\beta_1) + \frac{p\sigma_2^2\beta_2}{1+k_1} \quad (4\text{-}39)$$

式(4-36)对 p 求导可得:

$$\frac{\partial g(\beta_1,\beta_2,k_1,p)}{\partial p} = \frac{\beta_1^2\sigma_1^2 + \beta_2^2\sigma_2^2}{2(1+k_1)} \geq 0 \quad (4\text{-}40)$$

由式(4-37)可知,当 $\dfrac{b_2\beta_1^2 + b_1\beta_2^2 - b_3\beta_1\beta_2}{b_3^2 - 4b_1b_2} + \dfrac{F}{(1+k_1)^2} >$ $\dfrac{\frac{1}{2}p\sigma_1^2\beta_1^2 + \frac{1}{2}p\sigma_2^2\beta_2^2 + U_0}{(1+k_1)^2}$ 时,经理人嫉妒偏好程度 k_1 是固定薪酬 g 的递增函数,当 $\dfrac{b_2\beta_1^2 + b_1\beta_2^2 - b_3\beta_1\beta_2}{b_3^2 - 4b_1b_2} + \dfrac{F}{(1+k_1)^2} < \dfrac{\frac{1}{2}p\sigma_1^2\beta_1^2 + \frac{1}{2}p\sigma_2^2\beta_2^2 + U_0}{(1+k_1)^2}$ 时,

经理人固定薪酬 g 是嫉妒偏好程度 k_1 的递减函数;由式(4-38)可知,当 $\frac{1+k_1}{4b_1b_2-b_3^2}(2b_2\beta_1-b_3\beta_2) > \frac{p\sigma_1^2\beta_1}{1+k_1}$ 时,经理人固定薪酬 g 是短期薪酬激励强度 β_1 的递减函数,当 $\frac{1+k_1}{4b_1b_2-b_3^2}(2b_2\beta_1-b_3\beta_2) < \frac{p\sigma_1^2\beta_1}{1+k_1}$ 时,经理人固定薪酬 g 是短期薪酬激励强度 β_1 的递增函数;由式(4-39)可知,当 $\frac{1+k_1}{4b_1b_2-b_3^2}(2b_1\beta_2-b_3\beta_1) > \frac{p\sigma_2^2\beta_2}{1+k_1}$ 时,经理人固定薪酬 g 是长期薪酬激励强度 β_2 的递减函数,当 $\frac{1+k_1}{4b_1b_2-b_3^2}(2b_1\beta_2-b_3\beta_1) < \frac{p\sigma_2^2\beta_2}{1+k_1}$ 时,经理人固定薪酬 g 是长期薪酬激励强度 β_2 的递增函数;由公式(4-40)可以看出,固定薪酬 g 是风险规避系数 p 的单调递增函数。可见,在不利不公平情况下,经理人嫉妒偏好程度 k_1 及长短期最优薪酬激励强度 β_i 对固定薪酬 g 的影响取决于 p、σ_i^2、F、U_0 及成本系数 b_1、b_2、b_3 等参数的取值系数,代理人风险厌恶程度 p 对固定薪酬 g 的影响为正。

4.4.1.2 有利不公平情况下,经理人公平偏好对固定薪酬的影响

代理人处于有利不公平下,同理对式(4-31)一阶求导,将结果代入式(4-20)中,可以得到最优激励契约下的固定薪酬为:

$$g(\beta_1,\beta_2,k_2,k_3,p) = -\beta_1\mu(a_1)-\beta_2\mu(a_2)+\frac{c(a)}{1+k_2-k_3}$$

$$+\frac{1}{1+k_2-k_3}\left[(k_2-k_3)F+\frac{1}{2}p(\beta_1\sum\beta_1+\beta_2\sum\beta_2)+U_0\right]$$

$$=\frac{1+k_2-k_3}{b_3^2-4b_1b_2}(b_2\beta_1^2+b_1\beta_2^2-b_3\beta_1\beta_2)$$

$$+\frac{1}{1+k_2-k_3}\left[(k_2-k_3)F+\frac{1}{2}p\sigma_1^2\beta_1^2+\frac{1}{2}p\sigma_2^2\beta_2^2+U_0\right]$$

$$(4-41)$$

式(4-41)对 k_2、k_3 一阶求导为：

$$\frac{\partial g(\beta_1,\beta_2,k_2,k_3,p)}{\partial k_2} = \frac{b_2\beta_1^2 + b_1\beta_2^2 - b_3\beta_1\beta_2}{b_3^2 - 4b_1b_2}$$

$$-\frac{\frac{1}{2}p\sigma_1^2\beta_1^2 + \frac{1}{2}p\sigma_2^2\beta_2^2 + U_0}{(1+k_2-k_3)^2} + \frac{F}{(1+k_2-k_3)^2}$$

(4-42)

$$\frac{\partial g(\beta_1,\beta_2,k_2,k_3,p)}{\partial k_3} = -\frac{b_2\beta_1^2 + b_1\beta_2^2 - b_3\beta_1\beta_2}{b_3^2 - 4b_1b_2}$$

$$+\frac{\frac{1}{2}p\sigma_1^2\beta_1^2 + \frac{1}{2}p\sigma_2^2\beta_2^2 + U_0}{(1+k_2-k_3)^2} - \frac{F}{(1+k_2-k_3)^2}$$

(4-43)

然后式(4-41)分别对 β_1、β_2 一阶求导为：

$$\frac{\partial g(\beta_1,\beta_2,k_2,k_3,p)}{\partial \beta_1} = \frac{1+k_2-k_3}{b_3^2-4b_1b_2}(2b_2\beta_1 - b_3\beta_2) + \frac{p\sigma_1^2\beta_1}{1+k_2-k_3}$$

(4-44)

$$\frac{\partial g(\beta_1,\beta_2,k_2,k_3,p)}{\partial \beta_2} = \frac{1+k_2-k_3}{b_3^2-4b_1b_2}(2b_1\beta_2 - b_3\beta_1) + \frac{p\sigma_2^2\beta_2}{1+k_2-k_3}$$

(4-45)

式(4-41)对 p 求导可得：

$$\frac{\partial g(\beta_1,\beta_2,k_2,k_3,p)}{\partial p} = \frac{\beta_1^2\sigma_1^2 + \beta_2^2\sigma_2^2}{2(1+k_2-k_3)} \geq 0 \quad (4-46)$$

由式(4-42)、式(4-43)可知，当 $\dfrac{b_2\beta_1^2+b_1\beta_2^2-b_3\beta_1\beta_2}{b_3^2-4b_1b_2} + \dfrac{F}{(1+k_2-k_3)^2} >$

$\dfrac{\frac{1}{2}p\sigma_1^2\beta_1^2+\frac{1}{2}p\sigma_2^2\beta_2^2+U_0}{(1+k_2-k_3)^2}$ 时，经理人固定薪酬 g 是自豪偏好程度 k_2 的递增

函数，经理人固定薪酬 g 是同情偏好程度 k_3 的递减函数，当

$$\frac{b_2\beta_1{}^2 + b_1\beta_2{}^2 - b_3\beta_1\beta_2}{b_3{}^2 - 4b_1b_2} + \frac{F}{(1+k_2-k_3)^2} < \frac{\frac{1}{2}p\sigma_1{}^2\beta_1{}^2 + \frac{1}{2}p\sigma_2{}^2\beta_2{}^2 + U_0}{(1+k_2-k_3)^2}$$

时,经理人固定薪酬 g 是自豪偏好程度 k_2 的递减函数,经理人固定薪酬 g 是同情偏好程度 k_3 的递增函数;由式(4-44)可以看出,当 $\frac{1+k_2-k_3}{4b_1b_2-b_3{}^2}(2b_2\beta_1 - b_3\beta_2) > \frac{p\sigma_1{}^2\beta_1}{1+k_2-k_3}$ 时,经理人固定薪酬 g 是短期薪酬激励强度 β_1 的递减函数,当 $\frac{1+k_2-k_3}{4b_1b_2-b_3{}^2}(2b_2\beta_1 - b_3\beta_2) < \frac{p\sigma_1{}^2\beta_1}{1+k_2-k_3}$ 时,经理人固定薪酬 g 是短期薪酬激励强度 β_1 的递增函数;由式(4-45)可以看出,当 $\frac{1+k_2-k_3}{4b_1b_2-b_3{}^2}(2b_1\beta_2 - b_3\beta_1) > \frac{p\sigma_2{}^2\beta_2}{1+k_2-k_3}$ 时,经理人固定薪酬 g 是长期薪酬激励强度 β_2 的递减函数,当 $\frac{1+k_2-k_3}{4b_1b_2-b_3{}^2}(2b_1\beta_2 - b_3\beta_1) < \frac{p\sigma_2{}^2\beta_2}{1+k_2-k_3}$ 时,经理人固定薪酬 g 是长期薪酬激励强度 β_2 的递增函数;由式(4-46)可以看出,固定薪酬 g 对风险规避系数 p 为单调递增函数。可见,在有利不公平情况下,经理人自豪偏好程度 k_2、同情偏好程度 k_3 及长短期最优薪酬激励强度 β_i 对固定薪酬 g 的影响取决于 p、$\sigma_i{}^2$、F、U_0 及成本系数 b_1、b_2、b_3 等参数的取值系数,经理人风险厌恶程度 p 对固定薪酬 g 的影响为正。由此得到结论5。

结论5 经理人风险厌恶程度越大(风险偏好程度越低),则应给予经理人较高的固定薪酬。经理人公平偏好及长短期薪酬激励强度对固定薪酬的影响取决于 p、$\sigma_i{}^2$、F、U_0 及成本系数 b_1、b_2、b_3 等参数的取值,由此导致经理人的公平偏好对固定薪酬影响符号不确定。

4.4.2 公平偏好对经理人总体薪酬结构的影响

4.4.2.1 不利不公平情况下,经理人公平偏好对总体薪酬的影响

在不利不公平情况下,将式(4-7)、式(4-35)代入经理人期望效用函数中,可以得到最优薪酬契约下经理人的期望薪酬为:

$$\varphi(\beta_1,\beta_2,k_1,p) = \beta^T\mu(a_1,a_2) + g$$

$$= \frac{1+k_1}{4b_1b_2 - b_3^2}(b_2\beta_1^2 + b_1\beta_2^2 - b_3\beta_1\beta_2)$$

$$+ \frac{1}{1+k_1}(k_1F + \frac{1}{2}p\sigma_1^2\beta_1^2 + \frac{1}{2}p\sigma_2^2\beta_2^2 + U_0)$$

(4-47)

式(4-47)对 k_1 求导得:

$$\frac{\partial\varphi(\beta_1,\beta_2,k_1,p)}{\partial k_1} = \frac{b_2\beta_1^2 + b_1\beta_2^2 - b_3\beta_1\beta_2}{4b_1b_2 - b_3^2}$$

$$- \frac{\frac{1}{2}p\sigma_1^2\beta_1^2 + \frac{1}{2}p\sigma_2^2\beta_2^2 + U_0}{(1+k_1)^2} + \frac{F}{(1+k_1)^2}$$

(4-48)

式(4-47)分别对 β_1、β_2 一阶求导为:

$$\frac{\partial\varphi(\beta_1,\beta_2,k_1,p)}{\partial\beta_1} = \frac{1+k_1}{4b_1b_2 - b_3^2}(2b_2\beta_1 - b_3\beta_2) + \frac{p\sigma_1^2\beta_1}{1+k_1} \quad (4-49)$$

$$\frac{\partial\varphi(\beta_1,\beta_2,k_1,p)}{\partial\beta_2} = \frac{1+k_1}{4b_1b_2 - b_3^2}(2b_1\beta_2 - b_3\beta_1) + \frac{p\sigma_2^2\beta_2}{1+k_1} \quad (4-50)$$

式(4-47)对 p 求导得:

$$\frac{\partial\varphi(\beta_1,\beta_2,k_1,p)}{\partial p} = \frac{\beta_1^2\sigma_1^2 + \beta_2^2\sigma_2^2}{2(1+k_1)} \geqslant 0 \quad (4-51)$$

由式(4-48)可知,当 $\dfrac{b_2\beta_1^2 + b_1\beta_2^2 - b_3\beta_1\beta_2}{4b_1b_2 - b_3^2} + \dfrac{F}{(1+k_1)^2} >$

$$\frac{\frac{1}{2}p\sigma_1^{\ 2}\beta_1^{\ 2}+\frac{1}{2}p\sigma_2^{\ 2}\beta_2^{\ 2}+U_0}{(1+k_1)^2}$$ 时，经理人嫉妒偏好程度 k_1 是总体薪酬 φ 的递增函数，当 $\frac{b_2\beta_1^{\ 2}+b_1\beta_2^{\ 2}-b_3\beta_1\beta_2}{4b_1b_2-b_3^{\ 2}}+\frac{F}{(1+k_1)^2}<\frac{\frac{1}{2}p\sigma_1^{\ 2}\beta_1^{\ 2}+\frac{1}{2}p\sigma_2^{\ 2}\beta_2^{\ 2}+U_0}{(1+k_1)^2}$ 时，经理人总体薪酬 φ 是嫉妒偏好程度 k_1 的递减函数；由式（4-49）可知，当 $\frac{1+k_1}{b_3^{\ 2}-4b_1b_2}(2b_2\beta_1-b_3\beta_2)>\frac{p\sigma_1^{\ 2}\beta_1}{1+k_1}$ 时，经理人总体薪酬 φ 是短期薪酬激励强度 β_1 的递减函数，当 $\frac{1+k_1}{b_3^{\ 2}-4b_1b_2}(2b_2\beta_1-b_3\beta_2)<\frac{p\sigma_1^{\ 2}\beta_1}{1+k_1}$ 时，经理人总体薪酬 φ 是短期薪酬激励强度 β_1 的递增函数；由式（4-50）可知，当 $\frac{1+k_1}{b_3^{\ 2}-4b_1b_2}(2b_1\beta_2-b_3\beta_1)>\frac{p\sigma_2^{\ 2}\beta_2}{1+k_1}$ 时，经理人总体薪酬 φ 是长期薪酬激励强度 β_2 的递减函数，当 $\frac{1+k_1}{b_3^{\ 2}-4b_1b_2}(2b_1\beta_2-b_3\beta_1)<\frac{p\sigma_2^{\ 2}\beta_2}{1+k_1}$ 时，经理人总体薪酬 φ 是长期薪酬激励强度 β_2 的递增函数；由式（4-51）可以看出，总体薪酬 φ 是风险规避系数 p 的单调递增函数。可见，在不利不公平情况下，经理人嫉妒偏好程度 k_1 及长短期最优薪酬激励强度 β_i 对总体薪酬 φ 的影响取决于 p、$\sigma_i^{\ 2}$、F、U_0 及成本系数 b_1、b_2、b_3 等参数的取值系数，经理人风险厌恶程度 p 对总体薪酬 φ 的影响为正。

4.4.2.2 有利不公平情况下，经理人公平偏好对总体薪酬的影响

在有利不公平情况下，同理得到最优薪酬契约下经理人的期望薪酬为：

$$\varphi(\beta_1,\beta_2,k_2,k_3,p)=\beta^T\mu(a_1,a_2)+g=\frac{1+k_2-k_3}{4b_1b_2-b_3^{\ 2}}(b_2\beta_1^{\ 2}+b_1\beta_2^{\ 2}-b_3\beta_1\beta_2)$$
$$+\frac{1}{1+k_2-k_3}\left[(k_2-k_3)F+\frac{1}{2}p\sigma_1^{\ 2}\beta_1^{\ 2}+\frac{1}{2}p\sigma_2^{\ 2}\beta_2^{\ 2}+U_0\right]$$

(4-52)

式(4-52)对 k_2、k_3 求导得:

$$\frac{\partial \varphi(\beta_1,\beta_2,k_2,k_3,p)}{\partial k_2} = \frac{b_2\beta_1^2+b_1\beta_2^2-b_3\beta_1\beta_2}{4b_1b_2-b_3^2}$$

$$-\frac{\frac{1}{2}p\sigma_1^2\beta_1^2+\frac{1}{2}p\sigma_2^2\beta_2^2+U_0}{(1+k_2-k_3)^2}+\frac{F}{(1+k_2-k_3)^2}$$

(4-53)

$$\frac{\partial \varphi(\beta_1,\beta_2,k_2,k_3,p)}{\partial k_3} = -\frac{b_2\beta_1^2+b_1\beta_2^2-b_3\beta_1\beta_2}{4b_1b_2-b_3^2}$$

$$+\frac{\frac{1}{2}p\sigma_1^2\beta_1^2+\frac{1}{2}p\sigma_2^2\beta_2^2+U_0}{(1+k_2-k_3)^2}-\frac{F}{(1+k_2-k_3)^2}$$

(4-54)

式(4-52)分别对 β_1、β_2 一阶求导为:

$$\frac{\partial \varphi(\beta_1,\beta_2,k_2,k_3,p)}{\partial \beta_1} = \frac{1+k_2-k_3}{4b_1b_2-b_3^2}(2b_2\beta_1-b_3\beta_2)+\frac{p\sigma_1^2\beta_1}{1+k_2-k_3}$$

(4-55)

$$\frac{\partial \varphi(\beta_1,\beta_2,k_2,k_3,p)}{\partial \beta_2} = \frac{1+k_2-k_3}{4b_1b_2-b_3^2}(2b_1\beta_2-b_3\beta_1)+\frac{p\sigma_2^2\beta_2}{1+k_2-k_3}$$

(4-56)

式(4-52)对 p 求导得:

$$\frac{\partial \varphi(\beta_1,\beta_2,k_2,k_3,p)}{\partial p} = \frac{\beta_1^2\sigma_1^2+\beta_2^2\sigma_2^2}{2(1+k_2-k_3)} \geqslant 0 \quad (4-57)$$

由式(4-53)、式(4-54)可知,当 $\frac{b_2\beta_1^2+b_1\beta_2^2-b_3\beta_1\beta_2}{4b_1b_2-b_3^2}+\frac{F}{(1+k_2-k_3)^2} > \frac{\frac{1}{2}p\sigma_1^2\beta_1^2+\frac{1}{2}p\sigma_2^2\beta_2^2+U_0}{(1+k_2-k_3)^2}$ 时,经理人总体薪酬 φ 是自豪偏好程度 k_2 的递增函数,经理人总体薪酬 φ 是同情偏好程度 k_3 的递减函

数,当 $\dfrac{b_2\beta_1^{\ 2}+b_1\beta_2^{\ 2}-b_3\beta_1\beta_2}{4b_1b_2-b_3^{\ 2}}+\dfrac{F}{(1+k_2-k_3)^2}<\dfrac{\frac{1}{2}p\sigma_1^{\ 2}\beta_1^{\ 2}+\frac{1}{2}p\sigma_2^{\ 2}\beta_2^{\ 2}+U_0}{(1+k_2-k_3)^2}$ 时,经理人总体薪酬 φ 是自豪偏好程度 k_2 的递减函数,经理人总体薪酬 φ 是同情偏好程度 k_3 的递增函数;由式(4-55)可知,当 $\dfrac{1+k_2-k_3}{b_3^{\ 2}-4b_1b_2}(2b_2\beta_1-b_3\beta_2)>\dfrac{p\sigma_1^{\ 2}\beta_1}{1+k_2-k_3}$ 时,经理人总体薪酬 φ 是短期薪酬激励强度 β_1 的递减函数,当 $\dfrac{1+k_2-k_3}{b_3^{\ 2}-4b_1b_2}(2b_2\beta_1-b_3\beta_2)<\dfrac{p\sigma_1^{\ 2}\beta_1}{1+k_2-k_3}$ 时,经理人总体薪酬 φ 是短期薪酬激励强度 β_1 的递增函数;由式(4-56)可知,当 $\dfrac{1+k_2-k_3}{b_3^{\ 2}-4b_1b_2}(2b_1\beta_2-b_3\beta_1)>\dfrac{p\sigma_2^{\ 2}\beta_2}{1+k_2-k_3}$ 时,经理人总体薪酬 φ 是长期薪酬激励强度 β_2 的递减函数;当 $\dfrac{1+k_2-k_3}{b_3^{\ 2}-4b_1b_2}(2b_1\beta_2-b_3\beta_1)<\dfrac{p\sigma_2^{\ 2}\beta_2}{1+k_2-k_3}$ 时,经理人总体薪酬 φ 是长期薪酬激励强度 β_2 的递增函数;由式(4-57)可知,总体薪酬 φ 是风险规避系数 p 的单调递增函数。可见,在有利不公平情况下,经理人自豪偏好程度 k_2、同情偏好程度 k_3 及长短期薪酬激励强度 β_i 对总体薪酬 φ 的影响取决于 p、$\sigma_i^{\ 2}$、F、U_0 及成本系数 b_1、b_2、b_3 等参数的取值系数,经理人风险厌恶程度 p 对总体薪酬 φ 的影响为正。由此得到结论 6。

结论 6 经理人风险厌恶程度越大(风险偏好程度越低),则应给予经理人较高的总体薪酬。经理人公平偏好及长短期薪酬激励强度对总体薪酬的影响取决于 p、$\sigma_i^{\ 2}$、F、U_0 及成本系数 b_1、b_2、b_3 等参数的取值,由此导致经理人的公平偏好对总体薪酬影响符号不确定。

4.5 本章小结

本章以薪酬激励合约为中介,通过将经理人横向公平偏好的异质性植入委托代理模型中,构建了经理人的薪酬激励模型,探究经理人公平偏好及风险偏好心理作用下的最优薪酬契约,并分析不同偏好对经理人固定薪酬和总体薪酬结构的影响,研究发现:(1)经理人公平偏好程度对最优长短期薪酬契约会产生影响,且影响的效用取决于其风险偏好类型。即当经理人为风险偏好型时,嫉妒偏好强度越大、自豪偏好强度越大、同情偏好强度越小,最优长短期薪酬激励强度越小;当经理人为风险中性型时,公平偏好与长短期薪酬激励强度无关;当经理人为风险厌恶型时,嫉妒偏好强度越大、自豪偏好强度越大、同情偏好强度越小,则最优长短期薪酬激励强度越大。(2)经理人薪酬结构的设定要根据其风险偏好类型不同来区别设计。即当经理人为风险厌恶型时,经理人比较关注固定薪酬,而且厌恶程度越大,其需要的固定薪酬越高;而当经理人为风险偏好类型时,在为其设计薪酬契约时就应当加大激励薪酬比例,而适当减少固定薪酬的比重,可以有效地提高经理人工作积极性。(3)在激励相容条件下,经理人长期业绩的最优激励合同与努力成本的相互依存与否无关;经理人短期最优激励合同为"门槛型激励合同",即当经理人的短期业绩超过一定"门槛值"时,激励是正向的,反之是负向的,且"门槛值"与经理人长期业绩、长期努力带来的短期业绩成正比,与长期努力的激励成本成反比。(4)经理人能力对短期薪酬激励强度的影响受其短期努力水平的影响。即当经理人短期努力程度增大到一定程度时,经理人能力越高,股东才会增加短期薪酬激励强度,反之,当经理人努力程度达不到标准,股东给予的短期薪酬激励则会随其能力增加而降低。(5)经理人能力对长期薪酬激励强度的影响由其风险偏好类型决定。即当经理人为风险厌恶型及低风险偏好型时,经理人能力越强,则给予其长期激励薪酬就越多;而当经理人为强风险偏好型时,经理人能力越强,则给予其长期激励薪酬就越少。(6)经理人公平偏好及长短期薪酬激励强度对固定薪酬及总体薪酬的影响取决于 p、σ_i^2、F、U_0 及成本系数 b_1、b_2、b_3 等参数的取值。虽然公平偏好及长短期薪酬激励强度对固定薪酬及总体薪酬的影响没有清晰的结果,但在实际中,只要根据具体问题对相关系数进行合适的假设和简化,就可以得到更为具体的有针对性的结果。

5 纵向公平偏好下的经理人薪酬契约设计

上一章通过将 FS 模型和 BO 模型思想融入多任务委托代理模型中,构建了经理人横向公平偏好下的激励薪酬契约,由于经理人的公平偏好分为横向公平偏好和纵向公平偏好,本章结合 FS 模型和经典委托代理模型,构建了经理人纵向公平偏好下的薪酬激励模型。

5.1 模型假设

为了展开长短期相结合的经理人公平偏好薪酬契约研究,本章做了如下假设。

假设1:假定经理人把收入水平作为公平的外在感应,且经理人和股东都具有风险偏好。

假设2:假定经理人的努力水平具有不可观察但可证实的性质。设 π 为企业价值的增值,则 $\pi = e + \theta$,其中 e 为经理人的努力水平,θ 为均值为零且方差为 σ^2 的市场随机干扰正态分布变量,并与 e 相互独立。

假设3:假定经理人的努力水平包括长期努力水平和短期努力水平[①]。设经理人的总体努力水平为 e($e \geq 0$),则 $e = e_c + e_d$,其中,长期努力水平表

---

① 由于经理人的经营业绩包括长期业绩和短期业绩,其中长期业绩由经理人长期努力水平产生,短期业绩由其短期努力水平产生,因而经理人努力水平由长期努力水平与短期努力水平构成。

示为 e_c,短期努力水平表示为 e_d。再设经理人对短期报酬的期望为 q ($0 < q < 1$),由于经理人仅有短期报酬与长期报酬两种选择,则经理人长期报酬期望和短期报酬期望之和等于1,可得经理人对长期报酬期望为 $1-q$[198]。那么经理人的短期努力水平可设定为 qe,长期努力水平为 $(1-q)e$,经理人的努力水平可进一步表达为 $e = e_c + e_d = (1-q)e + qe$。借鉴学者孙世敏等、张勇、王宗军等的研究,引入经理人对长期报酬和短期报酬的期望比 $q/1-q$,这反映的是经理人对待风险的态度:当 $0 < q/1-q < 1$ 时,说明经理人为风险喜好型;当 $q/1-q = 1$ 时,说明经理人为风险中性型;当 $q/1-q > 1$ 时,说明经理人为风险厌恶型[22,193,199]。

假设4:设经理人获得的报酬 $s = g + s_c + s_d$,其中 g 为固定薪酬,s_c、s_d 分别为经理人的长期激励薪酬和短期激励薪酬。再设 β 为经理人从企业价值增值中的剩余分享,且 $0 < \beta < 1$,其中,经理人的短期剩余分享占总分享的比例为 α ($0 < \alpha < 1$),则经理人的短期业绩分享比例为 $\alpha\beta$,长期业绩分享比例为 $(1-\alpha)\beta$,继而得到经理人的长期报酬为 $s_c = (1-\alpha)\beta\pi_c$,短期报酬为 $s_d = \alpha\beta\pi_d$。同理,借鉴学者孙世敏等的研究,设股东给予经理人的短期分享比例与长期分享比为 $\alpha/1-\alpha$,反映了股东对风险的态度:当 $\alpha/1-\alpha < 1$ 时,说明股东为风险喜好型;当 $\alpha/1-\alpha = 1$ 时,说明股东为风险中性型;当 $\alpha/1-\alpha > 1$ 时,说明股东为风险厌恶型[22]。

假设5:设经理人的努力成本为 c,则 $c = c_c + c_d$,其中,长期努力成本为 c_c,短期努力成本为 c_d,并假定经理人的长期努力成本为 $c_c = be_c^2/2$,短期努力成本为 $c_d = be_d^2/2$,且 $b > 0$。

假设6:设 π_d 为企业当期的价值增值,π_c 为企业将来价值增值的现值,那么 $\pi_d = e_d + \theta_1 = qe + \theta_1$;$\pi_c = re_c + \theta_2 = r(1-q)e + \theta_2$,其中 r 为贴现率($0 < r < 1$),$\pi = \pi_c + \pi_d$。

假设7:在不考虑公平偏好状态下,设经理人的实际收入为 j。其表达式为：

$$j = s - c$$
$$= g + s_c + s_d - c_c - c_d$$
$$= g + (1-\alpha)\beta[r(1-q)e + \theta_2] + \alpha\beta(qe + \theta_1)$$
$$- \frac{1}{2}b(1-q)^2 e^2 - \frac{1}{2}bq^2 e^2$$

(5-1)

假设8：设股东的预期净收入为 w，它是企业的价值增值减去经理人的薪酬。具体表达式为：

$$w = \pi - s$$
$$= \pi_c + \pi_d - g - s_c - s_d$$
$$= -g + [1-(1-\alpha)\beta]\pi_c + (1-\alpha\beta)\pi_d$$
$$= -g + [1-(1-\alpha)\beta][r(1-q)e + \theta_2] + (1-\alpha\beta)(qe + \theta_1)$$

(5-2)

则股东的期望收益为：

$$E(w) = -g + [1-(1-\alpha)\beta]r(1-q)e + (1-\alpha\beta)qe$$

(5-3)

5.2 模型说明

本章用收入水平公平与否作为经理人公平偏好的外在感知。在公平偏好理论的研究中，Fehr & Schmidet[10]提出了具有代表性的"收入差距厌恶"模型（即 FS 模型），该模型提出行为人在关注个人收益的同时，亦会关注与他人的收益差距，他们不仅讨厌自己的收入比别人低（即"不利的不公平分配"），也会高兴自己收入比他人高（即"有利的不公平分配"）。也就是说经理人的效用主要为自豪偏好正效用和嫉妒偏好负效用。其中嫉妒偏好负效用主要是测度了经理人在感受自己收入不公平时所带来的效用损失；自豪偏好正效用测度了经理人在感受他人收入不公平所带来的效用提升。在此基础上，本章从经理人纵向公平偏好来对前文中经理人的收入进行修正，则经理人的效用表达式 φ 为：

$$\varphi = j + k_1 \text{Max}[(s-w), 0] - k_2 \text{Max}[(w-s), 0]$$

其中，j 为经理人的预期净收入，k_1, k_2 分别表示经理人的纵向自豪偏好和嫉妒偏好的程度，且 $k_1, k_2 \geq 0$，s 为经理人的收入，w 为股东的收入，k_1 值越大说明经理人自豪偏好程度越强，k_2 值越大说明经理人嫉妒偏好程度越强，都说明了经理人关注其与股东收入分配的公平程度，反之则越小。Siemens[200]在探究公平偏好心理和逆向选择是如何影响雇佣合约时，指出经理人对收入不公平的感受是没有差异的。因此，为了方便分析，将 $k_1 = k_2 = k$（$k \geq 0$）表示为经理人的纵向公平偏好程度，k 值越大，则经理人的纵向公平偏好水平越大，反之则越小，当 $k = 0$ 时，说明经理人对收入分配的纵向公平不关心。那么，将式(5-1)代入经理人的效用函数，可以得到考虑纵向公平偏好后的经理人实际净收入 φ 为：

$$\begin{aligned}\varphi &= j + k(s-w) \\ &= g + (1-\alpha)\beta[r(1-q)e+\theta_2] + \alpha\beta(qe+\theta_1) \\ &\quad -\frac{1}{2}be_c^2 - \frac{1}{2}be_d^2 + k(s-w) \\ &= g + (1-\alpha)\beta[r(1-q)e+\theta_2] + \alpha\beta(qe+\theta_1) - \frac{1}{2}b(1-q)^2e^2 - \frac{1}{2}bq^2e^2 \\ &\quad + k\{2g + [2(1-\alpha)\beta-1][r(1-q)e+\theta_2] + (2\alpha\beta-1)(qe+\theta_1)\}\end{aligned}$$

(5-4)

则经理人的期望收入 $E(\varphi)$ 为：

$$E(\varphi) = g + (1-\alpha)\beta[r(1-q)e] + \alpha\beta qe - \frac{1}{2}b(1-q)^2e^2 - \frac{1}{2}bq^2e^2$$
$$+ k\{2g + [2(1-\alpha)\beta - 1]r(1-q)e + (2\alpha\beta - 1)qe\}$$
(5-5)

方差 $D(\varphi)$ 为:

$$D(\varphi) = [(1-\alpha)(1+2k)\beta - k]^2\sigma_2^2 + [\alpha\beta(1+2k) - k]^2\sigma_1^2$$
(5-6)

假设经理人的效用函数有着不变的绝对风险厌恶特征, ρ 为绝对风险厌恶度,则经理人的确定性等价净收入 $CE(\varphi)$ 为:

$$CE(\varphi) = E(\varphi) - \frac{1}{2}\rho D(\varphi)$$

$$= g + (1-\alpha)\beta[r(1-q)e] + \alpha\beta qe - \frac{1}{2}b(1-q)^2e^2 - \frac{1}{2}bq^2e^2$$

$$+ k\{2g + [2(1-\alpha)\beta - 1]r(1-q)e + (2\alpha\beta - 1)qe\}$$

$$- \frac{1}{2}\rho\{[(1-\alpha)(1+2k)\beta - k]^2\sigma_2^2 + [\alpha\beta(1+2k) - k]^2\sigma_1^2\}$$
(5-7)

5.3 模型构建

5.3.1 信息对称下委托代理模型

信息对称情况是指,股东对经理人的行为举止都十分了解,可以很清楚地观察到经理人的努力水平,也就是说股东与经理人间不存在信息壁垒,双方是透明的,在这种状态下,合作双方会以集体利益最大化为目标来选择自己的行为,否则股东与经理人停止合作。因此,在信息对称情况下,只需要考虑经理人的参与约束条件 IR,即期望收益大于等于保留净收入,假设经理人的保留净收入(即机会成本)为 φ_0，由此设计股东与经理人信息对称下的激励模型为：

$$\begin{cases} \underset{\beta,e_i}{\text{Max}}E(w) = -g+[1-(1-\alpha)\beta]r(1-q)e+(1-\alpha\beta)qe \\ IR: CE(\varphi) = g+(1-\alpha)\beta[r(1-q)e]+\alpha\beta qe-\frac{1}{2}b(1-q)^2e^2-\frac{1}{2}bq^2e^2 \\ \qquad\qquad +k\{2g+[2(1-\alpha)\beta-1]r(1-q)e+(2\alpha\beta-1)qe\} \\ \qquad\qquad -\frac{1}{2}\rho\{[(1-\alpha)(1+2k)\beta-k]^2\sigma_2^2+[\alpha\beta(1+2k)-k]^2\sigma_1^2\} \geqslant \varphi_0 \end{cases}$$

(5-8)

由参与约束条件(IR)取等，即 $CE(\varphi)=\varphi_0$，可得到经理人的固定薪酬 g 为：

$$g = \frac{1}{1+2k}\begin{Bmatrix} \varphi_0+\frac{1}{2}\rho\{[(1-\alpha)(1+2k)\beta-k]^2\sigma_2^2+[\alpha(1+2k)\beta-k]^2\sigma_1^2\} \\ +\frac{1}{2}b(1-q)^2e^2+\frac{1}{2}bq^2e^2-(1-\alpha)\beta r(1-q)e-\alpha\beta qe \\ -k\{[2(1-\alpha)\beta-1]r(1-q)e+(2\alpha\beta-1)qe\} \end{Bmatrix}$$

(5-9)

将式(5-9)代入式(5-8)的目标函数，可以得到：

$$\underset{\beta,e_i}{\text{Max}}E(w) = -g+[1-(1-\alpha)\beta]r(1-q)e+(1-\alpha\beta)qe$$

$$= -\frac{1}{1+2k}\begin{Bmatrix} \varphi_0+\frac{1}{2}\rho\{[(1-\alpha)(1+2k)\beta-k]^2\sigma_2^2+[\alpha(1+2k)\beta-k]^2\sigma_1^2\} \\ +\frac{1}{2}b(1-q)^2e^2+\frac{1}{2}bq^2e^2-(1-\alpha)\beta r(1-q)e-\alpha\beta qe \\ -k\{[2(1-\alpha)\beta-1]r(1-q)e+(2\alpha\beta-1)qe\} \end{Bmatrix}$$

$$+[1-(1-\alpha)\beta]r(1-q)e+(1-\alpha\beta)qe$$

(5-10)

然后分别对 β 求导得：

$$\frac{\partial E(w)}{\partial \beta} = -(1+2k)[(1-\alpha)^2\sigma_2^2+\alpha^2\sigma_1^2]\beta+k[(1-\alpha)\sigma_2^2+\alpha\sigma_1^2]$$

(5-11)

对 a 求导得：

$$\frac{\partial E(w)}{\partial e} = -\frac{1}{1+2k}\left\{\begin{array}{l}[b(1-q)^2+bq^2]e-(1+2k)[(1-\alpha)\beta r(1-q)+\alpha\beta q]\\+kr(1-q)+kq\end{array}\right\}$$

$$+r(1-q)+q-[(1-\alpha)\beta r(1-q)+\alpha\beta q]$$

(5-12)

分别对式(5-11)和式(5-12)再求导可得：

$$\frac{\partial E^2(w)}{\partial \beta^2} = -(1+2k)[(1-\alpha)^2\sigma_2^2+\alpha^2\sigma_1^2] < 0$$

$$\frac{\partial E^2(w)}{\partial e^2} = -\frac{b(1-q)^2+bq^2}{1+2k} < 0$$

则目标函数存在最大值，则令 $\frac{\partial E(w)}{\partial \beta} = 0$，$\frac{\partial E(w)}{\partial e} = 0$，可以得到最优剩余分享比例为：

$$\beta_1 = \frac{k[(1-\alpha)\sigma_2^2+\alpha\sigma_1^2]}{(1+2k)[(1-\alpha)^2\sigma_2^2+\alpha^2\sigma_1^2]}$$

(5-13)

经理人最优努力水平为：

$$e_1 = \frac{(1+k)[r(1-q)+q]}{b(1-q)^2+bq^2}$$

(5-14)

5.3.2 信息不对称下委托代理模型

由于现实中股东与经理人是信息不完全对称的，因而在探寻经理人最优激励模型时，不仅要考虑参与约束条件(IR)还要考虑激励相容约束条件(IC)，则经理人的最优激励模型表达式为：

$$\begin{cases} \underset{g,\beta}{\text{Max}} E(w) = -g + [1-(1-\alpha)\beta]r(1-q)e + (1-\alpha\beta)qe \\ IR: CE(\varphi) = g + (1-\alpha)\beta[r(1-q)e] + \alpha\beta qe - \frac{1}{2}b(1-q)^2e^2 - \frac{1}{2}bq^2e^2 \\ \qquad\qquad + k\{2g + [2(1-\alpha)\beta-1]r(1-q)e + (2\alpha\beta-1)qe\} \\ \qquad\qquad -\frac{1}{2}\rho\{[(1-\alpha)(1+2k)\beta-k]^2\sigma_2^2 + [\alpha\beta(1+2k)-k]^2\sigma_1^2\} \\ \qquad\qquad \geqslant \varphi_0 \\ IC: e \in \text{argMax} CE(\varphi) \end{cases}$$

(5-15)

首先，由激励约束条件对经理人努力程度 e 求导，使得 $CE(\varphi)' = 0$，可得经理人努力程度为：

$$e_2 = \frac{(1+2k)[(1-\alpha)r(1-q)+\alpha q]\beta - k[r(1-q)+q]}{b(1-q)^2 + bq^2} \quad (5-16)$$

然后，对参与约束取等，得到经理人固定薪酬的表达式(5-9)，将式(5-9)与式(5-16)代入目标函数，并进行整理，可得：

$$\begin{aligned}\underset{\beta}{\text{Max}} E(w) &= \frac{-\varphi_0 - \frac{1}{2}\rho\{[(1-\alpha)(1+2k)\beta-k]^2\sigma_2^2 - [\alpha\beta(1+2k)-k]^2\sigma_1^2\}}{1+2k} \\ &\quad + \frac{-\frac{1}{2}b(1-q)^2e^2 - \frac{1}{2}bq^2e^2 + (1-\alpha)\beta r(1-q)e + \alpha\beta qe}{1+2k} \\ &\quad + \frac{k\{[2(1-\alpha)\beta-1]r(1-q)e + (2\alpha\beta-1)qe\}}{1+2k} \\ &\quad + \{[1-(1-\alpha)\beta]r(1-q) + (1-\alpha\beta)q\}e \\ &= \frac{-\varphi_0 - \frac{1}{2}\rho\{[(1-\alpha)(1+2k)\beta-k]^2\sigma_2^2 - [\alpha\beta(1+2k)-k]^2\sigma_1^2\}}{1+2k} \\ &\quad + \frac{(1+2k)^2[(1-\alpha)r(1-q)+\alpha q]^2\beta^2 + k^2[r(1-q)+q]^2}{(1+2k)[b(1-q)^2 + bq^2]} \end{aligned}$$

$$-\frac{(2k+4k^2)[(1-\alpha)r(1-q)+\alpha q][r(1-q)+q]\beta}{(1+2k)[b(1-q)^2+bq^2]}$$

$$+\frac{(1+3k)[(1-\alpha)r(1-q)+\alpha q][r(1-q)+q]\beta}{b(1-q)^2+bq^2}$$

$$-\frac{(1+2k)[(1-\alpha)r(1-q)+\alpha q]^2\beta^2+k[r(1-q)+q]^2}{b(1-q)^2+bq^2}$$

(5-17)

对式(5-17)求导得：

$$\frac{\partial E(w)}{\partial \beta}=-\frac{\rho[b(1-q)^2+bq^2][(1-\alpha)^2(1+2k)\sigma_2^2+\alpha^2(1+2k)\sigma_1^2]}{b(1-q)^2+bq^2}\beta$$

$$-\frac{(1+2k)[(1-\alpha)r(1-q)+\alpha q]^2}{b(1-q)^2+bq^2}\beta$$

$$+\frac{\rho k[b(1-q)^2+bq^2][(1-\alpha)\sigma_2^2+\alpha\sigma_1^2]}{b(1-q)^2+bq^2}$$

$$+\frac{(1+2k)[(1-\alpha)r(1-q)+\alpha q][r(1-q)+q]}{b(1-q)^2+bq^2}$$

(5-18)

再对式(5-18)求导得：

$$\frac{\partial^2 E(w)}{\partial \beta^2}=-\frac{\rho[b(1-q)^2+bq^2][(1-\alpha)^2(1+2k)\sigma_2^2+\alpha^2(1+2k)\sigma_1^2]}{b(1-q)^2+bq^2}$$

$$-\frac{(1+2k)[(1-\alpha)r(1-q)+\alpha q]^2}{b(1-q)^2+bq^2}$$

(5-19)

可知 $\frac{\partial^2 E(w)}{\partial \beta^2}<0$，则目标函数存在最大值，令式(5-18)等于零，可得 β_2 为：

$$\beta_2=\frac{\rho k[b(1-q)^2+bq^2][(1-\alpha)\sigma_2^2+\alpha\sigma_1^2]+(1+2k)[(1-\alpha)r(1-q)+\alpha q][r(1-q)+q]}{(1+2k)\{\rho[b(1-q)^2+bq^2][(1-\alpha)^2\sigma_2^2+\alpha^2\sigma_1^2]+[(1-\alpha)r(1-q)+\alpha q]^2\}}$$

(5-20)

可见,当经理人为纯自利性(即 $k=0$),模型的均衡解与 HM 模型("自利人"模型)的研究结论类同:信息对称时,$\beta_1^* = 0$,$e_1^* = \dfrac{r(1-q)+q}{b(1-q)^2+bq^2}$;信息不对称时,$\beta_2^* = \dfrac{[(1-\alpha)r(1-q)+\alpha q][r(1-q)+q]}{\rho[b(1-q)^2+bq^2][(1-\alpha)^2\sigma_2^2+\alpha^2\sigma_1^2]+[(1-\alpha)r(1-q)+\alpha q]^2}$,

$e_2^* = \dfrac{[(1-\alpha)r(1-q)+\alpha q]\beta}{b(1-q)^2+bq^2}$。

通过对上述均衡结果进行分析,可以发现:

结论1 无论信息是否对称,存在公平偏好的经理人最优剩余分享与努力程度均大于自利性的经理人,股东应给予公平偏好经理人剩余分享,以激励其努力工作,可见,公平偏好改变了经理人薪酬契约的结构形式。

信息对称情况下,当经理人为自利性时,经理人分享比例 $\beta_1^* = 0$,说明股东只需要给予经理人固定薪酬就可以让其努力工作;而当经理人公平心理存在时($k > 0$),则剩余分享比例 $\beta_1 = \dfrac{k[(1-\alpha)\sigma_2^2+\alpha\sigma_1^2]}{(1+2k)[(1-\alpha)^2\sigma_2^2+\alpha^2\sigma_1^2]} > 0$,说明即使经理人的行为都可以被观察,股东也要通过给予经理人一定的剩余分享来让经理人按照预期的目标工作,从而弥补经理人由于公平心理带来的效用损失,并实现对经理人的激励;同样,信息不对称情况下,公平偏好经理人最优剩余分享亦大于自利的经理人的最优剩余分享比例包括信息不对称和公平偏好两方面的激励:

$$\beta_2 = \dfrac{\rho k[b(1-q)^2+bq^2][(1-\alpha)\sigma_2^2+\alpha\sigma_1^2]+(1+2k)[(1-\alpha)r(1-q)+\alpha q][r(1-q)+q]}{(1+2k)\{\rho[b(1-q)^2+bq^2][(1-\alpha)^2\sigma_2^2+\alpha^2\sigma_1^2]+[(1-\alpha)r(1-q)+\alpha q]^2\}}$$

$$= \dfrac{\rho k[b(1-q)^2+bq^2][(1-\alpha)\sigma_2^2+\alpha\sigma_1^2]}{(1+2k)\{\rho[b(1-q)^2+bq^2][(1-\alpha)^2\sigma_2^2+\alpha^2\sigma_1^2]+[(1-\alpha)r(1-q)+\alpha q]^2\}}$$

$$+ \dfrac{[(1-\alpha)r(1-q)+\alpha q][r(1-q)+q]}{\rho[b(1-q)^2+bq^2][(1-\alpha)^2\sigma_2^2+\alpha^2\sigma_1^2]+[(1-\alpha)r(1-q)+\alpha q]^2}$$

$$= \beta_2^* + \dfrac{\rho k[b(1-q)^2+bq^2][(1-\alpha)\sigma_2^2+\alpha\sigma_1^2]}{(1+2k)\{\rho[b(1-q)^2+bq^2][(1-\alpha)^2\sigma_2^2+\alpha^2\sigma_1^2]+[(1-\alpha)r(1-q)+\alpha q]^2\}} > \beta_2^*$$

可见,无论信息是否对称,公平偏好经理人最优剩余分享与努力程度均大于自利性的经理人,股东应给予公平偏好经理人较多的剩余分享,以激励其更加努力工作,因而,公平偏好改变了经理人薪酬契约的结构形式。

结论2 无论信息是否对称,经理人对公平程度越关注,则越期望得到公平性的薪酬。

信息对称情况下,由 $\dfrac{\partial \beta_1}{\partial k} = \dfrac{[(1-\alpha)\sigma_2^2 + \alpha\sigma_1^2]}{(1+2k)^2[(1-\alpha)^2\sigma_2^2 + \alpha^2\sigma_1^2]} > 0$,可知经理人公平偏好程度与最优剩余分享比例正相关;同样,信息不对称情况下,对式(5-20)求导可得:

$$\dfrac{\partial \beta_2}{\partial k} = \dfrac{1}{(1+2k)^2} \times \dfrac{\rho[b(1-q)^2+bq^2][(1-\alpha)\sigma_2^2+\alpha\sigma_1^2]}{\rho[b(1-q)^2+bq^2][(1-\alpha)^2\sigma_2^2+\alpha^2\sigma_1^2]+[(1-\alpha)r(1-q)+\alpha q]^2} > 0$$

可见经理人公平偏好程度与最优剩余分享比例正相关。说明在企业中,如果经理人公平偏好程度越大,则应当给予其较高的剩余分享比例,才能实现经理人的努力程度最优。

结论3 无论信息是否对称,经理人的努力成本系数越大,经理人努力程度越小。

信息对称情况下,由 $\dfrac{\partial e_1}{\partial b} = -\dfrac{(1+k)[r(1-q)+q]}{b^2[(1-q)^2+q^2]} < 0$,可知经理人努力程度与努力成本系数负相关,可见经理人单位努力付出的代价越大,经理人的努力程度越低;同样,信息不对称情况下,对式(5-16)求导可得:

$$\dfrac{\partial e_2}{\partial b} = -\dfrac{(1-\alpha)\beta r(1-q)+\alpha\beta q+k\{[2(1-\alpha)\beta-1]r(1-q)+(2\alpha\beta-1)q\}}{b^2[(1-q)^2+q^2]} < 0$$

可知经理人单位努力付出的代价越大,经理人的努力程度越低。说明经理人的工作积极性和努力程度会受到工作条件和环境的影响,股东可以通过改善经理人的工作环境来提高经理人的工作热情和积极性。

结论4 无论信息是否对称,经理人短期报酬期望大小与折现率相关;

经理人短期报酬期望大小与短期剩余分享比例正相关。

通过对式(5-8)和式(5-15)中经理人确定性等价收入对短期报酬期望 q 求导,使得 $\frac{\partial CE(\varphi)}{\partial q}=0$,可得经理人短期报酬期望 q^* 为:

$$q^* = \frac{(1+2k)\beta[\alpha-(1-\alpha)r]-k(1-r)}{2be} + \frac{1}{2}$$

由此可以看出,经理人短期报酬期望 q 值与折现率 r 相关。通常在实际中,银行利率越低,长期资金的折现率就越低,经理人的短期努力程度就越高,长期努力程度越低;反之亦然。可见在银行利率较低的情况下,经理人为了规避长期业绩的风险,从而会倾向于增强短期努力程度,提高短期业绩,由此会产生短期的博弈行为。同时,通过 $\frac{\partial q^*}{\partial \alpha}=\frac{(1+2k)\beta(1+r)}{2be} \geq 0$ 可知,经理人短期报酬期望 q 值与短期剩余分享比例 α 值正相关。说明经理人如果获得的短期剩余分享比例越大,短期努力程度越高,因此,股东如果想提高经理人短期努力程度,则可以通过增大经理人的短期剩余分享比例来实现。

结论5 信息对称情况下,经理人公平偏好程度越大,经理人最优努力程度越大。

在信息对称情况下,由 $\frac{\partial e_1}{\partial k}=\frac{r(1-q)+q}{b(1-q)^2+bq^2}>0$,可知经理人公平偏好程度与最优努力程度正相关。说明如果经理人公平偏好程度越大,其努力程度越大;而信息不对称情况下,$\frac{\partial e_2}{\partial k}=\frac{[2(1-\alpha)\beta-1]r(1-q)+(2\alpha\beta-1)q}{b(1-q)^2+bq^2}$ 大小不确定,则经理人公平偏好程度与努力程度关系不确定。

结论6 信息不对称情况下,经理人剩余分享比例越大,经理人的努力程度越高。

信息不对称情况下,对式(5-16)求导可得:

$$\frac{\partial e_2}{\partial \beta} = \frac{(1+2k)\left[(1-\alpha)r(1-q)+\alpha q\right]}{b(1-q)^2+bq^2} > 0$$

可见剩余分享比例与经理人努力程度正相关。当 $\beta = 0$ 时，$e_2 = -\frac{k[r(1-q)+q]}{b(1-q)^2+bq^2} < 0$，而经理人努力程度不会小于零，所以经理人努力程度 $e = 0$，说明如果经理人的薪酬与企业剩余分享无关的时候，经理人就会放弃努力，而当 $\beta = 1$ 时，$e_2 = \frac{(1-\alpha)r(1-q)+\alpha q+k\{[2(1-\alpha)-1]r(1-q)+(2\alpha-1)q\}}{b(1-q)^2+bq^2}$ 最大，说明当经理人完全拥有企业剩余索取权时，经理人的努力程度最高。可见，如果想让经理人最大限度地为股东效力，就应当给予经理人合适的剩余分享，这与产权理论的观点一致。

5.4 模型分析

5.4.1 信息对称下的模型算例分析

5.4.1.1 经理人风险偏好对最优剩余分享比例及努力程度的影响

现实中股东和经理人风险偏好是有差异的，导致相应的经理人分享比例及努力程度也存在差异，下面在信息对称情况下，分别对经理人和股东的不同风险偏好对经理人最优剩余分享比例及最优努力程度的影响进行探讨。

由前文可知，$q/1-q$ 表示经理人的风险偏好，当 $0 < q/1-q < 1$（即 $q < 1/2$）时，说明经理人为风险喜好型；当 $q/1-q = 1$（即 $q = 1/2$）时，说明经理人为风险中性型；当 $q/1-q > 1$（即 $q > 1/2$）时，说明经理人为风险厌恶型。即经理人短期努力程度 q 值（$0 < q < 1$）越小，经理人风险偏好程度越大。同理，由前文可知，$\alpha/1-\alpha$ 反映了股东的风险态度，当 $\alpha/1-\alpha < 1$

(即 $\alpha < 1/2$)时,说明股东为风险喜好型;当 $\alpha/1-\alpha=1$(即 $\alpha=1/2$)时,说明股东为风险中性型;当 $\alpha/1-\alpha>1$(即 $\alpha>1/2$)时,说明股东为风险厌恶型。也就是说股东短期努力程度 α 值($0<\alpha<1$)越小,股东风险偏好程度越大。

本书通过构建算例 1 来探究经理人风险偏好对经理人最优剩余分享比例及努力程度的影响。为了方便计算,假设 $k=1$,$\rho=1$,$b=1$,$\alpha_p=0.3$(股东为风险偏好型),$\alpha_z=0.5$(股东为风险中性型),$\alpha_g=0.7$(股东为风险厌恶型),$r=0.6$,$\sigma_1=2$,$\sigma_2=3$,将这些变量代入式(5-13)与式(5-14),得到表 5-1。

表 5-1 经理人风险偏好对最优剩余分享比例及努力程度的影响(信息对称)

序号	q	α_p	β_{1p}	e_{1p}	α_z	β_{1z}	e_{1z}	α_g	β_{1g}	e_{1g}
1	0.9	0.3	0.524109	2.341463	0.5	0.666667	2.341463	0.7	0.661853	2.341463
2	0.8	0.3	0.524109	2.705882	0.5	0.666667	2.705882	0.7	0.661853	2.705882
3	0.7	0.3	0.524109	3.034483	0.5	0.666667	3.034483	0.7	0.661853	3.034483
4	0.6	0.3	0.524109	3.230769	0.5	0.666667	3.230769	0.7	0.661853	3.230769
5	0.5	0.3	0.524109	3.2	0.5	0.666667	3.2	0.7	0.661853	3.2
6	0.4	0.3	0.524109	2.923077	0.5	0.666667	2.923077	0.7	0.661853	2.923077
7	0.3	0.3	0.524109	2.482759	0.5	0.666667	2.482759	0.7	0.661853	2.482759
8	0.2	0.3	0.524109	2	0.5	0.666667	2	0.7	0.661853	2
9	0.1	0.3	0.524109	1.560976	0.5	0.666667	1.560976	0.7	0.661853	1.560976

由表 5-1 可以看出,在信息对称情况下,无论股东为何种风险偏好类型,经理人风险偏好程度 q 值与经理人的最优剩余分享比例 β_1 值无关,而随着经理人风险偏好 q 值的减小(风险偏好程度增强),经理人的最优努力程度 e_1 值呈现先增大后减小的趋势,且当经理人风险偏好 q 值靠近 0.6 时,最

优努力程度 e_1 最大。可见,经理人的风险偏好程度在 0.6 左右时,即经理人为弱风险厌恶型时,其努力程度最大。同时,通过表 5-1 还可以看出,在信息不对称情况下,无论股东为何种风险偏好类型,随着经理人短期努力程度 q 不断减小,股东给予经理人的最优剩余分享比例 β_1 值都不变。也就是说,无论经理人的短期努力程度和长期努力程度如何分配,都不会影响股东给予经理人的最优剩余分配比例。由此得到结论 7。

结论 7 信息对称情况下,在股东风险偏好一定的情况下,经理人最优剩余分享比例与其风险偏好程度及长短期努力程度分配比例无关;经理人最优努力程度随着其风险偏好程度增强呈先增后减趋势,且当经理人为弱风险厌恶型时,经理人的最优努力程度最大。

5.4.1.2 股东风险偏好对最优剩余分享比例及努力程度的影响

为了探究信息对称情况下股东风险偏好对经理人最优剩余分享比例及努力程度的作用,本书构建了算例 2。为了方便计算,假设 $k=1$,$\rho=1$,$b=1$,$q_p=0.3$(经理人为风险偏好型),$q_z=0.5$(经理人为风险中性型),$q_g=0.7$(经理人为风险厌恶型),$r=0.6$,$\sigma_1=2$,$\sigma_2=3$,将这些变量代入式(5-13)与式(5-14),得到表 5-2。

表 5-2 股东风险偏好对最优剩余分享比例及努力程度的影响(信息对称)

序号	α	q_p	β_{1p}	e_{1p}	q_z	β_{1z}	e_{1z}	q_g	β_{1g}	e_{1g}
1	0.9	0.3	0.450450	2.482759	0.5	0.450450	3.2	0.7	0.450450	3.034483
2	0.8	0.3	0.570776	2.482759	0.5	0.570776	3.2	0.7	0.570776	3.034483
3	0.7	0.3	0.661853	2.482759	0.5	0.661853	3.2	0.7	0.661853	3.034483
4	0.6	0.3	0.694444	2.482759	0.5	0.694444	3.2	0.7	0.694444	3.034483
5	0.5	0.3	0.666667	2.482759	0.5	0.666667	3.2	0.7	0.666667	3.034483

续表 5-2

序号	α	q_p	β_{1p}	e_{1p}	q_z	β_{1z}	e_{1z}	q_g	β_{1g}	e_{1g}
6	0.4	0.3	0.601375	2.482759	0.5	0.601375	3.2	0.7	0.601375	3.034483
7	0.3	0.3	0.524109	2.482759	0.5	0.524109	3.2	0.7	0.524109	3.034483
8	0.2	0.3	0.450450	2.482759	0.5	0.450450	3.2	0.7	0.450450	3.034483
9	0.1	0.3	0.386539	2.482759	0.5	0.386539	3.2	0.7	0.386539	3.034483

通过表 5-2 可以看出,信息对称情况下,无论经理人为风险偏好型、风险中性型还是风险厌恶型,当股东风险偏好程度 α 值在不断减小(风险偏好程度不断增强),股东给予经理人的最优剩余分享比例 β_1 值先增大后减小,且当股东的风险偏好值靠近 0.6 时(即股东为弱风险厌恶型),经理人获得的最优剩余分享比例 β_1 值。可见,当股东为弱风险厌恶型时,经理人的最优努力程度最大且获得的最优剩余分享比例最大。而当股东风险偏好程度 α 值在不断减小(风险偏好程度不断增强),经理人的最优努力程度 e_1 值均不变。同时,通过表 5-2 还可以看出,无论经理人为何种风险偏好类型,当经理人短期分享比例 α 值不断减小时,经理人最优努力程度 e_1 值均不变。说明经理人的最优努力程度不受其得到的长短期薪酬激励分配比例的影响。由此得到结论 8。

结论 8 信息对称情况下,在经理人风险偏好一定情况下,经理人最优努力程度与股东风险偏好程度及获得的长短期薪酬激励分配比例无关;随着股东风险偏好程度的增强,股东给经理人的剩余分享比例呈先增后减的趋势,且当股东为弱风险厌恶型时,经理人获得的最优剩余分享比例最大。

5.4.2 信息不对称下的模型算例分析

5.4.2.1 经理人公平偏好对最优剩余分享比例及努力程度的影响

为了探究信息不对称情况下经理人公平偏好对最优剩余分享比例及努

力程度的影响,本书构建了算例3,为方便计算,对其他变量进行了赋值,假设 $\rho=1, b=1, q=0.6, \alpha=0.6, r=0.6, \sigma_1=2, \sigma_2=3$,将这些变量代入式(5-16)与式(5-20),得到表5-3。

表5-3 经理人公平偏好对最优剩余分享比例及努力程度的影响(信息不对称)

序号	k	β_2	e_2
1	0	0.177404	0.131006
2	0.2	0.448346	0.171213
3	0.4	0.598869	0.21142
4	0.8	0.760971	0.291834
5	1	0.809602	0.332041
6	1.2	0.84679	0.372247
7	1.4	0.876149	0.412454
8	1.6	0.899916	0.452661
9	1.8	0.919549	0.492868
10	2	0.936041	0.533075
⋮	⋮	⋮	⋮

通过表5-3可以看出在信息不对称情况下,令其他变量不变,随着公平偏好 k 值的增大,股东给予经理人的最优剩余分享比例 β_2 值以及经理人的最优努力程度 e_2 值均在不断增大。由此得到结论9。

结论9 信息不对称情况下,在股东和经理人风险偏好一定的情况下,随着经理人公平偏好程度的增强,经理人最优剩余分享比例及努力程度均在不断增大。

5.4.2.2 经理人风险偏好对最优剩余分享比例及努力程度的影响

同理,本书通过构建算例4来探究信息不对称下经理人风险偏好对经理人最优剩余分享比例及努力程度的影响。为了方便计算,假设 $k=1, \rho=1$,

$b=1, \alpha_p=0.3$(股东为风险偏好型), $\alpha_z=0.5$(股东为风险中性型), $\alpha_g=0.7$(股东为风险厌恶型), $r=0.6, \sigma_1=2, \sigma_2=3$, 将这些变量代入式(5-16)与式(5-20), 得到表5-4。

表5-4 经理人风险偏好对最优剩余分享比例及努力程度的影响(信息不对称)

序号	q	α_p	β_{2p}	e_{2p}	α_z	β_{2z}	e_{2z}	α_g	β_{2g}	e_{2g}
1	0.9	0.3	0.586099	0.00	0.5	0.772766	0.186321	0.7	0.789734	0.701515
2	0.8	0.3	0.596695	0.00	0.5	0.783174	0.236441	0.7	0.801757	0.755208
3	0.7	0.3	0.606245	0.00	0.5	0.790853	0.282631	0.7	0.810525	0.763409
4	0.6	0.3	0.612077	0.00	0.5	0.792685	0.305351	0.7	0.812269	0.69021
5	0.5	0.3	0.611628	0.00	0.5	0.786181	0.286835	0.7	0.803666	0.521677
6	0.4	0.3	0.604372	0.00	0.5	0.771624	0.230098	0.7	0.784574	0.2947
7	0.3	0.3	0.592466	0.00462	0.5	0.752441	0.159717	0.7	0.759091	0.077868
8	0.2	0.3	0.579129	0.011773	0.5	0.732943	0.099415	0.7	0.732993	0.00816
9	0.1	0.3	0.566748	0.065487	0.5	0.716003	0.05776	0.7	0.710389	0.00052

由表5-4可以看出,在信息不对称情况下,无论股东为何种风险偏好类型,随着经理人的风险偏好程度增强,股东给予经理人的最优剩余分享比例都是先增大后减小,且当经理人风险偏好q值靠近0.6时,最优剩余分享比例最大。可见,经理人的风险偏好程度q值在0.6左右时,即经理人为弱风险厌恶型时,获得的最优剩余分享比例最大。此外,从表中还可以看出,当股东风险偏好q值为0.3(风险偏好型),经理人风险偏好q值大于0.3时,经理人努力程度为零,可见,当股东为风险偏好型时,只有经理人为强风险偏好型,经理人才会努力工作;而当股东风险偏好q值为0.5(风险中性型)或0.7(风险厌恶型)时,经理人最优努力程度e_2值先增大后减小,且e_2值分别在q值为0.6、0.7时最大,也就是说当股东为风险中性型或风险厌恶型,

经理人为弱风险厌恶型时,经理人最优努力程度最大。由此得到结论10。

结论10 信息不对称情况下,当股东风险偏好一定,随着经理人风险偏好程度的增强,股东给予经理人的最优剩余分享比例呈先增后减趋势,且当经理人为弱风险厌恶型时,股东给予经理人的最优剩余分享比例最大;当股东为风险偏好型时,只有经理人为强风险偏好型情况下,经理人最优努力程度才存在;当股东为风险中性型及风险厌恶型,经理人最优努力程度均先增大后减小,且当经理人为弱风险厌恶型时,经理人的最优努力程度最大。

通过表5-4还可以看出,在信息不对称情况下,无论股东为何种风险偏好类型,随着经理人短期努力程度q不断减小,股东给予经理人的最优剩余分享比例β_2值都是先增后减,且当经理人短期努力分配比例q接近0.6时,最优剩余分享比例β_2值最大。也就是说,当经理人短期努力程度略高于长期努力时,股东给予经理人的最优剩余分配比例最大。由此得到结论11。

结论11 信息不对称情况下,当股东风险偏好一定,随着经理人短期努力程度的不断减小,股东给予经理人的剩余分享比例呈先增后减趋势,且当经理人短期努力分配比例略高于长期努力时,获得的最优剩余分享比例最多。

5.4.2.3 股东风险偏好对最优剩余分享比例及努力程度的影响

为了探究信息不对称情况下的股东风险偏好对经理人最优剩余分享比例及努力程度的作用,本书构建了算例5。为了方便计算,假设$k=1, \rho=1, b=1, q_p=0.3$(经理人为风险偏好型),$q_z=0.5$(经理人为风险中性型),$q_g=0.7$(经理人为风险厌恶型),$r=0.6, \sigma_1=2, \sigma_2=3$,将这些变量代入式(5-16)与式(5-20),得到表5-5。

通过表5-5可以看出,在信息不对称情况下,无论经理人为风险偏好型、风险中性型还是风险厌恶型,当股东风险偏好程度不断增强,股东给予经理人的最优剩余分享比例β_2值及经理人的最优努力程度e_2值均先增大后减小,且当股东的风险偏好 α 值靠近 0.6 或 0.7 时(即股东为弱风险厌恶型),经理人获得的最优剩余分享比例 β_2 值及经理人的最优努力程度 e_2 值最大。可见,当股东为弱风险厌恶型时,经理人的最优努力程度最大且获得的最优剩余分享比例最大。由此得到结论 12。

表 5-5 股东风险偏好对最优剩余分享比例及努力程度的影响(信息不对称)

序号	α	q_p	β_{2p}	e_{2p}	q_z	β_{2z}	e_{2z}	q_g	β_{2g}	e_{2g}
1	0.9	0.3	0.539565	0.03706	0.5	0.598291	0.123077	0.7	0.612528	0.535784
2	0.8	0.3	0.667165	0.1233	0.5	0.718673	0.383537	0.7	0.727809	0.726418
3	0.7	0.3	0.759091	0.177868	0.5	0.803666	0.521677	0.7	0.810525	0.763409
4	0.6	0.3	0.787361	0.27587	0.5	0.826528	0.482851	0.7	0.832936	0.602437
5	0.5	0.3	0.752441	0.159717	0.5	0.786181	0.286835	0.7	0.790853	0.282631
6	0.4	0.3	0.67866	0.064457	0.5	0.705559	0.008674	0.7	0.705878	0.10062
7	0.3	0.3	0.592466	0.00	0.5	0.611628	0.00	0.7	0.606245	0.00
8	0.2	0.3	0.510188	0.00	0.5	0.521958	0.00	0.7	0.511228	0.00
9	0.1	0.3	0.438468	0.00	0.5	0.443984	0.00	0.7	0.429128	0.00

结论 12 信息不对称情况下,当经理人风险偏好一定,随着股东风险偏好程度的增强,股东给经理人的剩余分享比例以及经理人最优努力程度均呈先增后减的趋势,且当股东为弱风险厌恶型时,经理人获得的最优剩余分享比例以及经理人最优努力程度最大。

通过表 5-5 还可以看出,在信息不对称情况下,无论经理人为风险偏好型、风险中性型还是风险厌恶型,当经理人短期分享比例 α 值不断减小时,经理人最优努力程度 e_2 值先增大后减小。当经理人为风险偏好型时,股东给予经理人的短期分享比例 α 值接近 0.6 时,经理人最优努力程度 e_2 值最大;当经理人为风险中性型和风险厌恶型时,股东给予经理人的短期分享比

例 α 值接近 0.7 时,经理人最优努力程度 e_2 值最大,可见,当股东给予经理人的短期剩余分享略多于长期分享时,经理人的最优努力程度最大。此外,由表 5-5 可以看出,当经理人短期剩余分享比例 α 在 0.3 以下时,经理人努力程度为零,也就是说如果只有长期的薪酬激励,经理人的工作积极性是负向的。可见长短期业绩相结合来设计经理人的薪酬是有必要的,可以提高经理人的工作努力程度。由此得到结论 13。

结论 13 信息不对称情况下,当经理人风险偏好一定,随着股东给予经理人的短期剩余分享比例的减小,经理人最优努力程度呈现先增后减的趋势,且当股东给予经理人的短期剩余分享略高于长期剩余分享时,经理人的努力程度最大。

5.5 本章小结

本章通过对 FS 模型进行改进,以价值创造为业绩标准,将长短期业绩相结合来构建纵向公平偏好下经理人激励模型,获得的经理人激励契约均衡解发生了变化,得到的研究结论更逼近实际。研究发现:(1)无论信息是否对称,理性经理人的最优剩余分享与努力程度均比公平偏好经理人小,股东应给予公平偏好经理人剩余分享,以激励其努力工作;且经理人对公平程度越关注,越期望得到公平性的薪酬,可见,公平偏好改变了经理人薪酬契约的结构形式。(2)无论信息是否对称,经理人的努力成本系数越大,经理人努力程度越小。(3)无论信息是否对称,经理人短期报酬期望大小与折现率相关,与短期剩余分享比例正相关。(4)信息对称情况下,在股东风险偏好一定的情况下,经理人最优剩余分享比例与其风险偏好程度及长短期努力程度分配比例无关;经理人最优努力程度随着其风险偏好程度增强呈先增后减趋势,且当经理人为弱风险厌恶型时,经理人的最优努力程度最大。

(5)信息对称情况下,在经理人风险偏好一定情况下,随着股东风险偏好程度的增强,股东给经理人的剩余分享比例呈先增后减的趋势,且当股东为弱风险厌恶型时,经理人获得的最优剩余分享比例最大;经理人最优努力程度与股东风险偏好程度及获得的长短期薪酬激励分配比例无关。(6)信息不对称情况下,经理人公平偏好强度越大,其努力程度越高,剩余分享比例越大。(7)信息不对称情况下,在股东风险偏好一定时,随着经理人的风险偏好程度增强,股东给经理人的最优剩余分享比例呈先增后减趋势,且当经理人为弱风险厌恶型时,股东给予经理人的最优剩余分享比例最大;同时,随着经理人短期努力程度的不断减小,股东给予经理人的剩余分享比例呈先增后减趋势,且当经理人短期努力分配比例略高于长期努力时,获得的最优剩余分享比例最多。(8)信息不对称情况下,当股东为风险偏好型时,只有经理人为强风险偏好型情况下,经理人最优努力程度才存在。(9)信息不对称情况下,当股东为风险中性型及风险厌恶型时,经理人最优努力程度呈先增后减的趋势,且当经理人为弱风险厌恶型时,经理人的最优努力程度最大。(10)信息不对称情况下,在经理人风险偏好一定时,随着股东风险偏好程度的增强,股东给经理人的剩余分享比例以及经理人最优努力程度均呈先增后减的趋势,且当股东为弱风险厌恶型时,经理人获得的最优剩余分享比例以及经理人最优努力程度最大;同时,随着股东给予经理人的短期剩余分享比例的减小,经理人最优努力程度呈现先增后减的趋势,且当股东给予经理人的短期剩余分享略高于长期剩余分享时,经理人的努力程度最大。

6 公平偏好下的经理人薪酬契约实验研究

在上述构建基于公平偏好理论的激励模型中,都有一个重要假设,即不公平的收入分配结果会使得经理人产生嫉妒、同情等心理,在这些负面的心理情绪下,经理人往往会通过采取怠工等行为来回报股东,这就会使得企业的薪酬激励效率低下,业绩下滑等。也就是说经理人薪酬水平是用以衡量经理人薪酬的相对量,经理人不但注重绝对薪酬,更注重相对薪酬,即薪酬水平的高低。关注相对薪酬是经理人公平偏好的外在表现形式之一,经理人总是希望自己的付出能够得到对等的收入,这样的薪酬才是公平的,能够满足经理人的心理预期,从而保证经理人继续对企业投入相同的努力程度。但是,如果经理人认为自己的付出大于所得,即薪酬水平偏低,经理人会感觉到不公平,在这种情况下经理人很有可能通过其他途径的收益来弥补这部分的不公平感,或者经理人会采取降低自己的努力程度使得付出与收入对等,那么损害股东利益满足个人利益的管理防御行为就会随之发生;相反,如果经理人认为自己的付出小于所得,即薪酬水平偏高,经理人同样会感受到不公平,但对于这种不公平感,经理人不但不排斥反而期望能够继续存在,从而促使经理人迫切需要维护产生这种不公平感的职位稳定,产生强烈固守职位的管理防御动机。可见,无论经理人薪酬水平是偏高还是偏低,当它无法满足经理人的公平偏好时,都会导致经理管理防御行为的出现。因此,本章将经理人在薪酬不公平下产生的管理防御行为作为经理人不努力工作的一种工作表现,通过对经理人薪酬公平程度与管理防御行为的关系进行分析,探讨经理人在公平偏好下的薪酬契约,来验证前文数理建模分析得到的公平偏好会改变经理人薪酬契约结构形式这一结论。

在企业中,经理人的公平偏好是深层次的心理活动,由此引起的行为动机都是不可直接观察和测量的,同时,经理人也会出于各种因素而不愿意表达自己的真实想法,甚至一些行为动机是自为而不自知的,加之这些信息数据都无法从企业的财务报表等资料中获取,因此,运用实验研究方法来探究基于公平偏好的经理人薪酬契约具有较强的解释力。

6.1 理论基础

6.1.1 实验研究在个人选择行为理论中的应用

运用数理模型构建一个经理人激励契约的理论模型是远远不够的,因为这些理论分析均是以行为人是理性为前提的,而现实中行为人总是有限理性的,他们在经济环境中采取的行为并非总按照理论分析来进行,也就是说理论分析并不能获得契合实际的答案,这就需要通过实验研究的方法来探究行为人在实际环境中的真正行为。尤其是在以个体为研究对象的行为经济学研究领域,实验研究方法发挥着非常重要的作用。这让学者们在实验室内研究个体经济行为成为可能,将博弈理论付诸实践中,更显得真实、社会化和人性化。

自2002年"实验经济学之父"弗农·史密斯获得了诺贝尔经济学奖,标志着实验研究作为经济学的一种新研究方法得到了学术界认同。其主要贡献是形成了一套实验研究方法,设计了经济学实验研究的可靠标准,并利用实验展示了市场交易制度的重要性,为实验经济学奠定了基础。在这之后,实验研究方法作为经济学的一种新的研究方法在经济学研究领域中被广泛应用,实验分析也成为经济学中一种重要的研究方法。

实验经济学是以现实中的人为研究对象,通过设计与现实逼近的、可控的实验经济环境来让行为人进行经济行为的选择,继而探究个体经济行为是否与理论分析结果相一致,并通过改变实验环境中的各因素来分析其对经济行为的影响。可见,经济学实验研究可以直接对已有经济理论的准确性进行验证,并由此引发对经济理论的再思考,还能根据实验获得的数据对其他经济因素和个体行为进行分析。到目前为止,实验研究经过发展和改进已经逐渐形成了一套严格的实验标准和规范,为实验研究方法在比较、检验和完善经济理论和经济政策方面发挥着至关重要的作用。公平偏好作为行为人内心深层次的心理活动,在这种动机下产生的行为属于个人选择理论的研究范围,所以,运用实验研究方法来验证经理人公平偏好下的薪酬契约是完全可行的。

6.1.2 实验研究的基本准则

实验研究方法要实现其科学性必须按照一定的基本原则来进行设计,且实验研究方法中的重点和难点就是其重复性和可控制性。其中,可重复性是指实验操作者可以进行重复多次的实验来获得实验数据,还包括其他学者在该环境下可进行重复的实验来获得可信的结果;可控制性是指在实验进行中,实验操作者可以控制和改变实验中的各种条件和影响因素来获得研究所需要的实验数据,继而比较和检验各种相关理论。为了有助于可重复性和可控制性的实现,在实验设计中必须按照一定的准则来进行设计,具体的实验研究准则如下所示。

6.1.2.1 实验研究标准化

实验标准化就要求组织者在设计实验时有标准的实验程序,具体包括:实验地点及日期、参与者的筛选方法及数量、实验指导语、实验报酬支付原则、实验的持续时间等,同时,研究要明确参与者是否参与过与即将进行的实验类似的实验,当一些实验需要参与者无记忆,那么就要筛选掉不符合标准的参与者。

6.1.2.2 实验指导语中语言的无偏化

实验指导语包括对实验目的详细介绍,对实验参与者拥有的信息和资本以及他们的行为和选择进行明确介绍,还有对实验参与者报酬的规定,一般参与者报酬是其行为的函数。在编写实验指导语时一定要注意实验指导语要准确、清晰且易于理解,同时不能出现有歧义的词语,以防给实验参与者带来误导,影响实验结果。

6.1.2.3 实验环境与现实的一致性

实验研究主要是设计与现实相比拟的环境来研究一些科学问题,那么要使得实验研究结论更具实际意义,就需要在设计实验时要尽量使实验环境与现实相一致,但是这并不容易实现。与现实相比,一般的实验环境大多比较简单,但这样的实验环境并不是完全无效的,如经济学家Plott所言,"很显然,实验室的经济环境比现实经济环境简单,而实验中是真实的人在真实规制下所作出的真实行为"。可见,实验研究具有科学性和实用性,但是前提要尽可能保证实验环境与现实环境一致。

6.1.2.4 实验报酬设计的合理性

实验中报酬设计主要包括现金支付、课程分数承诺及登记时支付准时的资金三种,大多数情况下实验报酬用现金支付给实验参与者,支付金额与其决策行为相关,这样能对参与者有更为直观的激励,从而督促实验参与者积极参与实验。在确定支付金额时,给予参与者的报酬不能低于参与者付出的成本,同时,可以通过让拿了报酬的参与者回答"以后是否愿意再参加这类实验"来判断实验报酬的合理程度,如果80%~90%的参与者做出肯定回答,说明实验报酬合理。此外,还要注意,在实验指导书中要明确实验报酬的计算方法和支付形式,且给予每位参与者的实验报酬要保密,以防由此引发参与者的不公平情绪,继而影响实验结果。

6.2 理论前提与研究假设

6.2.1 理论前提

早期学者大多基于经理人的决策行为是以股东利益最大化为目标来研究企业的代理问题,当委托代理理论出现之后,多数研究表明经理人的决策行为更易受到个人目标和偏好的影响。经理人离职后转换工作成本的存在以及职位相关控制权损失的不可弥补性导致了经理人有很强的动机来固守职位。因此,为了激励和约束经理人的这种防御行为,应当更多地从经理人产生这种动机的心理方面来设计薪酬激励契约。

近几十年来,大量的实证和实验研究发现,个体具有公平偏好性,经济学家 Akerlof & Yellen 表明,薪酬制定最关键的因素是要考虑职员的公平偏好心理[118]。Bewley[119]和 Campbell[201]研究发现员工的公平偏好对公司劳动契约的设计有巨大影响。可见,在企业中,经理人公平偏好是存在的,对其的行为决策影响也是存在的。在此基础上,国内学者刘瑞禹和秦华(2015)[18]通过在委托代理模型中引入公平的因素,发现代理人横向公平偏好下的薪酬契约在企业的机制构成和实践中都有很好的效果,可以降低委托代理成本。傅强和朱浩(2014)[19]的研究兼顾代理人横向和纵向公平偏好,对单边维度公平偏好的委托代理模型进行完善,发现随着代理人公平偏好加强,其会提升能力水平,继而降低了代理成本。可见,基于公平偏好理论设计的经理人薪酬激励模型会优化委托代理合作关系。同时,经理人都是以薪酬作为公平的外在感应[19],因此,经理人通过薪酬水平来判定公平程度。此外,由于公司是由经理人来运营的,那么关于股东的收益,经理人是知晓的,并且在经理人市场上,经理人的薪资水平也是一个比较明确的信息。由此,书中假定经理人对股东收益以及经理人市场的薪酬水平是可知的。

6.2.2 研究假设

依据前文的理论分析可知,经理人是具有公平偏好的。当经理人薪酬低于股东收益或者经理人市场薪酬时,由于不公平的存在(嫉妒偏好的存在),拥有企业实际控制权的经理人就会有很强的动机来维护自身利益,继而寻求机会采取扩大"灰色收入"、提高权力和地位等自利的防御行为,进而损害股东的利益[202]。当经理人薪酬与股东收益或者经理人市场薪酬差距越大时,这种防御动机更强烈;当经理人薪酬高于股东收益或者经理人市场薪酬,但薪酬差距不大时,由于经理人出于同情心理情况,就会因为讨厌自己比他人薪酬高而产生不满,产生人际间负面的情绪,不能积极努力工作;而当经理人出于自豪偏好心理时,就会因为自己薪酬比股东收益或其他经理人薪酬高而产生自豪感,这在一定程度上可以约束经理人的"败德行为",并引导经理人尽力从股东利益出发来选择管理决策,提高管理效率。此时,出于同情心理和自豪心理的存在,经理人的防御动机不太明确。但是,随着经理人薪酬不断增加,经理人的工作转换成本不断增大,出于维护自身职位安全的考虑,经理人会通过扩大企业规模、敲竹杠投资等防御行为来提高企业对其的依赖性,继而保障自己职业的安全。由于当经理人被撤换,不仅仅是高额薪酬的损失,还会对自身的职业声誉及社会地位产生极大负面影响,这会加剧其短期重新就业的风险,因此,一旦有条件,经理人就会采取对自身有利的决策来降低被解雇的风险,以此来固守职位[203]。可见,当经理人

薪酬与股东收益或者经理人市场薪酬差距越大时,经理人防御程度越高。由此提出以下假设:

H1:当经理人得到公司的公平待遇时,经理管理防御的动机减弱。

H1a:经理人薪酬越接近股东收益时,经理管理防御程度越低。

H1b:经理人薪酬越接近经理人市场薪酬时,经理管理防御程度越低。

在经理管理防御影响因素中,有研究表明经理人能力对经理管理防御行为影响很大。因此,本书将经理人的能力作为研究变量。许多学者先后对能力的定义进行了介绍,其中,具有代表性的学者 McClelland 认为能力反映的是与工作绩效或生活中其他重要成果直接相似或相联系的技能、知识、能力和特质[204]。由于随着经理人能力的增高,其更看重自我追求价值的实现,并且更在乎内心的感受,更看重企业对自己的信任和公平态度。社会比较理论表明,行为人希望自身能力被正确评价[205]。由于经理人与股东的信任通常并不对称,因此当高能力经理人薪酬与股东收益或其他经理人薪酬相比不公平时,他们的努力没有得到相应的补偿,就会认为是对自身能力的一种否定,经理人会改变其管理行为,一方面会采取消极的管理行为来报复企业,另一方面会利用控制权来获取私利的防御行为来维护自身权益,这都会降低企业价值[206]。特别是,当经理人能力较强时,其投机能力也就越强,对公司的操控能力就越强,在很大程度上为经理人实施管理防御行为提供了更广的空间,更容易利用手中的权力来谋取私利,继而平衡由薪酬不公平性带来的负效用,这将大大影响了企业的发展和股东的收益。可见,当经理人在感受到公司的不公平对待时,高能力经理人更为敏感,且防御动机越强。由此提出以下假设:

H2:经理人能力越高,薪酬公平的敏感度越高。

H2a:当经理人薪酬与股东收益不公平时,高能力经理人的防御程度比低能力经理人的防御程度高。

H2b：当经理人薪酬与经理人市场薪酬不公平时，高能力经理人的防御程度比低能力经理人的防御程度更高。

6.3 实验设计

6.3.1 实验的基本流程

实验的基本流程如图6-1所示。

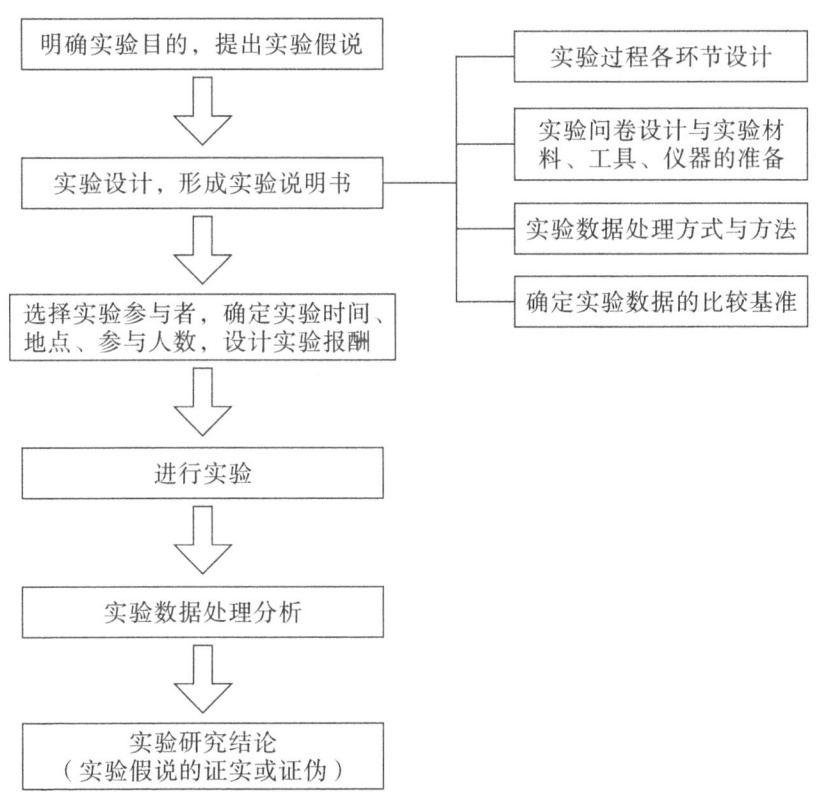

图6-1 实验的基本流程

6.3.2 实验方法与实验问卷的设计

实验研究的目的是分析经理人公平偏好心理对经理管理防御行为的影响。由于经理人的公平偏好与管理防御动机的不易观测性,本章利用实验方法,检验了经理人的公平偏好对其管理防御行为动机作用的大小,以便从公平性偏好视角来设计一个激励与约束经理管理防御行为动机的方法,降低企业代理成本。

实验是以情景模拟的方式来进行的,通过发放实验问卷来获得被试者的公平偏好程度以及经理管理防御程度的研究数据。实验主要分为两个阶段:首先,给被试者发放实验问卷来对被试者进行分类;然后,给被试者提供与现实相似的情景环境,让被试者作为该企业的总经理来回答第二部分的实验问卷,来探讨公平心理经理人行为的影响,以及如何降低经理人的防御行为动机。书中被解释变量为经理管理防御指数(MEI),数据的获取为经理管理防御程度测量问卷的得分,解释变量为经理人的公平偏好程度,以经理人的薪酬(SAL)作为公平的外在感应。以此来探究经理人薪酬与股东收益公平对经理管理防御的影响,以及经理人与其他经理人之间薪酬公平对经理管理防御的影响。

借鉴 Fowler[207]编著的调查问卷设计和评估步骤,本实验问卷设计主要分三个步骤来进行。首先,通过查阅文献、征求专家意见来确定实验问卷的问题;其次,对实验问卷的信度和效度进行评估;最后,选取一些被试者进行实验测试,使其更为科学。

实验问卷包括两部分:第一部分是经理人自身特征调查问卷。参考学者李秉祥基于管理防御的企业投资短视行为的实验研究[208],在这部分问卷中共设计了 19 个问题,其中,前 7 个问题是对经理人基本情况的调查,其余的 12 个问题是对经理人能力的测度,每个问题都有四个选项,并且不同的选项给予不同的分值,按照顺序,分值是 9、6、3、0,当被试者得分越低,说明其能力越高。第二部分是经理管理防御程度调查问卷。在企业中,经理人的防御行为主要体现在财务决策方面,因此,经理管理防御程度调查问卷以学者袁春生以及白建军探究经理管理防御下的公司财务政策选择得到的结论为依据[209,210],通过征求专家意见来确定实验问卷的问题和分值,接着对实验问卷的信度和效度进行评估,通过选取一些会计专业的学生进行预实验,对实验问卷进行调整和修订,最后确定经理管理防御程度的测量问卷,问卷设计了 20 道问题,其中 18 道问题有两个选项,每个选项给予不同的分值,依次记为 6、0,两个问题有三个选项,每个选项的分值依序记为 6、3、0,当被试者的分数越高,则其管理防御程度越高,由此来判断经理人是否有防御动机,以及防御程度强弱。

6.3.3 被试者

根据研究目的,实验的被试者选取的是某高校的 EMBA 学员,均学习过投资、融资和战略管理等方面的课程,同时他们大都是来自企业的高级管理层,具备丰富的高层管理时间经验,且 EMBA 学员在心理、学历以及工作经验上都与现实中的经理人比较相近,增强了实验的科学性和有效性①。

6.3.4 实验过程与控制

实验是在 EMBA 学员课程开始前,地点选在教室,满足可重复性的要求。同时,为了保证实验参与者在放松的、正常的状态下来进行实验,实验

---

① 由于实验被试者如果是私营企业的总经理,则其不存在管理防御动机和行为,实验首先排除了被试者中在私有企业工作的总经理。同时,由于企业中级管理岗位以下的学员和政府任职背景的学员不符合或不具备本次实验所认定的企业管理决策权,剔除了企业处于普通管理岗位或其他岗位的学员和政府工作的学员。

之前未通知实验的参与者,这满足了实验环境的仿真性要求。

实验过程由1名主持人和2名辅助人员共同完成,实验的具体操作过程分三个步骤:首先是实验讲解部分。这部分主要是让被试者对实验目的、实验说明书的具体内容和注意事项等进行全面的了解,并且要求被试者保证不会对本次实验的相关内容对外散播。其中,为了确保被试者能全力以赴地参与实验,采用了Selten等[211]的课程成绩激励方法对其进行激励,把本次实验作为他们课程成绩的一个重要部分,他们的表现将直接与该课程的成绩直接挂钩。其次是实验学习部分。在实验正式开始前,先对实验的操作规则和过程进行讲解,然后通过测试题来对被试进行简单的实验测试,来检测被试对实验的理解程度,并针对测试结果来对被试者存有的疑惑和不解进行详细的解释,在回答过程中采用客观性的语言,以防给被试者带来错误的导向,影响实验的效果。最后是正式实验部分。在实验开始前,会给每个被试者一个不同的ID号,这个ID号只有被试者本人和组织者知晓。每场实验都将被试者分为三组来进行,即实验组1、实验组2和对照组。先进行能力问卷测试,之后给予每个被试者一个薪酬卡片,上面有具体的金额(给被试者的卡片中,其中有三分之一被试者拿到的卡片上薪酬高于经理人市场薪酬或股东收益,此为实验组1;有三分之一的被试者拿到卡片上薪酬低于经理人市场薪酬或股东收益,此为实验组2;有三分之一被试者抽到的卡片上薪酬为空白,规定其薪酬与股东收益或者经理人市场薪酬相当,即为对照组),同时也公布了当下股东收益水平与市场上经理人的平均薪酬水平(即高能力股东收益水平与市场上经理人的平均薪酬水平均假定为5万,低能力股东收益水平与市场上经理人的平均薪酬水平均假定为2万),随后开始进行实验。被试者要独立回答问卷,不能商量。在实验结束后,组织者得先将问卷收集起来并且感谢被试者的参与,组织者还要通过问卷的形式来对被试者进行询问,即"如果再组织此类实验,您是否还愿意参与?",其中第一场的被试者有 135 位(占比 96.43%)回答"愿意",第二场的被试者有 128 位(占比 95.52%)回答"愿意",可见在实验中被试者的回答是有效的。然后组织者根据被试者的问答情况给予相应的奖励。

6.4 实验数据统计

6.4.1 实验问卷的信度和效度检验

信度(reliability)描述了实验问卷测量结果的一致性、可靠性和稳定性,即测试结果有无反映参与者稳定性及一贯性的特性。信度系数是测试分数的真变异数和总变异数(实得变异数)的比率。即:

$$r_{xx} = \frac{S_T^2}{S_X^2}$$

或

$$r_{xx} = 1 - \frac{S_E^2}{S_X^2}$$

本实验的测试问卷信度分析采用克伦巴赫(Cronbach's alpha)信度系数来测试问卷中各题的内部一致性。其公式为:

$$\alpha = \frac{K}{K-1}\left(1 - \frac{\sum S_i^2}{S_X^2}\right)$$

其中,K 为实验问卷的数目,S_i^2 为某个测试题目分数的变异数,S_X^2 为测试题总分的变异数。

运用 SPSS17.0 对经理人能力和管理防御程度两个实验问卷的各题目的信度系数测量计算结果如表 6-1 和表 6-2 所示。

通常克伦巴赫可信度系数越高,则实验问卷的测试结果信度越高。Alpha 的取值范围在 (0,1) 之间,一般 Alpha 的值大于等于 0.9 时,说明实验问卷特别可信；Alpha 值在[0.7,0.9)之间时，说明实验问卷很可信；Alpha 值在[0.5,0.7)之间时，说明实验问卷可信度较高；Ahpha 值在[0.4,0.5)之间时，说明实验问卷可信；Ahpha 值在[0.3,0.4)之间时，说明实验问卷勉强可信；Alpha 值小于 0.3 时，说明实验问卷不可信。由表 6-1 和表 6-2 可以看出，问卷涉及的两个可信度因子（Reliability Coefficients）的 α 系数均大于 0.7，可见，本次实验的经理人能力和管理防御程度问卷都是可信的。

表6-1 能力的 EFA 和信度分析

因子	问卷项目		因素负荷	α 系数
	编号	内容概述		
能力	T1	任职期间执行的项目个数	0.806	0.729
	T2	项目的平均成功率	0.723	
	T3	项目的平均收益率	0.814	
	T4	新项目平均收益占比	0.698	
	T5	人才培养情况	0.752	
	T6	主营业务利润平均增长幅度	0.644	
	T7	销售目标平均完成率	0.806	
	T8	客户平均开发率	0.634	
	T9	客户平均维持率	0.703	
	T10	员工的平均离职率	0.711	
	T11	创新、提高工作效率和改进方法	0.727	
	T12	及时发现并解决问题	0.735	
解释方差			63.427%	
KMO 值			0.884	
Bartlett 检验	Approx. Chi-Square		4305.314	
	df		41	
	Sig.		0.000	

6 公平偏好下的经理人薪酬契约实验研究

表6-2 经理管理防御的EFA和信度分析

因子	问卷项目		因素负荷	α系数
	编号	内容概述		
经理管理防御程度	1	企业投资机会不多、尚有负债额度可用时融资方式	0.733	0.734
	2	投资获利机会较多且发生财务困难概率低时融资方式	0.635	
	3	拥有股权多,被解雇威胁低,利润分享多时融资方式	0.732	
	4	工作转换成本低时融资方式	0.726	
	5	能力高且投资机会多时融资方式	0.814	
	6	企业负债水平低且受内部监督较强时融资方式	0.723	
	7	企业没有好投资机会,对企业产生现金流的分配方式	0.716	
	8	人力资本不专业且长期净现金流量高时的项目选择	0.826	
	9	人力资本专业,能力强且短期净现金流量高时的项目选择	0.698	
	10	多元化投资对企业利益不大时的投资选择	0.741	
	11	项目建设周期长,投入较多但已出现亏损后的选择	0.733	
	12	企业存在被收购威胁时的私下协议股票回购选择	0.764	
	13	降低收购威胁而对高溢价的选择	0.721	
	14	持有的公司股份不多时的股利政策选择	0.712	
	15	持股比例达到30%以上时的股利选择	0.725	
	16	防止被收购的股份比例增大决策	0.863	
	17	面临敌意接管时的自愿举债选择	0.782	
	18	避免公司敌意接管和破产的可转换债券设计选择	0.655	
	19	公司规模扩大增加薪酬后的决策	0.647	
	20	公司经营业绩不良时的决策	0.734	
解释方差			67.158%	
KMO值			0.94.602	
Bartlett检验		Approx. Chi-Square	3714.514	
		df	41	
		Sig.	0.000	

效度(validity)反映的是测试问卷的有效性,也就是说实验问卷的测试

分数能反映所要测量特性的程度,或者是测量的结果达到实验测量目的的程度。本实验问卷的效度分析主要为了测量问卷的理论结构效度(Construct Validity),变量结构效度是衡量某个指标刻画所测量结构变量的程度。

本实验使用的是探索性因子分析(exploratory factor analysis,简称 EFA)来检验测试问卷的有效性。在进行探索性因子分析前,要先对实验问卷的使用条件进行检验。运用取样适当性指标(KMO)和巴利特(Bartlett)球形检验对实验问卷进行分析。KMO 越大说明变量间的相关性越大,就越适合用因子分析方法,而当 KOM 值小于 0.5 时因子分析方法就不适用。同时,Bartlett 球形值的显著性分析也是判断实验问卷是否可以用因子分析方法分析的一个条件。从表 6-1 和表 6-2 的分析结果可以看出,经理人能力和管理防御问卷的 KMO 值和 Bartlett 检验都满足要求,说明实验问卷有较好的信度和效度,可以用来进行实验结果的分析。

6.4.2 被试者基本信息数据统计

本实验按照同样的流程分两场来进行,其中第一场是研究经理人薪酬与股东收益之间公平比较对经理管理防御的影响,第二场是研究经理人与其他经理人之间薪酬公平比较对经理管理防御的影响。两场实验选用的被试者均是 EMBA 学员,两场实验时间间隔为一个月,两场实验的被试者不同,避免了由实验者存在记忆产生的误差,使实验更具科学性。其中,第一场实验被试者共 148 人,剔除中途有事未完成问卷的 2 人,以及在公司中位居普通管理岗或其他岗位的 6 名学员,最后剩余 140 份有效问卷。第二场实验被试者共 144 人,剔除了答卷填写不完整和不规范的 4 份,以及所居职位不是中高层管理的 6 人,最后有效问卷为 134 份。通过统计分析可以发现,两场实验的被试年龄主要集中在 45 至 55 岁之间(分别占比 68% 和 76%),且不同年龄的分布也具有很好的覆盖性,没有断层出现。两场被试者的职务级别主要为企业的主管(均占比为96%),包括财务总监、市场总监、技术总监以及其他高级管理者,说明被试者对测试的问题有很好的把握。两场被试者的本科学历及以上学历分别占总人数的78.4%和82.5%,说明被试者的学历水平普遍较高,对测试的问题有很好的理解能力,在阅读和理解实验问卷上不会有偏差现象存在。通过与上市企业的相关数据进行对比可知,两场被试者的任期大多在3年以下(分别占比77.23%和72.39%),说明样本数据与现实较为接近。两场实验的样本数据还显示被试者的专业以及从事的行业分布较为平均。可见两场实验的被试在行业、背景、年龄和学历上都满足了实验研究的前提和要求,增强了研究的科学性和准确性。

6.4.3 研究变量的信息数据统计

两场实验通过经理人自身特征问卷中能力测试部分,把被试者分为高能力和低能力两类。实验问卷中能力问卷的得分最高是108分,则文中规定能力问卷得分位于[54,108]区间的被试者属于低能力者;能力问卷得分位于[0,54)区间的被试者属于高能力者[208],两场被试者的信息统计结果如表6-3所示。

表6-3 变量的信息数据统计

变量	经理人自身能力(第一场)		经理人自身能力(第二场)	
	高能力	低能力	高能力	低能力
频数(人)	77	63	74	60
频率(%)	55	45	55.22	44.78

分组后变量配对	实验组1(第一场)		实验组2(第一场)		对照组(第一场)		实验组1(第二场)		实验组2(第二场)		对照组(第二场)	
	高能力	低能力	高能力	低能力	高能力	低能力	高能力	低能力	高能力	低能力	高能力	低能力
频数(人)	28	19	25	22	24	22	26	19	23	22	25	19
频率(%)	59.57	40.43	53.19	46.81	52.17	47.83	57.78	42.22	51.11	48.89	56.82	43.18

从表 6-3 可以看出，两场实验中高能力被试者人数均略多于低能力被试者，这与目前企业中经理人能力相对较高的现状相符。同时两场实验中实验组 1 与实验组 2 的被试者是分别测试经理人在薪酬水平比股东收益（经理人市场薪酬）高、低的情况下所表现出来的防御程度，对照组的被试者为测试经理人在薪酬水平与股东收益（经理人市场薪酬）相当的情况下所表现出来的防御程度，用来与实验组 1、实验组 2 进行比较。从表中可以看出两场被试者在各实验组与对照组中高能力（低能力）人数相当，符合实验设计标准，从而保证了实验结果的可信度。

6.4.4 描述性统计分析

通过实验数据统计，可以直观地看出经理人在公平偏好的情况下的管理防御水平，具体如表 6-4、表 6-5 所示。

表 6-4 与股东收益公平对比的管理防御指数平均值汇总

研究变量	实验组 1		实验组 2		对照组	
	高能力	低能力	高能力	低能力	高能力	低能力
管理防御指数平均值	92.15	93.78	90.58	93.04	68.4	90.9
均值	92.47		91.81		79.65	

表 6-5 与经理人市场薪酬公平对比的管理防御指数平均值汇总

研究变量	实验组 1		实验组 2		对照组	
	高能力	低能力	高能力	低能力	高能力	低能力
管理防御指数平均值	92.23	94.91	91.68	98.95	70.53	92.11
均值	93.57		95.32		81.32	

根据表6-4和表6-5的统计分析,可以发现:两场实验中,对照组的防御指数平均值分别为79.65和81.32,其中管理防御指数大于平均值的被试者分别有29和26人,各自占到对照组总数的63.04%和59.09%,在一定程度上可以看出我国目前经济环境下经理人的防御水平处在一个相对较高的水平,进一步验证了学者李秉祥(2007)的结论[212]。在两场实验的对照组中,高能力经理人的防御指数平均值分别为68.4和70.53,低能力经理人的防御指数平均值分别为90.9和92.11,对比发现对照组中高能力经理人防御指数平均值都低于低能力经理人的防御指数平均值,且相差较大,造成这种现象的主要原因是对于低能力经理人而言,其面临被解雇的风险比高能力经理人高,且转换工作成本相对较高,所以低能力经理人比高能力经理人有更强的防御动机。这个结果与学者李秉祥、郝艳(2009)文献中的结论基本一致[208]。

从表6-4和表6-5中还可以看出:无论是高能力经理人还是低能力经理人,相对于实验组1和实验组2,对照组中的经理人管理防御水平最低。主要是由于当经理人薪酬低于股东收益或者其他经理人薪酬水平,经理人会感觉到不公平,在这种情况下经理人很有可能通过其他途径的收益来弥补这部分的不公平感,或者经理人会采取降低自己的努力程度使得付出与收入对等,那么损害股东利益满足自身利益的管理防御行为就会随之发生;相反,当经理人薪酬高于股东收益或者其他经理人薪酬水平,经理人同样会感觉到不公平,但对于这种不公平感,经理人不但不排斥反而期望能够继续存在,从而促使经理人迫切需要维护产生这种不公平感的职位稳定,产生强烈固守职位的管理防御动机。可见,无论经理人薪酬水平是偏高还是偏低,当它无法满足经理人的公平偏好时,都会促进经理管理防御动机的产生,也就是经理人薪酬水平比股东收益或者经理人市场薪酬高(实验组1)或者低(实验组2),经理人会产生强烈的防御动机。此外,在两场实验中,实验组1和实验组2中的高能力经理人管理防御指数变化程度(实验组中高能力经理人管理防御指数相对于对照组中高能力经理人的管理防御指数的变化)均大于低能力经理人管理防御指数变化程度(实验组中低能力经理人管理防御指数相对于对照组中低能力经理人的管理防御指数的变化)。可见,高能力经理人在两场实验中均表现出比低能力经理人更强的防御动机。这是因为当经理人能力较强时,其会更在乎内心的感受,更关注企业对自身的公平与信任程度。因此,当高能力经理人感觉公司对自己不公平对待时,就会产生更强烈的防御动机,同时高能力经理人投机能力越强,对公司的操控能力就越强,在很大程度上为经理人实施管理防御行为提供了更广的空间,更容易利用手中的权力来谋取私利,并倾向采取一些损害股东权益而有利于自身的防御行为,该结论初步验证了假设2。

6.5 曲线估计分析

本章选用 SPSS17.0 软件来对经理薪酬水平(SAL)与管理防御指数(MEI)关系进行曲线参数估计,分析了经理人在薪酬不同公平程度下的防御指数变化规律。首先根据数据画出散点图,继而根据散点图来选择最为合理的曲线估计模型。在模型的选择过程中,笔者通过多重相关系数和拟合优度检验两个角度来观察判定系数 R^2 和 F 检验的统计值。R^2 越接近1,说明曲线的拟合效果越好;F 值越大,则表明自变量对因变量的说明程度就越强,结果越有说服力。

6.5.1 经理人薪酬与股东收益公平对比分析

在分析经理人薪酬与股东收益公平时,本章通过对经理人防御指数(MEI)和薪酬水平(SAL)进行曲线估计,得到两者关系的散点图(图6-2、6-3)及参数估计值表(表6-6、6-7)。

6 公平偏好下的经理人薪酬契约实验研究

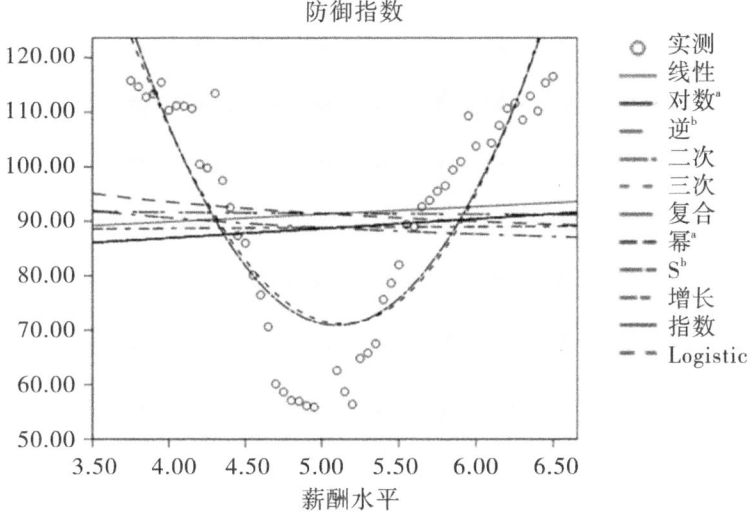

图6-2 薪酬水平与防御指数关系散点图(高能力)

表6-6 模型汇总和参数估计值(高能力)

模型摘要和参数估算值									
因变量:防御水平									
	模型摘要					参数估算值			
方程	R方	F	自由度1	自由度2	显著性	常量	b1	b2	b3
线性	0.003	0.156	1	51	0.694	84.333	1.385		
对数[a]	0.000	0.002	1	51	0.961	92.828	-0.876		
逆[b]	0.005	0.245	1	51	0.623	82.787	42.924		
二次	0.757	78.075	2	50	0.000	262.399	-110.511	33.454	
三次	0.743	72.280	2	50	0.000	601.786	-154.968	0.000	1.958
复合	0.004	0.220	1	51	0.641	80.327	1.020		
幂[a]	0.000	0.002	1	51	0.967	87.594	0.009		
S[b]	0.003	0.150	1	51	0.700	4.406	0.403		
增长	0.004	0.220	1	51	0.641	4.386	0.020		
指数	0.004	0.220	1	51	0.641	80.327	0.020		
Logistic	0.004	0.220	1	51	0.641	0.012	0.980		
自变量:薪酬水平									

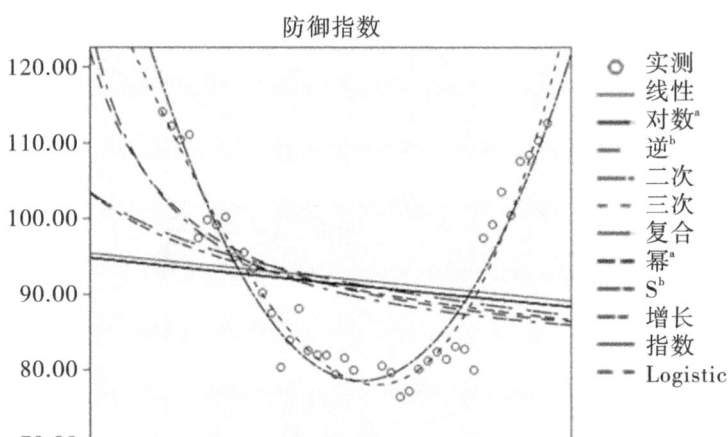

图6-3 薪酬水平与防御指数关系散点图(低能力)

表6-7 模型汇总和参数估计值(低能力)

模型摘要和参数估算值									
因变量：防御水平									
方程	模型摘要					参数估算值			
	R方	F	自由度1	自由度2	显著性	常量	b1	b2	b3
线性	0.016	0.640	1	39	0.429	96.638	−2.388		
对数[a]	0.069	2.869	1	39	0.098	97.377	−8.870		
逆[b]	0.147	6.729	1	39	0.013	79.676	21.198		
二次	0.810	191.876	2	38	0.000	209.134	−131.318	30.029	
三次	0.792	161.198	3	37	0.000	157.129	−39.305	−17.293	8.614
复合	0.018	0.709	1	39	0.405	96.120	0.974		
幂[a]	0.071	2.981	1	39	0.092	96.731	−0.096		
S[b]	0.149	6.804	1	39	0.013	4.382	0.227		
增长	0.018	0.709	1	39	0.405	4.566	−0.027		
指数	0.018	0.709	1	39	0.405	96.120	−0.027		
Logistic	0.018	0.709	1	39	0.405	0.010	1.027		
自变量：薪酬水平									

从图6-2和图6-3中可以看出,无论是高能力还是低能力经理人,其防御指数和薪酬水平均呈现"U"形分布,因此,经理人防御指数与薪酬水平的关系更为符合二次曲线Quadratic模型。从表6-6和表6-7中的模型参数估计值可知,只有二次曲线和三次曲线均在1%的水平上通过显著性检验,通过对比Quadratic模型和Cubic模型的判定系数R^2值可以看出,高能力和低能力经理人的二次曲线Quadratic模型的R^2值分别为0.757和0.81,均大于三次曲线Cubic模型的R^2值(分别为0.743和0.792),这说明二次曲线Quadratic模型的拟合优度更好,解释程度更高,因此,本章选择二次曲线模型对经理人薪酬与股东收益公平进行研究。

由表6-6和表6-7中的模型参数估计值,可以得到高能力和低能力经理人薪酬水平(SAL)与管理防御水平(MEI)关系的估计模型分别为:$MEI_H = 262.399 - 110.511 SAL + 33.454 SAL^2$和$MEI_L = 209.134 - 131.318 SAL + 30.029 SAL^2$。从模型中的系数我们可以看出:无论是高能力经理人还是低能力经理人,模型中二次项系数(分别33.454、30.029)均大于零,说明估计模型呈现平滑的"U"形,肯定了图6-2和图6-3中二次曲线Quadratic模型变化趋势。也说明了无论高能力经理人还是低能力经理人,当其薪酬水平接近股东收益时,其防御程度不断降低,而且随着经理人薪酬与股东收益差距的增大,其防御程度不断增强。可见,经理人是有公平偏好的,且随着不公平性的增强,经理人的防御程度更大,假设1a得到了支持,即当经理人薪酬越接近于股东收益时,其防御程度越低,随着薪酬差距的加大,防御程度的强度越大。当经理人薪酬低于股东收益时,出于嫉妒偏好的心理,经理人会采取一些损害公司利益而使自身权益最大化的自利行为,从而影响企业的经营和发展。而当经理人薪酬高于股东收益时,由于同情偏好的存在,也会引起经理人的负面情绪,从而防御程度增加,虽然其中有些经理人会出于自豪偏好而努力工作,降低防御程度,但是这个因素的影响相对较小,并且当经理人薪酬远高于股东收益时,其转换工作成本就会大大增加,其固守职位的动机就越强,那么,由此产生的防御动机就越强烈。因此,要约束经理人防御行为,就要给予同股东收益相近的薪酬额度,这样不仅可以抑制其出于不公平心理的防御行为,也可以减少其由于工作转换成本的增加而出现的防御行为增强。

同时,在估计模型 $MEI_H = 262.399 - 110.511SAL + 33.454SAL^2$ 和 $MEI_L = 209.134 - 131.318SAL + 30.029SAL^2$ 中,高能力与低能力薪酬水平与防御指数关系模型中的二次项系数分别为 33.454 和 30.029,可以看出 MEI_H 比 MEI_L 二次项系数大。而在二次函数中,二次项系数越大,曲线的开口越小,曲线的坡度和斜率变化幅度越快,可见高能力经理人管理防御指数(MEI)随着薪酬水平(SAL)的变化幅度比低能力经理人要大,这说明当经理人薪酬与股东收益差距越大,高能力经理人防御程度变化得越快,即高能力经理人比低能力经理人薪酬对于股东收益公平更为敏感,验证了前面的假设 2a。因为在企业中,相对低能力经理人而言,高能力经理人更在乎内心的感受,因此,当其感受到薪酬待遇不公时,就更倾向采取一些自利性的防御行为。同时,经理人能力越高,其投机能力就越强,对公司的操控能力就越强,在防御动机作用下就更倾向采取一些损害股东权益而有利于自身的行为。因此,在经理人的任用中,尤其要关注高能力经理人薪酬与股东收益的公平性,通过制定公平合理的薪酬激励,降低经理人的防御水平,从而预防和减少其采取一些损害股东利益的行为。

6.5.2 经理人与经理人市场薪酬公平对比分析

关于经理人与经理人市场薪酬公平对比分析方面,本章通过对经理人防御指数(MEI)和薪酬水平(SAL)进行曲线估计,得到两者关系的散点图(图6-4、6-5)及模型参数估计值表(表6-8、6-9)。

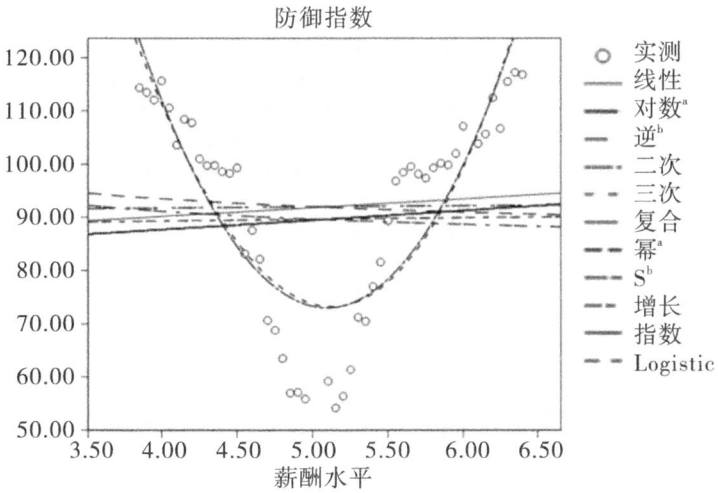

图6-4 薪酬水平与防御指数关系散点图(高能力)

表6-8 模型汇总和参数估计值(高能力)

模型摘要和参数估算值

因变量:防御水平

方程	模型摘要					参数估算值			
	R方	F	自由度1	自由度2	显著性	常量	b1	b2	b3
线性	0.004	0.196	1	47	0.660	83.589	1.640		
对数[a]	0.000	0.003	1	47	0.956	90.270	1.050		
逆[b]	0.002	0.108	1	47	0.743	85.864	30.505		
二次	0.726	61.021	2	46	0.000	220.579	−232.803	31.670	
三次	0.715	57.675	2	46	0.000	640.219	−165.901	0.000	2.104
复合	0.004	0.196	1	47	0.660	80.981	1.020		
幂[a]	0.000	0.006	1	47	0.941	87.211	0.017		
S[b]	0.002	0.085	1	47	0.772	4.430	0.328		
增长	0.004	0.196	1	47	0.660	4.394	0.020		
指数	0.004	0.196	1	47	0.660	80.981	0.020		
Logistic	0.004	0.196	1	47	0.660	0.012	0.980		

自变量:薪酬水平

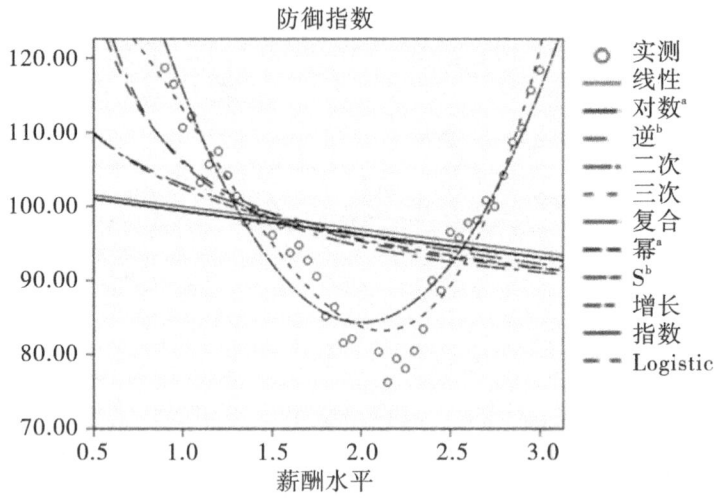

图 6-5　薪酬水平与防御指数关系散点图(低能力)

表 6-9　模型汇总和参数估计值(低能力)

模型摘要和参数估算值									
因变量：防御水平									
	模型摘要					参数估算值			
方程	R方	F	自由度1	自由度2	显著性	常量	b1	b2	b3
线性	0.028	1.130	1	39	0.294	103.042	−3.063		
对数[a]	0.088	3.747	1	39	0.060	102.996	−9.741		
逆[b]	0.166	7.782	1	39	0.008	84.368	21.884		
二次	0.780	189.914	2	38	0.000	209.709	−125.312	32.317	
三次	0.756	154.370	3	37	0.000	131.557	12.963	−44.304	12.946
复合	0.029	1.177	1	39	0.285	102.679	0.968		
幂[a]	0.088	3.744	1	39	0.060	102.501	−0.101		
S[b]	0.163	7.580	1	39	0.009	4.437	0.225		
增长	0.029	1.177	1	39	0.285	4.632	−0.033		
指数	0.029	1.177	1	39	0.285	102.679	−0.033		
Logistic	0.029	1.177	1	39	0.285	0.010	1.033		
自变量：薪酬水平									

从图 6-4 和图 6-5 中可以看出,无论是高能力经理人还是低能力经理人,防御指数和薪酬水平均呈现"U"形分布,这说明二者的关系较为符合二次曲线 Quadratic 模型。从表 6-8 和表 6-9 中模型估计的参数值可以看出,二次曲线 Quadratic 模型和三次曲线 Cubic 模型均在 1% 的水平上通过显著性检验,通过对比 Quadratic 模型和 Cubic 模型中判定系数 R^2 值,可以看出,高能力和低能力经理人的二次曲线 Quadratic 模型的 R^2 值分别为 0.726 和 0.78,均大于三次曲线 Cubic 模型中的 R^2 值(分别为 0.715 和 0.756),这表明 Quadratic 模型的拟合优度比 Cubic 模型好,并且解释程度更高,因此,本节选择二次曲线 Quadratic 模型对经理人与经理人市场薪酬公平进行分析。

由表 6-8 和表 6-9 中 Parameter Estimates 列栏中的参数可以得到,高能力和低能力经理人薪酬水平(SAL)与管理防御水平(MEI)关系的估计模型分别为:$MEI_H = 220.579 - 232.803SAL + 31.67SAL^2$ 和 $MEI_L = 209.709 - 125.312SAL + 32.317SAL^2$,从模型中的系数可以看出:无论是高能力经理人还是低能力经理人,薪酬水平(SAL)平方的系数均大于零,说明估计模型呈现出平滑的"U"形,进一步肯定了图 6-4 和图 6-5 中二次曲线 Quadratic 模型的变化趋势,这说明经理人薪酬在靠近经理人市场薪酬时防御程度在不断降低,相反的,随着经理人薪酬与经理人市场薪酬差距的变大,其防御程度不断增强,这说明经理人是有公平偏好的,且随着不公平性的增强,经理人的防御程度会越大,这也验证了假设 1b,即当经理人的薪酬越接近于经理人市场薪酬时,其防御程度越低,随着薪酬差距的加大,防御程度的强度越大。可见,无论高能力经理人还是低能力经理人,当经理人薪酬低于经理人市场薪酬时,基于公平性心理的影响,经理人会通过与经理人市场薪酬的横向比较而察觉到自我的不公平待遇,进而引发经理人的不满情绪,并且随着薪酬水平差距的加大,这种不满情绪也会增强,从而影响经理人的工作积极性和努力程度,甚至会促使经理人采取一些不正当行为来维护自身利益,损害公司的利益。而当经理人薪酬高于经理人市场薪酬时,对于部分高能力经理人而言,会出于自豪偏好而更加努力工作,降低防御程度,但是自豪偏好的因素对于高能力经理来说影响相对较小,并且此类经理人更注重与股东的纵向比较。对于低能力经理人而言,由于同情偏好的存在,其薪酬高于经理人市场薪酬也会引起危机感和不满情绪,从而增强其防御程度。此外,无论高能力还是低能力经理人,当其薪酬水平远高于经理人市场薪酬水平时,其转换工作成本就会大大增加,其固守职位的动机就越强,由此产生的防御动机就越强烈。

同时,在估计模型 $MEI_H = 220.579 - 232.803SAL + 31.67SAL^2$ 和 $MEI_L = 209.709 - 125.312SAL + 32.317SAL^2$ 中,薪酬水平(SAL)平方的系数分别为 31.67 和 32.317,MEI_H 比 MEI_L 二次项系数小。二次函数中,二次项系数值越小,曲线的开口越大,曲线的坡度和斜率变化幅度越小,由此可见高能力经理人管理防御指数(MEI)随着薪酬水平(SAL)的变化幅度比低能力经理人小,这说明经理人在与经理人市场薪酬的横向比较中,随着经理人与经理人市场薪酬差距的增大,低能力经理人防御程度增强得越快,相对于高能力经理人而言,低能力经理人对与经理人市场薪酬公平更为敏感,这与前文的假设 2b 相违背。检验结果与假设不一致的原因可能有:一是随着经理人能力不断增强,经理人的关注重心从横向公平偏好转向纵向公平偏好,高能力经理人更加注重与股东收益的薪酬公平,这是高能力经理人内心深层次的一种体现;二是相对于高能力经理人而言,低能力经理人由于自身能力有限,其觉得与股东没有可比性,因此将更多的焦点放在横向公平偏好,即他们的公平心理更偏重于经理人市场,低能力经理人在与经理人市场薪酬的横向比较中,这两个方面的因素可能是导致其对于经理人市场薪酬公平更为敏感。

6.6 本章小结

经理人互惠、公平偏好是企业这一微观组织中劳动关系能够和谐运转的心理基础(润滑剂),而公平心理是个体深层次的一种倾向,经理管理防御动机亦是经理人的一种内心深层次的活动,这些因素都是不能直接观察和利用历史数据进行计量的,因此难以通过实证分析来研究公平激励是如何影响经理管理防御的。实验研究则是以人为研究对象,在遵循实验规则和规范的条件下,研究经理人的公平偏好对经理管理防御的影响,因此能有效地通过设计实验来对经理人的心理活动进行测试。本章基于公平偏好的经理人薪酬契约实验研究,得到的主要结论为:(1)经理人特别注重收入分配的公平性,其中包括与股东收益的比较以及与经理人市场薪酬的对比。当经理人感觉收入不公平时,其防御动机会增强,防御动机的增强程度既受公平偏好心理的影响,也受高额薪酬下工作转换成本增大引起的固守职位动机的影响。(2)当经理人面对收入分配不公时,高能力经理人比较关注于股东收益的公平。由于其能力较强,较为注重自我价值的实现,对股东收益的公平性更为敏感,继而会更在意与股东收益的比较;低能力经理人则比较关注与其他经理人薪酬的公平,而不会太过于关注与股东收益的公平。

基于以上公平心理对经理管理防御行为影响的研究,对经理人公平偏好心理的确存在及公平偏好可以改变经理人薪酬契约结构形式的结论得到很好的验证,这为公司董事会提供一个全新的视角来激励和约束经理人的行为。因此,企业应当充分认识到员工的公平意识,并根据经理人类型不同,制定针对性的激励与约束机制。从经理人的公平心理着手,根据经理人的类型给予其相对公平的薪酬激励,可以使经理人与企业之间形成一种稳定的、内隐的心理契约关系,这种契约关系将会进一步增进社会福利,减少劳动关系双方的矛盾和冲突,由此形成"和谐"的劳动关系,从而降低因经理管理防御而引致的企业代理成本,提高企业经营效率。

7 公平偏好下的经理人长短期薪酬契约实验研究

上一章通过实验研究分析了经理人公平偏好心理对其管理防御行为的影响,证明公平偏好在公司实际活动中显著存在,且公平偏好的确改变了经理人薪酬契约结构形式。同时,在前文的薪酬激励模型分析中发现,经理人的长短期薪酬激励强度不同会给经理人的努力程度带来不同影响,因此,在本章中,我们将继续探究经理人公平偏好下的长短期薪酬激励契约,在验证理论模型合理性的同时,来为企业制定长短期激励契约组合提供理论指导。

7.1 研究假设

由于前文理论模型构建中,经理人风险偏好下长短期薪酬激励强度对经理人努力水平影响都是在经理人公平偏好一定情况下来探究的,且经理人在有利不公平或不利不公平下,经理人的长短期薪酬激励强度对其努力水平的影响结果基本一致。因此,本章在探究公平偏好下的经理人长短期薪酬契约时,先假定经理人公平偏好一定,然后将经理人风险偏好特征加入薪酬契约设计框架中,来探讨经理人的长短期薪酬激励强度与其努力水平间的关系。

在中国企业,尤其是国有企业,由于一些原因,经理人作为自利的"经济人",容易导致严重的代理问题和代理行为。而研究表明,在中国以经理人持股为主的激励方式对企业创新的影响并不显著,需要兼顾长期激励契约和短期激励契约来鼓励经理人积极实施创新行为[213],这说明在构建经理人激励机制时,要将长期和短期报酬相结合来进行设计薪酬契约,其中,长期薪酬是随长期业绩变动的部分,短期薪酬包括固定薪酬和随短期业绩变动部分。同时,股东在制定经理人薪酬契约时,一定要重视行为人的偏好[214]。知识经济时代市场环境具有很大的不确定性,而知识水平较高的经理人,在企业中面临的机会较多,且从事的知识劳动具有很大的不确定性[215],这使得经理人的工作面临许多风险[216]。学者闫森等(2011)[217]指出,经理人的风险偏好不同,不会给经理人的工作努力程度带来直接影响,而是在受到不同薪酬激励的影响下,对其努力程度产生影响。也就是说对经理人的薪酬激励契约要考虑他们的风险偏好。因此,在风险偏好、长短期薪酬激励的共同作用下,经理人通过平衡收益和风险,才能作出更为理性的决策行为,才能选择要付出的努力程度。可见,经理人的努力水平不仅受长短期薪酬激励组合的影响还受到经理人风险偏好特征的影响。当经理人对风险的偏爱程度较大,则具有冒险精神的经理人相信通过在长期项目方面的投入不仅可以使企业的风险降低,还可以满足自我价值的追求,那么他就重视长期薪酬契约[213]。因此,当经理人为风险偏好类型时,股东给予经理人的长期薪酬激励强度越大,经理人工作的意愿就越强烈,其努力水平就越高,相应的,当经理人为风险偏好型时,给予经理人的短期薪酬强度越大,则经理人的努力水平越低。而当经理人为风险厌恶型时,为了逃避风险,规避责任,其更受短期薪酬契约的影响较大,且短期激励强度越强,经理人努力水平越大;反之,则努力水平越小。由此,提出研究假设:

H1:当经理人为风险厌恶型时,经理人短期激励强度与其努力程度正相关;反之,经理人长期激励强度与其努力程度负相关;

H2:当经理人为风险偏好型时,经理人长期激励强度与其努力程度正相关;反之,经理人短期激励强度与其努力程度负相关。

7.2 实验设计

7.2.1 实验方法与实验问卷的设计

实验研究的目的是探讨经理人横向和纵向公平偏好心理下,长短期薪酬激励强度对经理人努力程度的影响。由于经理人的公平偏好与努力程度的不易观测性,本章利用实验方法,检验了经理人的长短期薪酬激励强度对其努力程度的影响大小,以便从公平性偏好视角来设计一个激励经理人努力程度的方法,降低企业代理成本。

实验是以情景模拟的方式来进行的,通过设计实验来探讨经理人长短期薪酬激励强度对其努力程度的影响。实验通过发放实验测试题来获得被试者长短期薪酬激励强度及经理人努力程度的研究数据,实验主要分为两个阶段:首先,给被试者发放实验测试题来对被试者进行分类(风险偏好型、风险中性型及风险规避型);然后,给被试者提供与现实相似的情景环境,让被试者作为该企业的总经理来回答第二部分的努力水平选择问卷,来探讨经理人在接受不同长短期薪酬激励下的工作努力程度。书中被解释变量为经理人努力程度(EFT),数据的获取为经理人努力水平选择问卷,解释变量为经理人的长短期薪酬激励强度(LSAL&SSAL)。以此来探究经理人不同长短期薪酬激励强度对经理人努力程度的影响。

借鉴 Fowler[58]编著的调查问卷设计和评估步骤,本实验问卷设计主要分三个步骤来进行。首先,通过查阅文献、征求专家意见来确定实验问卷的问题;其次,对实验问卷的信度和效度进行评估;最后,选取一些被试者进行实验测试,使其更为科学。

实验问卷包括两部分:第一部分问卷是经理人自身特征调查问卷。在这部分问卷中共设计了 12 个问题,其中,前 7 个问题是对经理人基本情况的调查,其余的 5 个问题是借鉴 Ederer&Manso(2012)[218]及付雷鸣、万迪昉等(2013)[219]的研究设计了实验者风险偏好的问卷,根据五个问题来从侧面判断被试者的风险偏好类型。该问卷设选择 A 为 1,选择 B 为 0,根据受试者对答案的选择进行加总计算他们的最后得分,得分越低,被试者风险偏好程度越高。第二部分问卷是经理人努力程度问卷。首先,给被试者表明他们的

努力水平区间为 $e \in [0.1, 1.0]$，只能选择 0.1 的倍数，且公布被试者选择的努力水平 e 所产生的成本为 $C(e)$ 的取值如表 7-1 所示，取值遵循传统经济学提出的边际成本递增原则。然后，在此基础上，让被试者回答努力水平的选择问卷，由此来获取经理人在不同短期和长期激励薪酬组合下的努力水平。

表 7-1 不同努力水平下的努力成本

e	0.1	0.2	0.3	0.4	0.5	0.6	0.7	0.8	0.9	1.0
$C(e)$	0	1	2	4	6	8	10	12	15	18

7.2.2 被试者

本实验的被试者是某高校的一年级硕士研究生，国外的相关研究发现，低年级硕士研究生是良好的实验对象，由于低年级硕士研究生不仅拥有一定的理论基础，而且不会受到定性思维的影响，因此，他们对实验的了解更透彻，更易把握实验的方向[220]。

7.2.3 实验过程与控制

与上一章中的实验操作过程类似，本实验的具体操作过程分三个步骤：首先是实验讲解部分。这部分主要是让被试者对实验目的、实验说明书的具体内容和注意事项等进行全面的了解，并且要求被试者保证不会对本次实验的相关内容对外散播。其中，为了确保被试者能全力以赴地参与实验，采用了 Selten 等[211]的课程成绩激励方法对其进行激励，把本次实验作为他们课程成绩的一个重要部分，他们的表现将直接与该课程的成绩直接挂钩。其次是实验学习部分。在实验正式开始前，先对实验的操作规则和过程进行讲解，然后通过测试题来对被试进行简单的实验测试，来检测被试对实验的理解程度,并针对测试结果来对被试者存有的疑惑和不解进行详细的解释,在回答过程中采用客观性的语言,以防给被试者带来错误的导向,影响实验的效果。最后是正式实验部分。在实验开始前,会给每个被试者一个不同的ID号,这个ID号只有被试者本人和组织者知晓。先进行风险偏好类型问卷测试,此过程大概需要20分钟。之后由主持人给被试者公示其选择不同努力水平产生的努力成本对照表(见表7-1),告诉被试努力水平的选择区间为[0.1,1.0],且只能选择0.1的整数倍,让实验参与者开始阅读和做出选择,这个过程大概需要20分钟。在整个答题过程中被试者要独立回答问卷,不能商量。在实验结束后,组织者得先将问卷收集起来并且感谢被试者的参与,组织者还要通过问卷的形式来对被试者进行询问,即"如果再组织此类实验,您是否还愿意参与?",其中实验被试者有137位(占比88.96%)回答"愿意",可见在实验中被试者的回答是有效的。然后组织者结合被试者的回答情况给予相应的奖励。

7.3 实验数据统计

7.3.1 实验问卷的信度和效度检验

本实验问卷的信度和效度检验与上一章中的检验过程类似,通过对经理人风险偏好测试问卷和努力程度问卷进行EFA和信度检验后的结果如表7-2、7-3所示。由表7-2和表7-3可以看出,经理人风险偏好和努力程度问卷的可信度因子(Reliability Coefficients)的 α 系数都大于0.7,说明实验问卷是很可信的。同时,根据经理人风险偏好和努力程度问卷的KMO值和Bartlett检验可以看出,问卷通过了有效性检验,可见本实验问卷有较好的信度和效度,可以用来进行实验测试。

表 7-2　经理人风险偏好的 EFA 及信度分析

因子	问卷项目		因素负荷	α 系数
	编号	内容概述		
风险偏好	R1	7元确定收入和50%概率10元、50%概率2元的选择	0.775	0.761
	R2	6元确定收入和50%概率10元、50%概率2元的选择	0.623	
	R3	5元确定收入和50%概率10元、50%概率2元的选择	0.798	
	R4	4元确定收入和50%概率10元、50%概率2元的选择	0.743	
	R5	3元确定收入和50%概率10元、50%概率2元的选择	0.864	
解释方差			72.89%	
KMO 值			0.891	
Bartlett 检验	Approx. Chi-Square		3725.618	
	df		17	
	Sig.		0.000	

表 7-3　经理人努力程度的 EFA 及信度分析

因子	问卷项目		因素负荷	α 系数
	编号	内容概述		
努力程度	1	短期和长期薪酬激励强度组合为(1,0)时的努力程度	0.877	0.745
	2	短期和长期薪酬激励强度组合为(0.9,0.1)时的努力程度	0.732	
	3	短期和长期薪酬激励强度组合为(0.8,0.2)时的努力程度	0.851	
	4	短期和长期薪酬激励强度组合为(0.7,0.3)时的努力程度	0.659	
	5	短期和长期薪酬激励强度组合为(0.6,0.4)时的努力程度	0.764	
	6	短期和长期薪酬激励强度组合为(0.5,0.5)时的努力程度	0.826	
	7	短期和长期薪酬激励强度组合为(0.4,0.6)时的努力程度	0.711	
	8	短期和长期薪酬激励强度组合为(0.3,0.7)时的努力程度	0.613	
	9	短期和长期薪酬激励强度组合为(0.2,0.8)时的努力程度	0.644	
	10	短期和长期薪酬激励强度组合为(0.1,0.9)时的努力程度	0.739	
	11	短期和长期薪酬激励强度组合为(0,1)时的努力程度	0.779	
解释方差			79.81%	
KMO 值			0.885	
Bartlett 检验	Approx. Chi-Square		4767.892	
	df		17	
	Sig.		0.000	

7.3.2 研究变量的信息数据统计

本实验按照流程来进行,探讨了经理人长短期薪酬激励强度对其努力水平的影响。实验选用的被试者为某高校一年级硕士研究生,共69人,剔除中途有事未完成问卷的3人,以及在公司中位居普通管理岗或其他岗位的2名学员,最后剩下64份有效问卷。

实验通过经理人自身特征问卷中风险偏好测试部分,把被试者分为风险偏好型及风险厌恶型两类。其中实验问卷的得分均值最高为5分,将被试者在五项的选择进行加总设为S,如果$S=5$,说明被试者是严重风险厌恶的,因为他宁愿选择确定的30元钱收入,也不想冒险选择有50%概率得到100元钱收入的B选项,因为选项B有50%的可能获得20元钱收入(该收入低于30)。同理,如果$S=0$说明被试者具有较高的风险偏好。在考虑实验被试者人数的基础上,设定S大于1为风险厌恶型,S小于等于1为风险偏好型。实验被试者的信息统计结果如表7-4所示。从表7-4可以看出,实验的被试者中风险偏好型的比例比风险厌恶型的高,而两场实验中风险偏好型与风险厌恶型的人数相当,符合实验设计标准,从而保证了实验结果的可信度。

表7-4 变量的信息数据统计

变量	经理人风险偏好类型	
	风险偏好型	风险厌恶型
频数(人)	37	27
频率(%)	57.81	42.19

7.3.3 描述性统计分析

通过实验数据统计,可以直观地看出经理人在风险偏好不同的情况下长短期薪酬激励强度对其努力程度的影响,具体如表7-5所示。

表7-5 描述统计

研究变量 (短期,长期激励强度)	风险偏好型 努力程度平均值	风险厌恶型 努力程度平均值
(1,0)	0.42	0.78
(0.9,0.1)	0.67	0.71
(0.8,0.2)	0.75	0.74
(0.7,0.3)	0.81	0.70
(0.6,0.4)	0.88	0.54
(0.5,0.5)	0.81	0.40
(0.4,0.6)	0.66	0.27
(0.3,0.7)	0.59	0.14
(0.2,0.8)	0.26	0.13
(0.1,0.9)	0.12	0.12
(0,1)	0.1	0.1

从表7-5可以看出,经理人风险偏好不同,短期或长期激励强度对经理人努力程度影响不同。具体表现为:当经理人为风险厌恶型时,随着短期激励强度减小,经理人努力程度整体出现不断减小的趋势,假设1的结论得到初步验证。这是因为风险厌恶经理人比较保守,所以更关注风险较低的短

期收益,当短期薪酬激励强度增大时,安全感的需求得到满足,他就会付出较大的努力程度来工作。而当经理人是风险偏好型时,经理人努力程度会随着短期激励强度减小(长期激励强度的增大)先增大后减小。这是由于当经理人为风险偏好类型时,经理人长期激励强度增大,则其努力程度在增大,而当经理人长期激励强度增大到一定程度,其努力程度不断减小,说明我国经理人薪酬激励组合中,长期薪酬激励比例不是无限期的增大,还是需要一定的短期激励强度,假设 2 未得到验证。同时,通过表 7-5 可以看出,无论是风险偏好经理人还是风险厌恶经理人,当短期薪酬激励强度较低时,经理人的努力水平几乎为零。这是因为在我国,当经理人短期激励较低或者不存在时,经理人就没有动力来为企业效力,此时他们就会选择不作为,继而出现努力程度近乎零的情况,可见,经理人短期薪酬激励大于一定值时,经理人才会把精力用到长期或短期努力上,这一结论支持了第五章中,当经理人短期薪酬低于某值或者不存在时,经理人的努力不存在,这里就包括长期努力程度和短期努力程度。此外,通过表 7-5 还可以看出,当风险偏好经理人普遍比风险厌恶经理人努力程度高,这是因为风险偏好经理人乐于承担风险和责任,有很大的激情和动力来工作,所以在同样的薪酬激励合约下,风险偏好经理人工作努力程度较高。

7.4 曲线估计分析

本章运用 SPSS17.0 软件来对经理长短期激励强度(LSAL&SSAL)与其努力程度(EFT)关系进行曲线参数估计,分析了不同风险偏好特征经理人在不同长短期薪酬激励强度下的努力程度变化规律。首先根据数据画出散点图,继而根据散点图来选择最为合理的曲线估计模型。在模型的选择过程中,笔者通过多重相关系数和拟合优度检验两个角度来观察判定系数 R^2 和

F 检验的统计值。R^2 越接近 1,说明曲线的拟合效果越好;F 值越大,则表明自变量对因变量的说明程度就越强,结果越有说服力。

7.4.1 风险厌恶经理人长短期薪酬激励强度对其努力程度影响分析

在分析风险厌恶经理人长短期薪酬激励强度对其努力程度影响时,本章通过对风险厌恶经理人长期薪酬激励强度(LSAL)、短期薪酬激励强度(SSAL)和经理人努力程度(EFT)分别进行曲线估计,得到长短期薪酬激励强度和经理人努力程度的散点图(图7-1、7-2)及参数估计值表(表7-6、7-7)。

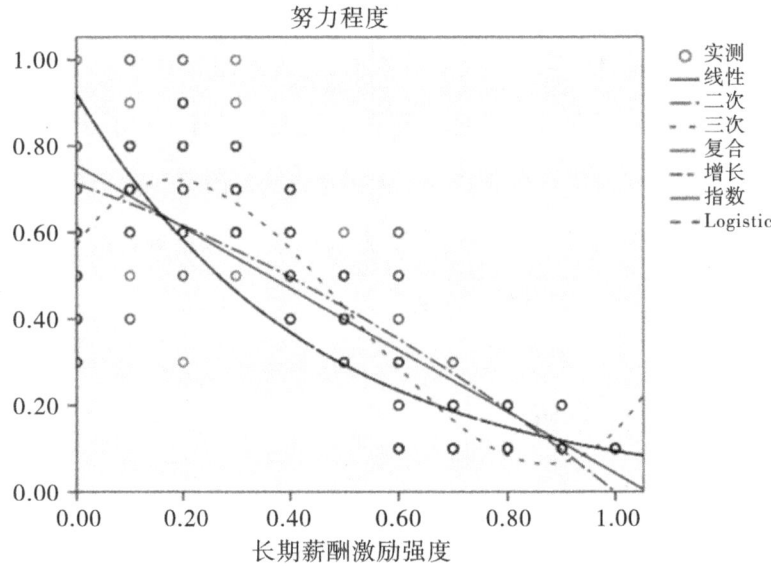

图 7-1 风险厌恶经理人长期薪酬激励强度对其努力程度影响散点图

7 公平偏好下的经理人长短期薪酬契约实验研究

表7-6 风险厌恶经理人长期薪酬激励强度对其努力程度影响模型汇总和参数估计值

	模型摘要和参数估算值								
因变量:努力程度									
	模型摘要					参数估算值			
方程	R方	F	自由度1	自由度2	显著性	常量	b1	b2	b3
线性	0.683	636.918	1	295	0.000	0.756	−0.713		
对数[a]	.	.	.	.	.	0.000	0.000		
逆[b]	.	.	.	.	.	0.000	0.000		
二次	0.792	530.690	2	294	0.000	0.712	−0.423	−0.290	
三次	0.810	415.474	3	293	0.000	0.570	1.833	−6.206	3.944
复合	0.740	839.574	1	295	0.000	0.920	0.102		
幂[a]	.	.	.	.	.	0.000	0.000		
S[b]	.	.	.	.	.	0.000	0.000		
增长	0.740	839.574	1	295	0.000	−0.083	−2.281		
指数	0.740	839.574	1	295	0.000	0.920	−2.281		
Logistic	0.740	839.574	1	295	0.000	1.087	9.785		

自变量:长期薪酬激励强度

a. 自变量(长期薪酬激励强度)包含非正值。最小值为0.00。无法计算对数模型和幂模型。
b. 自变量(长期薪酬激励强度)包含零值。无法计算逆模型和S模型。

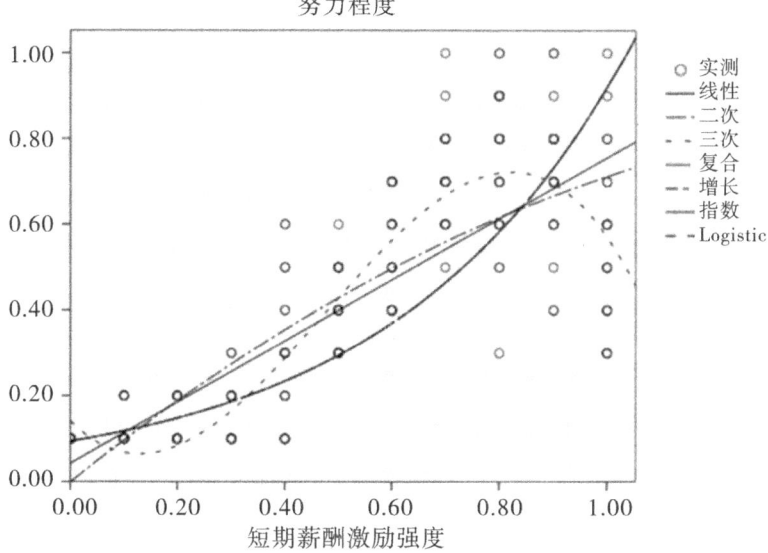

图7-2 风险厌恶经理人短期薪酬激励强度对其努力程度影响散点图

表7-7 风险厌恶经理人短期薪酬激励强度对其努力程度影响模型汇总和参数估计值

模型摘要和参数估算值

因变量：努力程度

方程	模型摘要					参数估算值			
	R方	F	自由度1	自由度2	显著性	常量	b1	b2	b3
线性	0.683	636.918	1	295	0.000	0.043	0.713		
对数[a]	.	.	.	.	.	0.000	0.000		
逆[b]	.	.	.	.	.	0.000	0.000		
二次	0.792	530.690	2	294	0.000	0.000	1.003	−0.290	
三次	0.810	415.474	3	293	0.000	0.141	−1.253	5.626	−3.944
复合	0.740	839.574	1	295	0.000	0.094	9.785		
幂[a]	.	.	.	.	.	0.000	0.000		
S[b]	.	.	.	.	.	0.000	0.000		
增长	0.740	839.574	1	295	0.000	−2.364	2.281		
指数	0.740	839.574	1	295	0.000	0.094	2.281		
Logistic	0.740	839.574	1	295	0.000	10.632	0.102		

自变量：短期薪酬激励强度

a. 自变量（短期薪酬激励强度）包含非正值。最小值为0.00。无法计算对数模型和幂模型。
b. 自变量（短期薪酬激励强度）包含零值。无法计算逆模型和S模型。

从图7-1和图7-2中可以看出，无论是长期激励强度还是短期激励强度，其对经理人努力程度的曲线关系较为适合选择二次曲线Quadratic模型或三次曲线Cubic模型。从表7-6和表7-7中的模型参数估计值可知，所有曲线估计模型中，这两种模型的R^2值较大，说明曲线的拟合度较好，验证了散点图得出的基本判断。虽然两个表中Cubic模型的R^2值为0.81，均高于Quadratic模型的R^2值0.792，拟合度最好，但是从F检验统计量的观察值来看，Quadratic模型的F值为530.690，大于Cubic模型的F值415.474，说明

Quadratic 模型对于解释长短期薪酬激励强度对经理人努力程度的影响更具有说服力。因此,本章选择二次曲线模型对风险厌恶经理人长短期薪酬激励强度与其努力程度关系进行研究。

由表 7-6 和表 7-7 中的模型参数估计值,可以得到风险厌恶经理人长短期薪酬激励强度(LSAL/SSAL)与经理人努力程度(EFT)关系的估计模型分别为:$EFT_L = 0.712 - 0.423LSAL - 0.29LSAL^2$ 和 $EFT_S = 1.003SSAL - 0.29SSAL^2$。从模型中的系数我们可以看出:无论是长期薪酬激励强度还是短期薪酬激励强度,模型中二次项系数(均为-0.29)小于零,说明估计模型呈现平滑的倒"U"形,肯定了图 7-1 和图 7-2 中二次曲线 Quadratic 模型变化趋势。通过对两个模型的对称轴求解得 $x_L = -0.79$、$x_S = 1.73$,由于两个模型都是倒"U"形,且文中的长短期薪酬激励强度取值均在[0,1]中,所以长期薪酬激励强度的值在倒"U"的右半边,即长期薪酬激励强度越大,风险厌恶经理人努力程度越小;短期薪酬激励强度的值在倒"U"的左半边,即短期薪酬激励强度越大,风险厌恶经理人努力程度越大。假设1得到了支持。即当经理人为风险厌恶型时,经理人长期激励强度越大,经理人努力程度越低,而经理人短期激励强度越大,经理人努力程度越大。这是因为风险厌恶经理人不喜欢冒险,目光相对较为短浅,比较注重风险小的短期收益,比如:职位升迁和在职消费对他的吸引力较大,而长期股权激励对他的影响较弱。可见,企业只有给予风险厌恶的经理人较多的短期收益,他才有较强的意愿为企业效力。

同时,在估计模型 $EFT_L = 0.712 - 0.423LSAL - 0.29LSAL^2$ 和 $EFT_S = 1.003SSAL - 0.29SSAL^2$ 中,风险厌恶经理人长短期薪酬激励强度与经理人努力程度关系的估计模型中的二次项系数均为-0.29,二次项系数相等则两个曲线的开口一样,曲线的坡度和斜率变化幅度一样,可见,风险厌恶经理人随着长期收益减少而损失的效用和随着短期收益增大而增加的效用是一样的。因为在企业中,为了激励风险厌恶经理人努力工作,就应当尽量增加其短期业绩薪酬,尽量减少长期业绩薪酬,这样才能让风险厌恶经理人有安全感,从而更好地工作。

7.4.2 风险偏好经理人长短期薪酬激励强度对其努力程度影响分析

在分析风险偏好经理人长短期薪酬激励强度对其努力程度影响时,本章通过对风险偏好经理人长期薪酬激励强度(LSAL)、短期薪酬激励强度(SSAL)和经理人努力程度(EFT)分别进行曲线估计,得到长短期薪酬激励强度和经理人努力程度的散点图(图7-3、7-4)及参数估计值表(表7-8、7-9)。

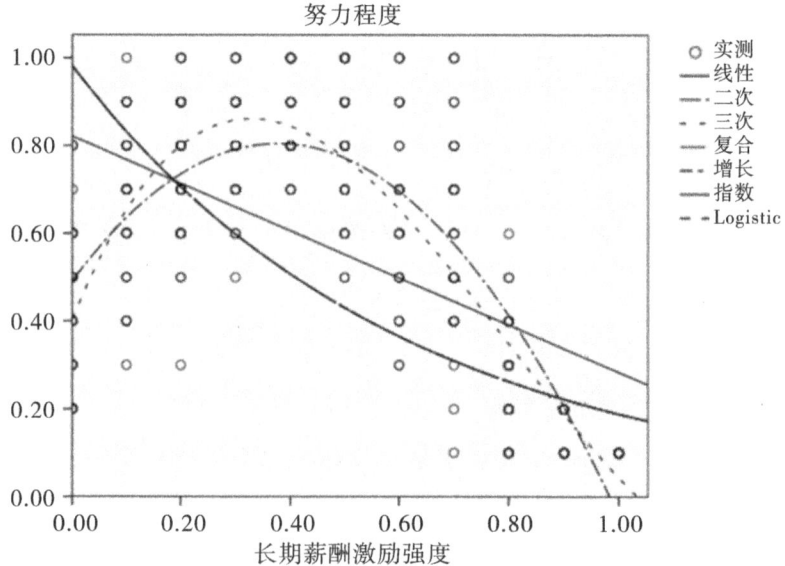

图7-3 风险偏好经理人长期薪酬激励强度对其努力程度影响散点图

表7-8 风险偏好经理人长期薪酬激励强度对其努力程度影响模型汇总和参数估计值

模型摘要和参数估算值

因变量：努力程度

方程	模型摘要					参数估算值			
	R方	F	自由度1	自由度2	显著性	常量	b1	b2	b3
线性	0.310	182.018	1	405	0.000	0.821	−0.538		
对数[a]	.	.	.	.	.	0.000	0.000		
逆[b]	.	.	.	.	.	0.000	0.000		
二次	0.772	500.164	2	404	0.000	0.493	1.655	−2.192	
三次	0.748	399.611	3	403	0.000	0.404	3.055	−5.864	2.448
复合	0.415	287.618	1	405	0.000	0.981	0.193		
幂[a]	.	.	.	.	.	0.000	0.000		
S[b]	.	.	.	.	.	0.000	0.000		
增长	0.415	287.618	1	405	0.000	−0.019	−1.646		
指数	0.415	287.618	1	405	0.000	0.981	−1.646		
Logistic	0.415	287.618	1	405	0.000	1.020	5.188		

自变量：长期薪酬激励强度

a. 自变量（长期薪酬激励强度）包含非正值。最小值为0.00。无法计算对数模型和幂模型。

b. 自变量（长期薪酬激励强度）包含零值。无法计算逆模型和S模型。

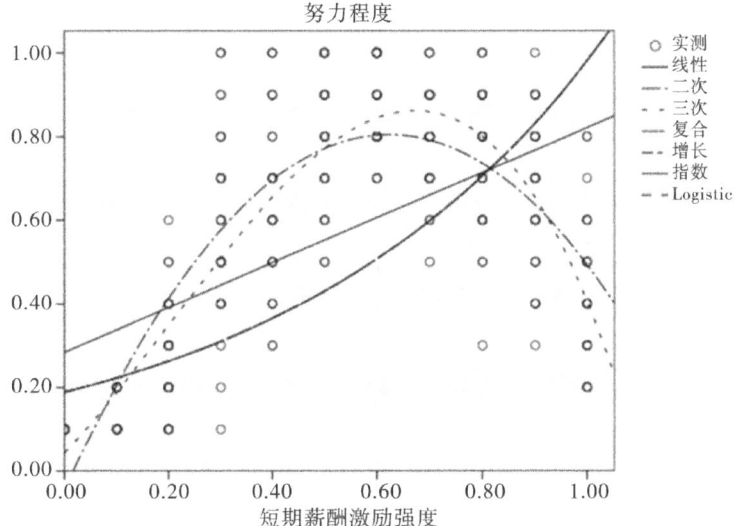

图7-4 风险偏好经理人短期薪酬激励强度对其努力程度影响散点图

表 7-9 风险偏好经理人短期薪酬激励强度对其努力程度影响模型汇总和参数估计值

模型摘要和参数估算值

因变量：努力程度

方程	模型摘要					参数估算值			
	R 方	F	自由度 1	自由度 2	显著性	常量	b1	b2	b3
线性	0.310	182.018	1	405	0.000	0.284	0.538		
对数[a]	.	.	.	.	.	0.000	0.000		
逆[b]	.	.	.	.	.	0.000	0.000		
二次	0.772	500.164	2	404	0.000	−0.045	2.730	−2.192	
三次	0.748	399.611	3	403	0.000	0.043	1.330	1.479	−2.448
复合	0.415	287.618	1	405	0.000	0.189	5.188		
幂[a]	.	.	.	.	.	0.000	0.000		
S[b]	.	.	.	.	.	0.000	0.000		
增长	0.415	287.618	1	405	0.000	−1.666	1.646		
指数	0.415	287.618	1	405	0.000	0.189	1.646		
Logistic	0.415	287.618	1	405	0.000	5.289	0.193		

自变量：短期薪酬激励强度

a. 自变量（短期薪酬激励强度）包含非正值。最小值为 0.00。无法计算对数模型和幂模型。

b. 自变量（短期薪酬激励强度）包含零值。无法计算逆模型和 S 模型。

从图 7-3 和图 7-4 中可以看出，无论是长期激励强度还是短期激励强度，其对经理人努力程度的曲线关系较为适合选择二次曲线 Quadratic 模型或三次曲线 Cubic 模型。从表 7-8 和表 7-9 中的模型参数估计值可知，所有曲线估计模型中，这两种模型的 R^2 值较大，说明曲线的拟合度较好，验证了散点图得出的基本判断。虽然两个表中 Quadratic 模型的 R^2 值为 0.772，均大于 Cubic 模型的 R^2 值为 0.748，拟合度最好，且从 F 检验统计量的观察值来看，Quadratic 模型的 F 值为 500.164，大于 Cubic 模型的 F 值 399.611，说明 Quadratic 模型对于解释长短期薪酬激励强度对经理人努力程度的影响更具有说服力。因此,本章选择二次曲线模型对风险偏好经理人长短期薪酬激励强度与其努力程度关系进行研究。

由表 7-8 和表 7-9 中 Parameter Estimates 列栏中的参数可以得到,风险偏好经理人长短期薪酬激励强度(LSAL/SSAL)与经理人努力程度(EFT)关系的估计模型分别为:$EFT_L = 0.493 + 1.655 LSAL - 2.192 LSAL^2$ 和 $EFT_S = -0.045 + 2.73 SSAL - 2.192 SSAL^2$。从模型中的系数可以看出:两个估计模型的二次项系数均小于零,说明估计模型呈现出平滑的倒"U"形,进一步肯定了图 7-3 和图 7-4 中二次曲线 Quadratic 模型的变化趋势。通过计算两个模型的对称轴可得 $x_L = 0.38$ 和 $x_S = 0.62$,都在长短期激励强度的取值范围之内,可见,风险偏好经理人随着长短期薪酬激励强度的增大均出现先增后减的趋势,这与假设 2 的结论不符。说明经理人虽然为风险偏好型,敢于冒险和承担责任,但是,这并不是说经理人的长期薪酬激励强度可以无限增大,也就是经理人的短期薪酬激励强度能无限的减小,当短期薪酬激励强度减小到一定程度。这是因为当短期薪酬激励强度较小时,经理人没有最基本的保证就会有不安全感,就会懈怠工作,另外,在我国上市公司中,经理人财富还处在不断积累时期,他们还比较关注自身的短期收益,因此,在为风险偏好经理人制定薪酬时,要给经理人一定的短期剩余分享,这样才能督促经理人积极努力工作。同时,由于二次函数是倒"U"形,则其存在最大值,即对称轴所对应的值,且两个模型的对称轴横坐标的取值均在[0,1]中,因此,风险偏好经理人的努力程度在(长期激励强度为 0.38,短期激励强度为 0.62)时最大。所以,在企业中为风险偏好经理人制定长短期薪酬激励强度时,长期薪酬激励强度要小于短期薪酬激励强度,这样才能使得风险偏好经理人努力程度最大。

7.5 本章小结

在考虑行为人对互惠、公平的追求是人性的重要组成部分时,企业在薪酬设计中要将长期业绩和短期业绩相结合来作为经理人薪酬的制定标准。同时,经理人风险偏好的不确定性直接影响经理人的努力水平,进而影响企业产出。因此,需要结合经理人风险偏好特征来探究经理人公平偏好下长短期薪酬激励强度对其努力程度的影响,为企业制定长短期薪酬激励组合提供理论指导。而在企业中,由于经理人努力程度在企业中无法直接观察,就需要运用实验研究方法来分析长短期薪酬激励强度对经理人努力程度的影响。本章通过设计实验分析了经理人公平偏好下的长短期薪酬契约,研究发现:(1)当经理人为风险厌恶型时,短期薪酬激励强度越强,经理人努力水平越高;而长期薪酬激励强度越强,经理人努力水平越低。由于风险厌恶经理人观念比较保守,不喜好风险,因此,比较在乎短期利益。(2)当经理人为风险偏好型时,经理人努力程度随着长短期薪酬激励强度的增大呈现先增后减的趋势;且经理人的最优努力程度出现在短期激励强度大于长期激励强度时。由于当长期激励强度增大到一定程度,经理人就会缺乏安全感,就会懈怠工作,从而降低努力水平,因此,风险偏好经理人也比较关注短期收益,以此作为一个保障。(3)无论经理人为风险偏好还是风险厌恶型,当短期薪酬激励强度小于某个值时,经理人的努力水平近乎为零。说明经理人的努力程度都是建立在一定的短期薪酬激励程度之上的。

长短期薪酬激励强度对经理努力程度影响的研究结论,可以为公司董事会提供一个崭新的视角来激励和约束经理人的行为。在企业中,股东要结合经理人的风险偏好特征来分别设计激励薪酬契约,尽可能地给风险厌恶经理人多一些短期激励薪酬比重,而给予风险偏好经理人可以将短期薪酬激励强度略多于长期薪酬激励强度。同时,股东要根据经理人的努力程度及时调整激励水平和结构,继而制定科学合理的经理人薪酬激励契约,引导经理人更多地关注企业的长远发展,比如可以将声誉、共同愿景和社会交往指标等一些社会规制因素纳入企业的薪酬体制中,这样能够借助薪酬契约的多样性来鼓励经理人以公司长远发展为目标,积极努力为公司效力,这对于现代企业管理具有重要的指导和借鉴意义。

8 研究结论与管理启示

8.1 研究结论

随着公司所有权和经营权的分离,造成经理人与股东的利益不一致,经理人的自利动机迫使股东尽量使经理人同自己的利益相一致,从而发展以职位等级为基础的固定薪酬,以企业绩效为考核标准的绩效薪酬,以职位权力为基础的在职消费,以股票价格变现为基础的股票期权以及退休福利等激励制度的组合。由于经理人总是具有相较于股东的绝对信息优势,不会总是将企业价值最大化设定为自身的经营目标,如经理管理防御行为就为其追求自身利益最大化的表现方式之一。在西方发达国家的企业中,存在着一套完善的经理人激励机制,经理人如果努力为企业工作,就能够通过这些激励措施实现对自身利益的满足。然而,中国企业的经理人激励制度与西方企业的激励机制截然不同。国内在相当长一段时间里执行的是计划经济,国有经济占主体地位,政府委派经理人的制度导致国内企业并没有形成强化经理激励机制的意识。即使在今天,国内企业的经理人激励契约仍然存在诸多问题,如:现有的薪酬结构缺乏非货币性薪酬契约。同时,经理人薪酬只与当期业绩相关联,缺乏中长期的激励措施,极易造成经理人在利益的驱动下,即使会损害公司长远利益,还是会选择对自己有利的经营决策。基于此,本书以经理人公平偏好心理对其薪酬契约的影响机理为研究起点,以价值创造为计量标准,将长短期业绩相结合思想融入公平偏好下的经理人薪酬契约研究框架中,通过构建横向和纵向公平偏好下的经理人薪酬激励模型,探究了经理人横向和纵向公平偏好下的最优薪酬契约,最后用实验研究方法验证了公平偏好及长短期业绩相结合的经理人薪酬契约。本书的主要结论如下:

第一,在公平偏好的薪酬契约机理分析方面。(1)本书对经理人、公平偏好、风险偏好及薪酬进行了界定,为后文的研究进行了铺垫。(2)从经理人非正式契约(心理契约)视角出发,分析了经理人公平偏好会给其努力程度带来影响,在此基础上对社会心理学家克特勒温(Lewin)教授提出的关于人的行为公式 $B=f(P,E)$ 进行改进,提出了经理人公平偏好下的薪酬契约概念模型,即经理人在薪酬契约(正式契约)和公平偏好心理(非正式契约)下的努力行为选择是经理人薪酬契约和公平偏好心理的函数。(3)在此基础上,通过构建公平偏好下的薪酬契约博弈模型,从信息完全和信息不完全两种情况对局中人(经理人和股东)策略选择进行了分析,发现经理人的行为确实会受其公平感知的影响,因此,股东如果想最大化个人收益就应当给予经理人满意的公平薪酬。(4)将价值创造的计量标准及经理人长短期业绩相结合思想融入公平偏好下的薪酬契约模型中,构建了基于公平偏好和长短期业绩相结合的经理人激励契约概念模型,为下文的激励契约设计提供理论支撑。

第二,在横向公平偏好下的经理人薪酬契约设计方面。本书以薪酬激励合约为中介,构建了经理人长短期业绩目标的多任务委托代理模型,研究发现:(1)经理人的公平偏好的确存在,当经理人风险偏好类型不同时,其在收入不公平的感知下会引起不同公平偏好心理,继而对其工作积极性带来影响,因此,长短期激励薪酬及薪酬结构要依据经理人风险偏好不同来区别设计,这样才能更好地鼓励经理人积极努力工作。(2)激励相容条件下,经理人短期最优激励合同为"门槛型激励合同",即当经理人的短期业绩超过一定"门槛值"时,激励是正向的,反之是负向的,且"门槛值"与经理人长期业绩、长期努力带来的短期业绩成正比,与长期努力的激励成本成反比。(3)经理人能力对短期薪酬激励强度的影响受其短期努力水平的影响;而经理人能力对长期薪酬激励强度的影响由其风险偏好类型决定。(4)经理人公平偏好及长短期薪酬激励强度对固定薪酬及总体薪酬的影响取决于 p、σ_i^2、F、U_0 及成本系数 b_1、b_2、b_3 等参数的取值。虽然公平偏好及长短期薪酬激励强度对固定薪酬及总体薪酬的影响没有清晰的结果,但在实际中,只要根据具体问题对相关系数进行合适的假设和简化,就可以取到较为具体有效的结果。

第三,在纵向公平偏好下的经理人薪酬契约设计方面。本书以价值创造为绩效衡量标准,将长短期业绩相结合来构建纵向公平偏好下的经理人激励模型,结果表明:(1)无论信息是否对称,经理人的公平偏好是存在的,且公平偏好改变了经理人薪酬契约的结构形式。(2)对股东而言,当其给予经理人短期剩余分享略高于长期剩余分享时,经理人的努力程度最大;当股东是风险偏好型,只有经理人也是风险偏好型时,经理人的最优努力程度才存在,而当股东是风险中性型或风险厌恶型,经理人为弱风险厌恶型时,经理人的最优努力程度最大。这可以为股东在选拔经理人及制定长短期薪酬激励强度提供理论支持。(3)对经理人而言,当经理人的短期努力程度略高于长期努力程度时,其获得的最优剩余分享比例最大;当股东或者经理人为弱风险厌恶型时,股东给予经理人的最优剩余分享比例最大。这可以为经理人想获得较高薪酬提供指导。

第四,在公平偏好下的经理人薪酬契约实验研究方面。本书以经理人感到薪酬不满意引发的管理防御行为作为经理人不努力工作的替代变量,通过设计实验探究了经理人的薪酬公平程度对管理防御程度的影响,研究发现:(1)经理人非常关注其收入的公平与否,且公平的比较基准不仅包括股东收益还包括经理人市场的平均薪酬水平,验证了前文公平偏好改变经理人薪酬契约结构形式这一结论。当经理人感觉收入不公平时,其防御动机会增强,防御动机的增强程度既受公平偏好心理的影响,也受高额薪酬下工作转换成本增大引起的固守职位动机的影响。(2)高能力经理人比较关注与股东收益的公平。由于其能力较强,较为注重自我价值的实现,对股东收益的公平性更为敏感,继而会更在意与股东收益的比较。(3)低能力经理人则比较关注与其他经理人薪酬的公平,而不会太过于关注与股东收益的公平。这可以为公司董事会提供一个全新的视角来激励和约束经理人。

第五,在公平偏好下的经理人长短期薪酬契约实验研究方面。在企业中,经理人的薪酬包括固定薪酬、长期激励薪酬和短期激励薪酬。在前文的理论分析中发现,经理人的长短期薪酬激励强度不同会给经理人的努力程度带来不同影响,因此,本书通过设计实验分析经理人长短期薪酬激励强度对其努力程度的影响,并将经理人风险偏好特征加入薪酬契约设计框架中,研究表明:(1)经理人风险偏好不同,则长短期薪酬激励强度对其努力程度影响不同。即当经理人为风险厌恶型时,短期薪酬激励强度越强,经理人努力水平越高;当经理人为风险偏好型时,经理人的最优努力程度出现在短期激励强度大于长期激励强度时。(2)无论经理人为风险偏好型还是风险厌恶型,当短期薪酬激励强度小于某个值时,经理人的工作努力水平不存在。说明经理人的努力程度都是建立在一定的短期薪酬激励程度之上的。这在验证前文理论模型的同时,对于现代企业管理具有重要的指导和借鉴意义。

8.2 管理启示

经理人作为公司核心资源配置的决策者,在企业的经营活动中发挥着重要作用,因此,为了让企业健康可持续发展,就需要重视经理人的薪酬激励机制设计,本书通过分析公平偏好下的经理人薪酬契约,为企业及相关人力资源部门提供决策依据和思路。具体建议如下。

8.2.1 考虑经理人公平偏好心理设计薪酬契约

首先,企业应当充分认识到员工的公平意识,并在人力资源管理过程中积极地给予员工更人性化的关怀。可以使经理人与企业之间形成一种稳定的、内隐的心理契约关系,这种契约关系将会进一步增进社会福利,减少劳动关系双方的矛盾和冲突,从而形成和谐的合作关系。其次,在设计经理人公平偏好下的薪酬契约时,要结合其风险偏好类型不同来进行区别设计。当经理人薪酬不公平时,在有利和不利不公平薪酬的感知下,经理人会产生不同的偏好心理,在这些偏好心理作用下,由于经理人的风险偏好不同,则其寻求平衡的行为方式不同。如当经理人为风险偏好型时,由于其爱冒风险的特征,在嫉妒偏好心理下,就会采取一些不以企业价值最大化为目标的冒进行为,这将对企业的健康发展产生影响,为了激励此种类型的经理人,就需要加大长短期激励薪酬的强度,让经理人的利益与企业的发展紧密相关,这样会抑制风险偏好经理人在嫉妒偏好下的过度投资等防御行为。再次,第六章研究发现,经理人能力不同,其薪酬公平的比较基准不同,因此,在设计经理人公平偏好下的薪酬契约时,要充分考虑经理人的能力差异。当经理人为高能力经理人时,要多关注其与股东收益的公平程度,因为相对低能力经理人而言,高能力经理人更在乎内心的感受,当其感受到薪酬待遇不公时,就更倾向采取一些自利性的防御行为。同时,经理人能力越高,其投机能力就越强,对公司的操控能力就越强,在防御动机作用下就更倾向采取一些损害股东权益而有利于自身的行为。因此,在经理人的任用中,尤其要关注高能力经理人薪酬与股东收益的公平性,通过制定公平合理的薪酬契约,减弱经理人防御动机,从而预防和减少其采取一些损害股东利益的行为。当经理人为低能力经理人时,要多关注其与经理人市场平均薪酬的公平程度,因为相对于高能力经理人而言,低能力经理人由于自身能力有限,其觉得与股东没有可比性,因此,将更多的焦点放在横向公平偏好,即他们的公平心理更偏重于经理人市场。

8.2.2　结合经理人风险偏好类型来设计薪酬结构

在公司中,经理人薪酬结构包括固定薪酬、短期激励薪酬和长期激励薪酬。第四章和第七章的研究发现,经理人风险偏好不同,其最优薪酬结构不同,因此,股东在设计经理人薪酬结构时要根据经理人风险偏好的不同来设计不同的薪酬结构。首先,当经理人为风险厌恶型时,要增加固定薪酬比重,而减小长短期激励薪酬的比重。这是因为当经理人风险厌恶程度越大,其承担风险的能力及意愿就越弱,这时为了促使其努力工作,就需要增加固定薪酬或总体薪酬,来调动经理人的工作热情。如在国企中,某些经理人故步自封,抱着"不求有功,但求无过"的思想,为了改变这种状况,增加长短期激励水平很难达到效果。其次,当经理人为风险厌恶型时,在长短期激励薪酬设计中,尽可能地多给其一些短期激励薪酬。这是因为风险厌恶经理人不喜欢冒险,目光相对较为短浅,比较注重风险小的短期收益,比如职位升迁和在职消费对他的吸引力较大,而长期股权激励对他的影响较弱。再次,当经理人为风险偏好型时,可以将短期薪酬激励强度略高于长期薪酬激励强度。这是因为当短期薪酬激励强度较小时,经理人没有最基本的保证就会有不安全感,工作积极性就会减弱,同时,在我国上市公司中,经理人的财富还处在积累时期,短期薪酬对他们来说还是比较重要。因此,在为风险偏好经理人制定薪酬时,要给经理人一定的短期剩余分享,才能保证经理人全身心投入工作中。

8.2.3　依据经理人能力来设计长短期薪酬契约

首先,根据经理人能力来设计短期薪酬激励强度时,要考虑经理人的短期努力水平。即当经理人努力程度增大到一定程度时,经理人能力越高,股东要增大给予经理人的短期薪酬激励,反之,当经理人努力程度达不到标准,股东给予的短期薪酬激励则会随其能力增大而降低。因为在企业中,只有当经理人的短期努力程度与其能力匹配之后,才给予其相应的短期激励。当经理人能力较强,但没有创造出与其能力相对应的短期价值,说明其没有努力工作,且经理人能力越大,应当实现的价值就越大,表明其与标准差距就越远,工作越不尽心,股东只有通过减少短期薪酬激励来督促其努力工作。其次,根据经理人能力来设计长期薪酬激励强度时,要考虑经理人的风险偏好类型。当经理人为风险厌恶型或低风险偏好型时,经理人能力越强,应当给予其较多的长期激励薪酬。由于随着经理人能力的增强,其对未来企业的发展方向把握更好,为了督促经理人积极从企业的长远利益出发来增强企业的核心竞争力,可以通过增加长期业绩薪酬进行激励,也可以对经理人的长期投资多一些容忍和鼓励,从而让经理人更好地为企业持续发展而努力;而当经理人为强风险偏好型时,应当降低对其长期薪酬激励强度。因为当经理人风险偏好程度超过一定范围,为极度风险嗜好者时,其会产生好大喜功、冒进的行为,随着其能力的提高,狂妄自大的感觉就会越强,在对长期投资上越倾向于盲目扩大、过度投资等行为,就会给企业带来巨大风险,甚至给企业带来"灭顶之灾",此时应通过降低长期薪酬激励强度抑制其过度的非效率投资行为,保持企业稳健发展水平。

8.2.4 结合经理人公平偏好和风险偏好特征的经理人选拔机制

首先,要选拔公平偏好强的经理人。由于本书第五章的研究发现,经理人公平偏好程度越强,则其努力水平越高。因此,在经理人选拔时,优先选择公平偏好程度高的经理人,并为之提供公平性的薪酬及最佳的工作环境,降低其努力成本,使得经理人自愿提高努力水平来为企业创造更多价值。

其次,在经理人选拔中要结合经理人和股东的风险偏好类型。由于第五章的研究发现,随着股东与经理人风险偏好的不同,经理人的努力程度不同。因此,在经理人选拔时,如果股东为风险偏好型,就应当选择雇用风险偏好较强的经理人;如果股东为风险中性或者风险厌恶型时,应当聘用风险厌恶型的经理人,这样可以降低股东的监督和控制成本。

8.3 研究不足与未来研究方向

企业所有者与经理人之间的委托代理关系历来是公司治理问题的焦点,而经理人薪酬激励机制设计是公司治理问题的核心之一。现代主流公司治理历来在设计经理人薪酬激励机制时,由于是建立在自利的、追求个人效用最大化的理性假设基础上,故只是关注了经理人外部激励的约束因素,而忽视了经理人作为一个"社会人",除了追求其物质利益最大化之外,还关注其与企业之间基于公平、互惠的信任关系的构建,即除了关注金钱契约外,还关注心理契约的建立与持续。由于经理人的公平偏好改变了其效用函数,那么,我们将公平偏好引入传统的薪酬激励模型中初步探究了经理人公平偏好下的薪酬契约,而经理人行为的多样性以及公司治理环境的复杂性决定了经理人薪酬契约的研究是一个复杂的课题,在本书完成时,还有很多有待研究和深入分析的部分:

(1)关于公平偏好下的经理人激励模型构建。本书在构建经理人公平偏好的激励模型时,分别从经理人横向公平偏好和纵向公平偏好两个视角出发,将长短期业绩相结合的计量标准及经理人风险偏好加入激励模型中,取得了一些研究结论。由于研究篇幅和时间有限,本书没有考虑经理人在横向公平偏好和纵向公平偏好兼顾下的薪酬激励模型,而在实际中,经理人的公平偏好心理是横向公平偏好和纵向公平偏好同时存在的。因此,未来的研究应将经理人横向和纵向公平偏好结合起来构建经理的薪酬激励模型,从而完善基于公平偏好的经理人薪酬契约研究。

(2)本书运用实验研究方法在验证前文理论模型的结论时,分析了经理人公平偏好对薪酬契约的影响以及对经理人长短期薪酬契约的影响,而前文中通过理论模型得到的部分研究结论未得到验证。如经理人的公平偏好具体分为嫉妒偏好、自豪偏好和同情偏好,不同的公平偏好心理对经理人薪酬契约影响取决于经理人风险偏好类型,因此,在未来的研究中,可以通过设计实验,根据经理人风险偏好特征将经理人进行分类,继而探究各种公平偏好心理下的经理人薪酬激励契约,在验证前文第四章结论的同时,可以指导股东结合经理人公平偏好心理和风险偏好特征来设计有效的经理人长短期激励组合,更加有效地对经理人实施激励和约束。

(3)在企业中,经理人的公平偏好是深层次的心理活动,由此引起的行为动机都是不可直接观察和测量的,同时,经理人也会出于各种因素而不会表达自己的真实想法,甚至一些行为动机是自为而不自知的。因此,运用实验研究方法来探究公平偏好下的薪酬契约具有较强的解释力。而在实验设计中,出于实验的可操作性考虑,本书中实验的被试者分别为140人左右,样本量相对较少,后期可以增加实验样本的规模,继而获得更为科学的结果,因此,在后续研究中,可以通过增大实验参与者的规模,寻求更为合适的方法来对公平偏好下的经理人薪酬契约进行全面深入的研究,继而提高研究结论的普遍性和可靠性。

(4)本书在探讨经理人公平偏好下的薪酬契约中,只考虑了经理人的公平偏好心理,而现实中的股东作为委托人亦具有公平偏好心理,因此,后期我们会综合经理人和股东的公平偏好心理,通过博弈与数理模型构建来设计经理人薪酬激励机制,并运用实验研究方法对理论结果进行验证,以期实现经理人和股东互利共赢的激励约束机制。

本书参考文献

[1] Fong E A. CEO pay fairness as a predictor of stakeholder management[J]. Journal of Business Research,2010,63(4):404-410.

[2] Martins P S. Dispersion in wage premiums and firm performance[J]. Economics Papers,2008,101(1):63-65.

[3] Grund C,Westergaard-Nielsen N. The dispersion of employees' wage increases and firm performance[J]. Industrial & Labor Relations Review,2004,61(4):485-501.

[4] 董志强,洪夏璇. 行为劳动经济学研究进展[J]. 经济学动态,2008(2):84-88.

[5] Fehr E,Falk A. Wage Rigidity in a competitive incomplete contract market[J]. Social Science Electronic Publishing,2003,107(1):106-134.

[6] Henrich J,Mcelreath R. In Search of homoeconomicus:experiments in 15 small-scale societies[J]. The American Economic Review,2001,91(2):73-78.

[7] Clark A E,Villeval M C. Effort and comparison income:experimental and survey evidence[J]. Industrial & Labor Relations Review,2008,63(3):407-426.

[8] Nicholas A. Fairness as a constraint on reciprocity:playing simultaneously as dictator and trustee[J]. The Journal of Socio-Economics,2012,41(2):211-221.

[9] Agell J, Lundborg P. Theories of pay and unemployment: survey evidence from swedish manufacturing firms[J]. Journal of Economics & Management Strategy,1993,20(4):957-984.

[10] Fehr E, Schmidt K M. A Theory of fairness, competition, and cooperation [J]. The Quarterly Journal of Economics,1999,114(3):817-868.

[11] Bolton G E, Ockenfels A. ERC: A theory of equity, reciprocity, and competition[J]. American economic review,2000,90(1):166-193.

[12] Rabin M. Incorporating fairness into game theory and economics[J]. The American economic review,1993,83(5):1281-1302.

[13] Mirrlees J A. The Theory of moral hazard and unobservable behaviour: part 1 [J]. Review of Economic Studies,1999,66(1):3-21.

[14] Bui L, Mullan B, Mccaffery K. Protection motivation theory and physical activity in the general population: a systematic literature review[J]. Psychology Health & Medicine,2013,18(5):522-542.

[15] Fehr E, Goette L, Zehnder C. A behavioral account of the labor market: the role of fairness concerns. Institute for Empirical Research in Economics, University of Zurich, Working Paper,2008.

[16] Englmaier F, Wambach A. Optimal incentive contracts under inequity aversion[J]. Games & Economic Behavior,2010,69(2):312-328.

[17] 秦华,张好雨,柳瑞禹. 基于纵向公平偏好视角的委托代理模型及薪酬激励机制研究[J]. 技术经济,2015,34:124-129.

[18] 柳瑞禹,秦华. 基于公平偏好和长期绩效的委托代理问题研究[J]. 系统工程理论与实践,2015,35(10):2708-2720.

[19] 傅强,朱浩. 基于公共偏好理论的激励机制研究——兼顾横向公平偏好和纵向公平偏好[J]. 管理工程学报,2014,28(3):190-195.

[20] 刘新民,刘晨曦,纪大琳. 基于公平偏好的三阶段锦标激励模型研究[J]. 运筹与管理,2014(3):257-263.

[21] 雷勇,凌星元. 基于公平偏好理论的团队管理激励机制研究[J]. 中国管理信息化,2013,16(2):49-50.

[22] 孙世敏,张林玉,赵希男,贾建锋. 长短期业绩相结合的过度自信代理人激励机制研究[J]. 管理工程学报,2013,27(4):150-155.

[23] Neilson W S,Stowe J. Incentive pay for other-regarding workers[M]. Duke University,2003.

[24] Demougin D,Fluet C. Group vs. Individual performance pay when workers are envious[M]. Cahiers De Recherche,2003.

[25] Holmstrom B,Milgrom P. Aggregation and linearity in the provision of intertemporal incentives[J]. Econometrica,1987,55(2):303-328.

[26] Lazear E P,Rosen S. Rank-order tournaments as optimum labor contracts[J]. National Bureau of Economic Research Cambridge,Mass.,USA,1979.

[27] Holmstrom B,Milgrom P. Multitask principal-agent analyses:incentive contracts,asset ownership,and job design[J]. Journal of Law,Economics,& Organization,1991,7(Special issue):24-52.

[28] Camerer C F. Behavioral game theory:Experiments in strategic interaction[M]. Princeton,NJ:Princeton University Press,2003.

[29] Fehr E,Schmidt K M. Fairness and incentives in a multi-task principal-agent model[J]. The Scandinavian Journal of Economics,2004,106(3):453-474.

[30] Rabin M. A perspective on psychology and economics[J]. European Economic Review,2002,46(4):657-685.

[31] Thaler R H,Camerer C F. Ultimatums,dictators and manners[J]. Journal of

Economic Perspectives,1995,9(2):209-219.

[32] Cameron L A. Raising the stakes in the ultimatum game:experimental evidence from Indonesia[J]. Economic Inquiry,1999,37(1):47-59.

[33] Hoffman E,McCabe A,Smith V L. Behavioral foundations of reciprocity:experimental economics and evolutionary psychology[J]. Economic Inquiry,1998,36(3):335-352.

[34] Bolton G E,Zwick R. Anonymity versus punishment in ultimatum bargaining [J]. Games and economic behavior,1995,10(1):95-121.

[35] Forsythe R,Horowitz J L,Savin N E. Fairness in simple bargaining games [J]. Games and Economic Behavior,1994,6(3):347-369.

[36] Akerlof G A. Labor contracts as a partial gift exchange[J]. Quarterly Journal of Economics,1982,97(4):543-569.

[37] Fehr E,Kirchsteiger G,Riedl A. Does fairness prevent market clearing? An Experimental investigation[J]. Quarterly Journal of Economics,1993,108 (2):437-459.

[38] Falk A,Fehr E,Fischbacher U. Testing theories of fairness-intentions matter [J]. Games & Economic Behavior,2000,62(1):287-303.

[39] Berg J,Dickhaut J,Mccabe K. Trust,reciprocity,and social history[J]. Experimental Economics,2000(10):122-142.

[40] Fahr R,Irlenbusch B. Fairness as a constraint on trust in reciprocity:earned property rights in a reciprocal exchange experiment[J]. Economics Letters,2000,66(3):275-282.

[41] Cox J C. Trust and reciprocity:implications of game triads and social contexts[J]. New Zealand Economic Papers,2001,43(2):89-104.

[42] Fehr E,List J A. The hidden costs and returns of incentives-trust and trust-

worthiness among ceos[J]. Journal of the European Economic Association, 2004,2(5):743-771.

[43] Isaac R M, Walker J M. Group size effects in public goods provision: The voluntary contributions mechanism[J]. The Quarterly Journal of Economics, 1988,103(1):179-199.

[44] Andreoni J. Why free ride? Strategies and learning in public goods experiments[J]. Journal of Public Economics,1988,37(3):291-304.

[45] Croson R T. Partners and strangers revisited[J]. Economics Letters,1996, 53(1):25-32.

[46] Burlando R, Hey J D. Do Anglo-Saxons free-ride more? [J]. Journal of Public Economics,1997(64):41-60.

[47] Fehr E, Gachter S. Cooperation and punishment in public goods experiments [J]. American Economic Review,2000(90):980-994.

[48] Levine D K. Modeling altruism and spitefulness in experiments[J]. Review of Economic Dynamics,1998,1(3):593-622.

[49] Dufwenberg M, Kirchsteiger G. A theory of sequential reciprocity[J]. Games & Economic Behavior,2004,47(2):268-298.

[50] Charness G, Rabin M. Understanding social preferences with simple tests [J]. The Quarterly Journal of Economics,2002,117(3):817-869.

[51] Andreoni J, Miller J H. Giving according to garp: an experimental test of the consistency of preferences for altruism[J]. Econometrica, 2002, 70(2): 737-753.

[52] 程正方. 现代管理心理学[M]. 北京:北京师范大学出版社,2009.

[53] Geanakoplos J, Pearce D, Stacchetti E. Psychological games and sequential rationality[J]. Games & Economic Behavior,1989,1(1):60-79.

[54] Falk A, Fischbacher U. A Theory of reciprocity[J]. IEW-Working Papers, 2006,54(2):293-315.

[55] 夏纪军,张来武,雷明. 利他、互利与信任[J]. 经济科学,2003(4):95-108.

[56] Segal U, Sobel J. Tit for tat: Foundations of preferences for reciprocity in strategic settings[J]. University of California at San Diego Economics Working Paper,2007,136(1):197-216.

[57] Englmaier F, Wambach R. Contracts and inequity aversion[R]. Munich University Working Paper,2002.

[58] Schultz T W. Investment in human capital[J]. Economic Journal,1972,82(326):1-17.

[59] Becker G S. Investment in human capital: a theoretical analysis[J]. Journal of Political Economy,1962:70-79.

[60] Hart O D, Moore J H. Property rights and nature of the firm[J]. Journal of Political Economy,1990,98(6):1119-1158.

[61] 钱颖一. 企业的治理结构改革和融资结构改革[J]. 经济研究,1995(1):20-29.

[62] 吴敬琏. 论现代企业制度[J]. 财经研究,1994,147(2):2-13.

[63] 张维迎. 西方企业理论的演进与最新发展[J]. 经济研究,1994(11):70-81.

[64] Aldorfer B C. Existence, relatedness and growth. 2012.

[65] Heider F. The psychology of interpersonal relations[M]. The psychology of interpersonal relations. Lawrence Erlbaum Associates,1958:17-26.

[66] Kelley H H. Attribution theory in social psychology[M]. Nebraska Symposium of Motivation,1967:192-238.

[67] Weiner B. Attribution theory, achievement motivation, and the educational process[J]. Review of Educational Research, 1972, 42(2):203-215.

[68] F S B. Reinforcement today[J]. American Psychologist, 1958, 13(3):94-99.

[69] Arrow K J. Optimal and voluntary income distribution. 1979.

[70] Samuelson P A. Altruism as a problem involving group versus individual selection in economics and biology[J]. American Economic Review, 1993, 83(2):143-148.

[71] Sen A. Moral codes and economic success[M]. Edward Eldar Press, 1995.

[72] Levati M V, Ploner M, Traub S. Are cooperators efficiency or fair-minded? Evidence from a public goods experiment[R]. Friedrich Schiller University Jena, Working Paper, 2007.

[73] Dana J, Weber R A, Kuang J X. Exploiting moral wiggle room: experiments demonstrating an illusory preference for fairness[J]. Economic Theory, 2007, 33(1):67-80.

[74] Schwarze J, Härpfer M. Are people inequality averse, and do they prefer redistribution by the state? Evidence from german longitudinal data on life satisfaction[J]. A Revised Version, 2004:233-249.

[75] Brosnan S F, Schiff H C, Waal F B. Tolerance for inequity may increase with social closeness in chimpanzees[J]. Proceedings of the Royal Society B Biological Sciences, 2005, 272(1560):253-258.

[76] Bräuer J, Call J, Tomasello M. Are apes really inequity averse?[J] Proceedings of the Royal Society B Biological Sciences, 2011, 273(1605):3123-3128.

[77] Dubreuil D, Gentile M S, Visalberghi E. Are capuchin monkeys (Cebus

apella) inequity averse? [J]. Proceedings of the Royal Society B Biological Sciences,2006,273(1591):1223-1228.

[78] Knoch D,Pascualleone A,Meyer K,Treyer V,Fehr E. Diminishing reciprocal fairness by disrupting the right prefrontal cortex[J]. Science,2006,314(5800):829-832.

[79] Tricomi E, Sullivan-Toole H. Fairness and inequity aversion[J]. Brain Mapping,2015,3:3-8.

[80] Huseman R C,Miles E W. A new perspective on equity theory:the equity sensitivity construct[J]. Academy of Management Review,1987,12(2):222-234.

[81] Major B,Bylsma W H,Cozzarelli C. Gender differences in distributive justice preferences:the impact of domain[J]. Sex Roles,1989,21(7):487-497.

[82] Mueller S L,Clarke L D. Political-economic context and sensitivity to equity:differences between the United States and the transition economies of central and eastern Europe[J]. Academy of Management Journal,1998,41(3):319-329.

[83] Bing M N,Burroughs S M. The predictive and interactive effects of equity sensitivity in teamwork-oriented organizations[J]. Journal of Organizational Behavior,2001,22(3):271-290.

[84] Wheeler K G. Cultural values in relation to equity sensitivity within and across cultures[J]. Journal of Managerial Psychology,2002,17(7):612-627.

[85] James Andreoni Paul M. Brown Lise Vesterlund. What makes an allocation fair? Some experimental evidence[J]. Games & Economic Behavior,1999,

40(1):1-24.

[86] Yamaguchi I. The relationships among individual differences, needs and equity sensitivity[J]. Journal of Managerial Psychology, 2003, 18(4):324-344.

[87] Patti A L, Fok L Y, Hartman S J. Differences between managers and line employees in a quality management environment[J]. International Journal of Quality & Reliability Management, 2004, 21(2):214-230.

[88] Allen R S, Takeda M, White C S. Cross-cultural equity sensitivity: a test of differences between the United States and Japan[J]. Journal of Managerial Psychology, 2005, 20(8):641-662.

[89] Bischoff I, Heinemann F, Hennighausen T. Individual determinants of social fairness assessments-the case of germany[J]. Ssrn Electronic Journal, 2008:8-63.

[90] Jonathan H W Tan. Religion and social preferences: an experimental study [J]. Economics Letters, 2006, 90(1):60-67.

[91] Alesina A. The effect of communism on people's preferences[R]. Harvard University, Working Paper, 2006.

[92] Carlsson F, Daruvala D, Johansson-Stenman O. Are people inequality-averse, or just risk-averse? [J]. Economica, 2005, 72(287):375-396.

[93] Bellemare C, Soest A V. Measuring inequity aversion in a heterogeneous population using experimental decisions and subjective probabilities[J]. Econometrica, 2008, 76(4):815-839.

[94] Xiao E, Houser D, Smith V L. Emotion expression in human punishment behavior[J]. Proceedings of the National Academy of Sciences of the United States of America, 2005, 102(20):7398-7401.

[95] Xiao E, Houser D. Emotion expression and fairness in economic exchange [J]. Working Papers, 2007.

[96] Goerg S, Güth W, Walkowitz G, Weiland T. Distributive fairness in an intercultural ultimatum game[R]. Jena Economic Research Papers, 2008.

[97] Ferrer-I-Carbonell A, Ramos X. Inequality aversion and risk attitudes[R]. Iza Discussion Papers, 2010.

[98] Faravelli M. How context matters: A survey based experiment on distributive justice[J]. Journal of Public Economics, 2006, 91(7-8): 1399-1422.

[99] Bolton G E, Ockenfels A. A stress test of fairness measures in models of social utility[J]. Economic Theory, 2005, 25(4): 957-982.

[100] Kim T Y, Edwards J R, Shapiro D L. Social comparison and distributive justice: East Asia differences[J]. Journal of Business Ethics, 2015, 132(2): 401-414.

[101] Amiel Y, Creedy J, Hurn S. Measuring attitudes towards inequality[J]. The Scandinavian Journal of Economics, 1999, 101(1): 83-96.

[102] Karni E, Safra Z. Intensity of the sense of fairness: measurement and behavioral characterization [J]. Journal of Economic Theory, 2001, 105(2): 318-337.

[103] Hill S A, Neilson W. Inequality aversion and diminishing sensitivity[J]. Journal of Economic Psychology, 2007, 28(28): 143-153.

[104] Tol R S J. Measuring international inequality aversion[J]. Papers, 2008: 1-16.

[105] Teyssier S. Inequity and risk aversion in sequential public good games[J]. Public Choice, 2012, 151(1): 91-119.

[106] Mariana Blanco D E, Hans-Theo Normann. A within-subject analysis of

other-regarding preferences[J]. Games & Economic Behavior,2010,72(2):321-338.

[107] Amiel Y,Cowell F. Attitudes towards risk and inequality:a questionnaire-experimental approach[M]. Springer US,2002:85-115.

[108] Kroll Y, Davidovitz L. Inequality aversion versus risk aversion[J]. Economica,2003,70(277):19-29.

[109] Perversi E,Regazzini E. Inequality and risk aversion in economies open to altruistic attitudes[J]. Mathematical Models & Methods in Applied Sciences,2016,26(9):1735-1760.

[110] Zhao L L,Wang X Q,Chen C. Risk-sharing and incentive contract design of the supervisor based on fairness preference[J]. Journal of University of Electronic Science & Technology of China,2016,18(2):73-79.

[111] Traub S,Seidl C,Schmidt U. An experimental study on individual choice, social welfare, and social preferences[J]. European Economic Review, 2009,53(4):385-400.

[112] Chambers C P. Inequality aversion and risk aversion[J]. Journal of Economic Theory,2012,147(4):1642-1651.

[113] Falk A,Huffman D,Wagner G G,Schupp J,Dohmen T J,Sunde U. Individual risk attitudes:new evidence from a large,representative,experimentally-validated survey[C]. The Field Experiments Website,2005.

[114] Pennings J M E,Smidts A. Assessing the construct validity of risk attitude[J]. Management Science,2000,46(10):1337-1348.

[115] Pennings J M E,Garcia P. Measuring producers' risk preferences:a global risk-attitude construct[J]. American Journal of Agricultural Economics, 2001(83):993-1009.

[116] Rohrmann B. Risk attitude scales:Concepts and questionnaires[R]. University of Melbourne, Project Report, 2004.

[117] Deck C A, Lee J, Reyes J A, Rosen C. Measuring risk attitudes controlling for personality traits[J]. Working Papers, 2010.

[118] Akerlof G A, Yellen J L. Fairness and unemployment[J]. American Economic Review, 1988, 78(2):44-49.

[119] Bewley T F. A depressed labor market as explained by participants[J]. American Economic Review, 1995, 85(2):250-254.

[120] Blinder A S, Choi D H. A shred of evidence on theories of wage stickiness [J]. The Quarterly Journal of Economics, 1990, 105(4):1003-1015.

[121] Kandel E, Lazear E P. Peer pressure and partnerships[J]. Journal of Political Economy, 1992, 100(4):801-817.

[122] Krakel M. Relative deprivation in rank-order tournaments[J]. Journal of Labour Economics, 2000, 7(4):385-407.

[123] Lindquist G S. Tournaments and unfair treatment[J]. The Journal of Socio-Economics, 2006(39):670-682.

[124] Dur R, Glazer A. Optimal incentive contracts when workers envy their boss [J]. Ssrn Electronic Journal, 2004, 24(1):120-137.

[125] Fershtman C, Hvide H, Weiss Y. A behavioral explanation of the relative performance evaluation puzzle[J]. Annales d'Economie et de Statistique (Special Issue on Discrimination and Unequal Outcome), 2003(71-72): 349-361.

[126] Grund C, Sliwka D. Envy and compassion in tournaments[J]. Journal of Economics and Management Strategy, 2005, 14(1):187-207.

[127] Demogin D, Fluet C. Inequity aversion in tournaments[J]. Cahier de

recherché/Working Paper,2003:3-22.

[128] Charness G,Kuhn P J. Do co-workers' wages matter? Theory and evidence on wage secrecy,wage compression and effort[J]. Institute for the Study of Labor (IZA) Discussion Papers,2004(1417):1-47.

[129] Demougin D,Fluet C,Helm C. Output and wages with inequality averse agents [J]. Canadian Journal of Economics/Revue canadienne d'économique,2006,39(2):399-413.

[130] Fehr E,Goette L,Zehnder C. A behavioral account of the labor market:the role of fairness concerns[J]. Economics,2009,1(1):355-384.

[131] Itoh H. Moral hazard and other-regarding preferences[J]. The Japanese Economic Review,2004,55(1):18-45.

[132] Bandiera O,Barankay I,Rasul I. Social preferences and the response to incentives:evidence from personnel data[J]. Quarterly Journal of Economics,2005,120(3):917-962.

[133] Agell J. Why are small firms different? Managers' views[J]. The Scandinavian Journal of Economics,2004,106(3):437-452.

[134] Biel P R. Inequity aversion and team incentives[J]. Econ WPA No. 0407009,2004.

[135] Bartling B,Siemens F. Efficiency in team production with inequity averse agents[J]. University of Munich,2004.

[136] Meidinger C,Rulliere J L,Villeval M C. Free-riding and fairness in principal – multi-agent relationships:experimental evidence[J]. Rivista internazionale di scienze social,2000,108(4):409-426.

[137] Heijden E V D,Potters J,Sefton M. Hierarchy and opportunism in teams [J]. Cedex Discussion Paper,2006(69):1-31.

[138] Teyssier S. Experimental evidence on inequity aversion and self-selection between incentive contracts[J]. Ssrn Electronic Journal,2008.

[139] Choi K. Risk-averse agents with inequity aversion, ex ante contracting and adverse selection[J]. The Institute of Economic Research Working Paper, No. 88,2004.

[140] Desiraju R, Sappington D E M. Equity and adverse selection[J]. Journal of Economics & Management Strategy,2007,16(2):285-318.

[141] 薛求知,黄佩燕,鲁直,张晓蓉.行为经济学——理论与应用[M].上海:复旦大学出版社,2003.

[142] 石高宏,李灵燕.强烈的互惠主义:一种关于企业内合作行为的新解释[J].哈尔滨工业大学学报(社会科学版),2004,6(1):54-59.

[143] 龚霁茸,费方域.寻求公平的经济人——相关实验经济学研究综述[J].经济学家,2006(2):32-39.

[144] 魏光兴.公平偏好的博弈实验及理论模型研究综述[J].数量经济技术经济研究,2006(8):152-160.

[145] 阮青松,黄向晖.西方公平偏好理论研究综述[J].外国经济与管理,2005,27(6):10-16.

[146] 张雨婷.社会偏好中的责任与行为选择——基于国外研究的一个综述[J].中国证券期货,2010(2):100.

[147] 叶航,汪丁丁,罗卫东.作为内生偏好的利他行为及其经济学意义[J].经济研究,2005(8):84-94.

[148] 叶航,汪丁丁,贾拥民.科学与实证——一个基于"神经元经济学"的综述[J].经济研究,2007(1):132-142.

[149] 陈然方.信任、隐性激励与家族企业成长的三阶段模型[J].当代经济科学,2005,27(2):36-40.

[150] 李文波.从墨家"兼相爱,交相利"看经济行为的新理性:互惠性与互恕性[J].南昌大学学报(人文社会科学版),2002,33(2):29-31.

[151] 董志勇,黄必红.行为经济学中的公平和互惠[J].经济理论与经济管理,2003(11):61-65.

[152] 郭心毅,蒲勇健,陈斌.不公平对待对努力水平的影响——基于三阶段锦标模型的研究[J].科技进步与对策,2010,27(5):135-140.

[153] 丁超群,蒲勇健,郭心毅.公平偏好对员工努力水平的影响——基于行为经济学观点的实证分析[J].技术经济,2010,29(4):125-128.

[154] 罗彪,朱晓梅.考虑心理偏好的经营者激励机制研究[J].工业工程与管理,2013,18(2):111-116.

[155] 周浩,龙立荣.公平敏感性研究述评[J].心理科学进展,2007,15(4):702-707.

[156] 刘新民,刘晨曦,纪大琳.基于公平偏好的三阶段锦标激励模型研究[J].运筹与管理,2014,23(3):257-263.

[157] 张征争,黄登仕.风险态度、过度自信和薪酬合同:一个实验研究[C].2008中国金融国际年会,2008.

[158] 张志坚.公平理论在人力资源管理中的应用[J].武汉理工大学学报(社会科学版),2004,17(3):328-330.

[159] 孙伟,黄培伦.公平理论研究评述[J].科技管理研究,2004,24(4):102-104.

[160] 丁翔,陈永泰,盛昭瀚,李迁.基于FS模型的设计施工总承包联合体领导——成员风险分配策略分析[J].中国管理科学,2016,24(7):43-53.

[161] 陈克贵,黄敏.非对称公平关切系数下虚拟企业激励机制研究[J].系统工程学报,2014,29(3):315-323.

[162] 马利军.具有公平偏好成员的两阶段供应链分析[J].运筹与管理,2011,20(2):37-43.

[163] 邢伟,汪寿阳,赵秋红,华国伟.考虑渠道公平的双渠道供应链均衡策略[J].系统工程理论与实践,2011,31(7):1249-1256.

[164] 丁川.基于完全理性和公平偏好的营销渠道委托代理模型比较研究[J].管理工程学报,2014,28(1):185-194.

[165] 朱克江.经营者薪酬激励机制架构分析[J].唯实,2002(11):16-20.

[166] 宋德舜,宋逢明.国有控股、经营者变更和公司绩效[J].南开管理评论,2005,8(1):10-15.

[167] 龚玉池.公司绩效与高层更换[J].经济研究,2001(10):75-82.

[168] 朱红军.高级管理人员更换与经营业绩[J].经济科学,2004(4):82-92.

[169] 柯江林,张必武,孙健敏.上市公司总经理更换、高管团队重组与企业绩效改进[J].南开管理评论,2007,10(4):104-112.

[170] 袁春生.公司治理中经理管理防御及壁垒效应研究[M].北京:中国财政经济出版社,2008.

[171] 梁云凤.企业税收筹划行为的形成机理分析[J].中央财经大学学报,2006(10):24-30.

[172] Harsanyi J. Choice models of behavior versus functinalist and conformist theories[J]. World politics,1969:513-538.

[173] 克劳奈维根.交易成本经济学及其超越[M].上海:上海财经大学出版社,2002.

[174] Tjosvold D,Hui C,Sun H. Social face and open-mindedness:Constructive conflict in Asia[J]. Imperial College Press,2000:3-16.

[175] 李攀艺,尹君.公平偏好、心理契约与和谐劳动关系的相关性分析[J].商业经济研究,2013(35):92-94.

[176] 秦海英.公平、互惠与和谐公司治理机制构建:基于实验经济学方法的阐释[M].北京:中国市场出版社,2011.

[177] Barber B M, Odean T. Boys will be boys: Gender, overconfidence, and common stock investment[J]. The Quarterly Journal of Economics, 2001, 116(1):261-292.

[178] Griffin D, Tversky A. The weighing of evidence and the determinants of confidence[J]. Cognitive Psychology, 1992, 24(3):411-435.

[179] Holmstrom B, Milgrom P. Aggregation and linearity in the provision of intertemporal incentives[J]. Econometrica, 1987, 55(2):303-328.

[180] 罗大伟,万迪昉.关于管理者薪酬的研究综述[J].管理工程学报,2002,16(4):80-86.

[181] Petratos P. Agency problems and the theory of the firm. 1980.

[182] Gibbons R, Murphy K J. Optimal incentive contracts in the presence of career cconcerns: theory and evidence[J]. Social Science Electronic Publishing, 1990, 100(3):468-505.

[183] Lambert R A, Larcker D F. An analysis of the use of accounting and market measures of performance in executive compensation contracts[J]. Journal of Accounting Research, 1987, 25(3):129-135.

[184] Macleod W B. Optimal contracting with subjective evaluation[J]. American Economic Review, 2003, 93(1):216-240.

[185] Baker G, Gibbons R, Murphy K J. Subjective performance measures in optimal incentive contracts[J]. The Quarterly Journal of Economics, 1994, 109(4):1125-1156.

[186] Lamia C E A, Samir S. The economic determinants of CEO stock opion conpensation[J]. Journal of multinational financial management, 2008;

61-77.

[187] Khoroshilov Y, Narayanan M P. The role of profit-based and stock-based components in incentive compensation[J]. Journal of Financial Intermediation, 2008, 17(3): 357-378.

[188] Holmstrom B. Managerial incentive problems: a dynamic perspective[J]. Review of Economic Studies, 1999, 66(1): 169-182.

[189] Levin J. Relational incentive contracts[J]. American Economic Review, 2003, 93: 835-857.

[190] Baker G, Murphy K J. Relational contracts and the theory of the firm[J]. The Quarterly Journal of Economics, 2002, 117(1): 39-84.

[191] 孙世敏, 赵希男. 公司绩效评价体系与管理者报酬[J]. 管理评论, 2004, 16(3): 16-18.

[192] 余颖, 唐宗明, 陈琦伟. 能力性经济租金: 国有企业绩效评价新体系[J]. 会计研究, 2004(11): 43-47.

[193] 王宗军, 钱仲帅, 夏天. 经理人长短期激励报酬模型及其优化研究[J]. 管理工程学报, 2008, 22(1): 113-116.

[194] Shefrin H. Behavioral corporate finance[J]. Social Science Electronic Publishing, 2001, 14(3): 113-126.

[195] Clark A E, Masclet D, Villeval M C. Effort and comparison income: experimental and survey evidence[J]. Industrial & Labor Relations Review, 2010, 63(3): 407-426.

[196] Kim T Y, Leung K. Forming and reacting to overall fairness: a cross-cultural comparison[J]. Organizational Behavior and Human Decision Processes, 2007, 104(1): 83-95.

[197] Fehr E, Schmidt K M. A theory of fairness, competition, and cooperation

[J]. Quarterly journal of Economics,1999,114(3):817-868.

[198]顾建强,王锐兰,崔新进,李跃卿. 长短期报酬组合与经理人风险态度博弈分析[J]. 商业研究,2005(22):164-165.

[199]张勇. 经理长期与短期报酬优化组合激励的探讨[J]. 管理工程学报,2004,18(3):125-127.

[200]Siemens F V. Fairness, adverse selection, and employment contracts[C]. Discussion Paper Series of SFB/TR 15 Governance and the Efficiency of Economic Systems,2005.

[201]Campbell C M, Kamlani K S. The reasons for wage rigidity:evidence from a survey of firms[J]. The Quarterly Journal of Economics,1997,112(3):759-789.

[202]Jong A D, Veld C. An empirical analysis of incremental capital structure decisions under managerial entrenchment[J]. Journal of Banking & Finance,2000,25(10):1857-1895.

[203]Niu X Q, Li B X, Niu X D. The effect of fairness preference on managerial entrenchment:an experimental analysis[J]. Nankai Business Review International,2015,6(3):312-334.

[204]Mcclelland D C. Testing for competence rather than for "intelligence"[J]. American Psychologist,1973,28(1):1-14.

[205]杨志强,石本仁. 高管公平性偏好、私人控制权收益与公司价值——来自A股上市公司行业基准的经验证据[J]. 财经研究,2014,40(3):124-134.

[206]张丽平,杨兴全. 管理者权力、外部薪酬差距与公司业绩[J]. 财经科学,2013(4):66-75.

[207]Fowler F J,蒋逸. 调查问卷的设计与评估[M]. 重庆:重庆大学出版社,

2010.

[208] 李秉祥,郝艳. 基于管理防御的企业投资短视行为的实验研究[J]. 预测,2009,28(6):7-12.

[209] 袁春生,杨淑娥. 经理管理防御下的公司财务政策选择研究综述[J]. 会计研究,2006(7):124-126.

[210] 白建军,李秉祥. 经理管理防御行为及其经济后果研究述评[J]. 首都经济贸易大学学报,2012,14(4):116-123.

[211] Selten R, Mitzkewitz M, Uhlich G, Selten R, Mitzkewitz M. Duopoly strategies programmed by experienced players[J]. Discussion Paper Serie B, 1997,65(106):673-678.

[212] 李秉祥,曹红,薛思珊. 我国经理管理防御水平测度研究[J]. 西安理工大学学报,2007,23(4):427-431.

[213] 唐清泉,甄丽明. 管理层风险偏爱、薪酬激励与企业 R&D 投入——基于我国上市公司的经验研究[J]. 经济管理,2009(5):56-64.

[214] 保罗·米尔格罗姆,约翰·罗伯茨. 经济学、组织与管理[M]. 北京:经济科学出版社,2004.

[215] Drucker P F. The coming of the new organization[J]. Harvard Business Review,1988,66(1):45-53.

[216] 白暴力. 微观经济理论[M]. 西安:西北工业大学出版社,2003.

[217] 闫森,郭瑜桥. 基于不确定风险偏好的代理人激励机制[J]. 科技管理研究,2011(3):135-137.

[218] Ederer F, Manso G. Is pay for performance detrimental to innovation? [J]. Management Science,2012,59(7):1496-1513.

[219] 付雷鸣,万迪昉,张雅慧. 经理人创新激励的实验研究[J]. 科学学与科学技术管理,2013,34(1):172-180.

[220] Fehr E, Fischbacher U. Why social preferences matter—the impact of non-selfish motives on competiton, cooperation and incentives[J]. The Economic Journal, 2002, 112(478): 1-33.